Bologna
EMILIA-ROMAGNA
Forlì
Abetone
Vernio
Mugello
Pistoia
Pescia
Agliana
Borgo San Lorenzo
Prato
Nordöstliche Toskana
Seiten 138–151
Fiesole
Florenz
Seiten 56–131
Empoli
Pontassieve
Bagno a Ripoli
dera
San Miniato
Poppi
Bibbiena
cco
Reggello
Castelfiorentino
Zentrale Toskana
Seiten 152–167
Chianti
San Giovanni Valdarno
Certaldo
Sansepolcro
Montevarchi
San Gimignano
Levane
Poggibonsi
Arezzo
Pergine Valdarno
Monterchi
Città di Castello
Volterra
Monteriggioni
Castiglion Fiorentino
Siena
Monteroni d'Arbia
Cortona
Umbertide
Sinalunga
Montieri
San Galgano
Südöstliche Toskana
Seiten 168–191
Gabellino
Lago Trasimeno
Massa Marittima
Pienza
Roccastrada
Montepulciano
Montalcino
Perugia
Chiusi
lonica
Paganico
Südwestliche Toskana
Seiten 220–233
UMBRIA
Castell' Azzara
Grosseto
Maremma
Orvieto
Scansano
Sovana
Pitigliano
Lago di Bolsena
Montefiascone
Isola del Giglio
Orbetello
Monte Argentario
0 Kilometer 25
N

INSPIRIEREN / PLANEN / ENTDECKEN / ERLEBEN

FLORENZ

& TOSKANA

DK Vis-à-Vis

FLORENZ
& TOSKANA

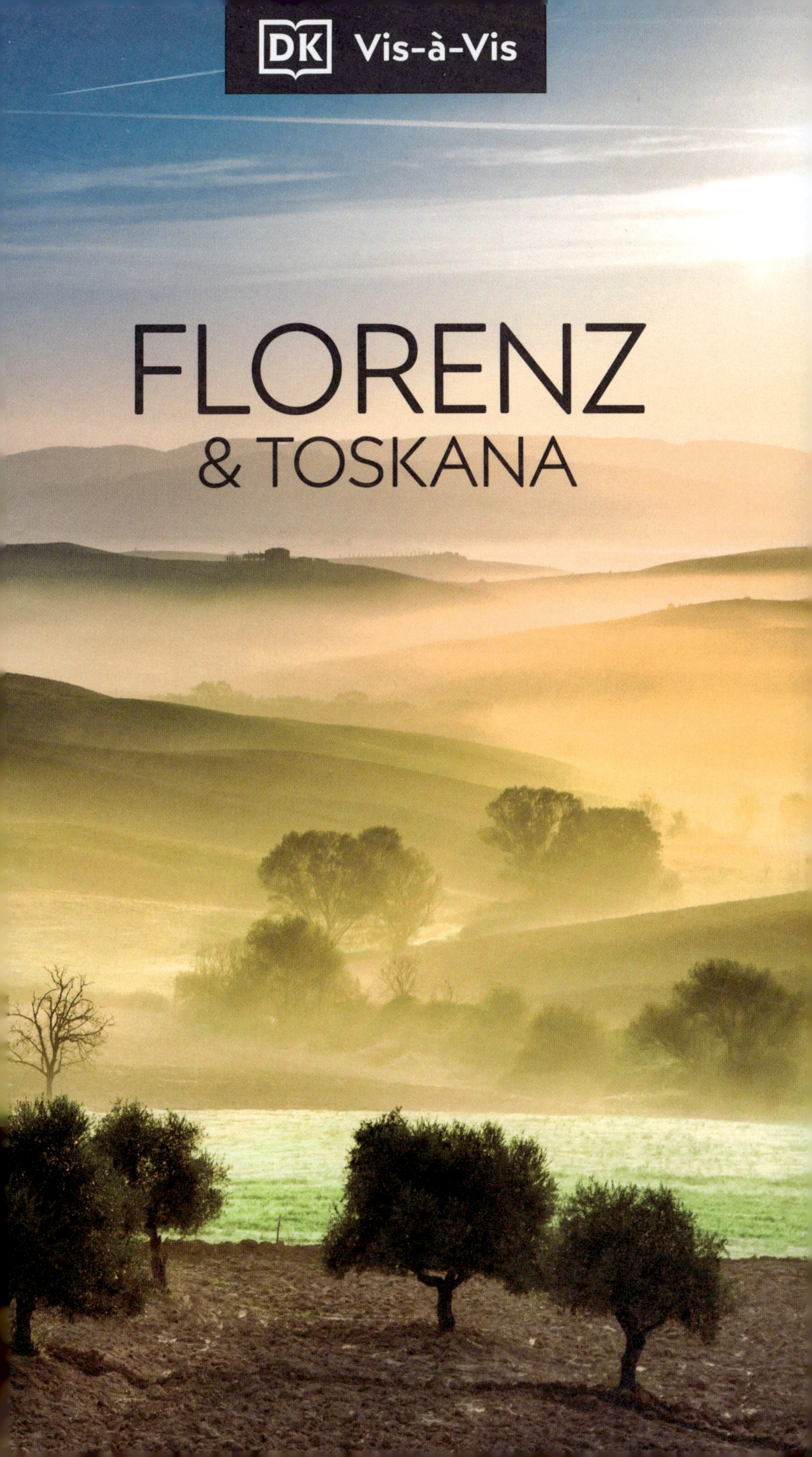

INHALT

FLORENZ UND TOSKANA ENTDECKEN **6**

FLORENZ ERLEBEN **56**

DIE TOSKANA ERLEBEN **132**

REISE-INFOS **234**

Links: *Innenhof des Palazzo Pubblico in Siena*
Vorherige Doppelseite: *Morgendunst auf den Feldern bei Pienza*
Umschlag: *Blick über Florenz mit dem Duomo* (siehe S. 66f) *in der Abenddämmerung*

FLORENZ UND TOSKANA **ENTDECKEN**

Blick auf den Ponte Vecchio, Florenz

WILLKOMMEN IN DER TOSKANA

Fantastische Renaissance-Meisterwerke, rubinroter Chianti und pikanter Pecorino, sanft geschwungene Hügel mit Zypressen und labyrinthische mittelalterliche Städte voller Geschichte – Florenz und die Toskana haben unglaublich viel zu bieten. Die Schönheit dieser Region, die sich vom Apennin bis zu den Inseln des Toskanischen Archipels erstreckt, zieht jedes Jahr Millionen von Besuchern in ihren Bann. Ob Sie einen Kurztrip oder einen längeren Aufenthalt planen: Stellen Sie sich einfach Ihre ganz persönliche Traumreise zusammen!

1

2

3

4

1 *Die Galleria Palatina im Palazzo Pitti, Florenz*

2 *Ein Gehöft mit Zypressen in der Toskana*

3 *Beeindruckend: die Kirche Santa Croce in Florenz*

4 *Blick auf den Duomo und die Dächer von Florenz*

Die Toskana ist Europas Wiege der Renaissance und besitzt von Michelangelos *David* bis zum Schiefen Turm von Pisa einen unvergleichlichen Reichtum an Kunst- und Architekturschätzen. Sie begeistert aber auch mit ihrer Küche und regionalen Spezialitäten, sei es *panino con lampredotto* in Florenz, Trüffeln in San Miniato oder *cacciucco* in Livorno. Dazu gehört eine fantastische Bandbreite an großen Weinen, zu denen Weltstars wie Brunello di Montalcino oder Vernaccia di San Gimignano gehören.

Die schönen mittelalterlichen Städte präsentieren sich als perfekt erhaltene Zeugnisse der Geschichte, deren historische Straßen und Plätze als Bühne für atemberaubende Turniere und Kostümfeste dienen. Auf dem Land ist die Toskana ruhiger, aber nicht weniger farbenfroh: Das Spektrum reicht vom üppigen Grün der Hügel des Val d'Orcia über die regenbogenbunten Strände Elbas bis zum unwirklich weißen Marmor in Carraras Steinbrüchen.

Von den verwinkelten Straßen in Florenz bis zum äußersten Ende des Toskanischen Archipels stellen wir Ihnen die Toskana in einzelnen Kapiteln samt Experten- und Entdeckertipps vor. Praktische Informationen, detaillierte Karten und genau beschriebene Touren helfen Ihnen bei der Reiseplanung und dem Aufenthalt vor Ort. Viel Spaß in Florenz und der Toskana!

LIEBENSWERTE TOSKANA

Traumhafte Landschaften von den mit Zypressen bestandenen Hügeln bis zu den Inseln im Tyrrhenischen Meer, Kunst- und Architekturschätze der Renaissance, malerische alte Städte und eine köstliche Küche, die die weltberühmten Weine der Region perfekt ergänzt: Es gibt viele Gründe, die Toskana zu lieben. Einige unserer Favoriten stellen wir Ihnen an dieser Stelle vor.

1 Eindrucksvolle Stadtansichten

Vom Piazzale Michelangelo *(siehe S. 94f)* reicht der atemberaubende Blick weit über Florenz, die Kuppel des Duomo bis zum Arno mit dem Ponte Vecchio.

Die Landschaft des Val d'Orcia 2

Sanfte Hügel, kleine Wälder und markante Zypressenreihen an Wegen, Straßen und Kapellen – das postkartenschöne Val d'Orcia *(siehe S. 186)* ist ein Paradies für Fotografen.

3 Piazza del Campo in Siena

Die Piazza ist der zentrale Treffpunkt in toskanischen Städten, die muschelförmige Piazza in Siena *(siehe S. 173)* heißt Besucher besonders elegant willkommen.

4 Der Schiefe Turm von Pisa

Der Schiefe Turm *(siehe S. 202f)* war eines der Sieben Weltwunder des Mittelalters – und ist in natura ein verblüffender Anblick.

Modestadt Florenz 5

Florenz ist Stil pur – aus Italiens Ur-Metropole der Mode kommen Gucci und viele weitere weltberühmte Designer. Ihre fabelhafte Fashion findet man an der Via de' Tornabuoni *(siehe S. 82)*.

Toskanische Küche 6

Italiens Küche liebt man in der ganzen Welt, besonders köstlich isst man in der Toskana. Unter Fleischfans hat die *Bistecca alla fiorentina* einen Ehrenplatz inne.

7 Elba und der Toskanische Archipel

Salzige Gischt, Sonnenstrahlen, die das Wasser zum Glitzern bringen – ein Törn rund um Elba und den Toskanischen Archipel *(siehe S. 224f)* ist ein Genuss.

Mittelalterliches San Gimignano 8

Mit seinen mittelalterlichen Türmen und Häusern ist San Gimignano *(siehe S. 164f)* der Inbegriff einer toskanischen Stadt. Am besten lässt man sich einfach durch die schönen Gassen treiben.

9 Michelangelos Marmor

Vom Stein zur Skulptur: Entdecken Sie den Ursprung von Michelangelos *David* in Carraras Steinbrüchen *(siehe S. 213)* und das Werk selbst in der Galleria dell'Accademia *(siehe S. 108f)* in Florenz.

Meisterwerke der Kunstgeschichte 10

Die Toskana ist die Heimat zahlloser Alter Meister und besitzt einmalige Kunstschätze. Zu bewundern sind sie in den fantastischen Sammlungen der Uffizien *(siehe S. 70–73)* und anderer Museen.

Etruskische Schätze 11

Im Südwesten bieten etruskische Stätten einen faszinierenden Einblick in die Welt der Antike. Auf den Spuren der Etrusker wandert man auf den Vie Cave genannten Hohlwegen *(siehe S. 231)*.

Toskanische Weine 12

Brunello di Montalcino, Vino Nobile di Montepulciano, Chianti Classico – viele herausragende Weine kommen aus der Toskana. Ein köstliches Dessert sind *cantucci* – ideal zu Vin Santo.

DIE TOSKANA
AUF DER KARTE

Für diesen Reiseführer wurde die Toskana in Florenz und fünf weitere Regionen unterteilt. Ihnen allen wurde jeweils eine Farbe zugeordnet, in der sie auf der Karte markiert sind. Auf den Folgeseiten erfahren Sie mehr über Florenz und die Regionen.

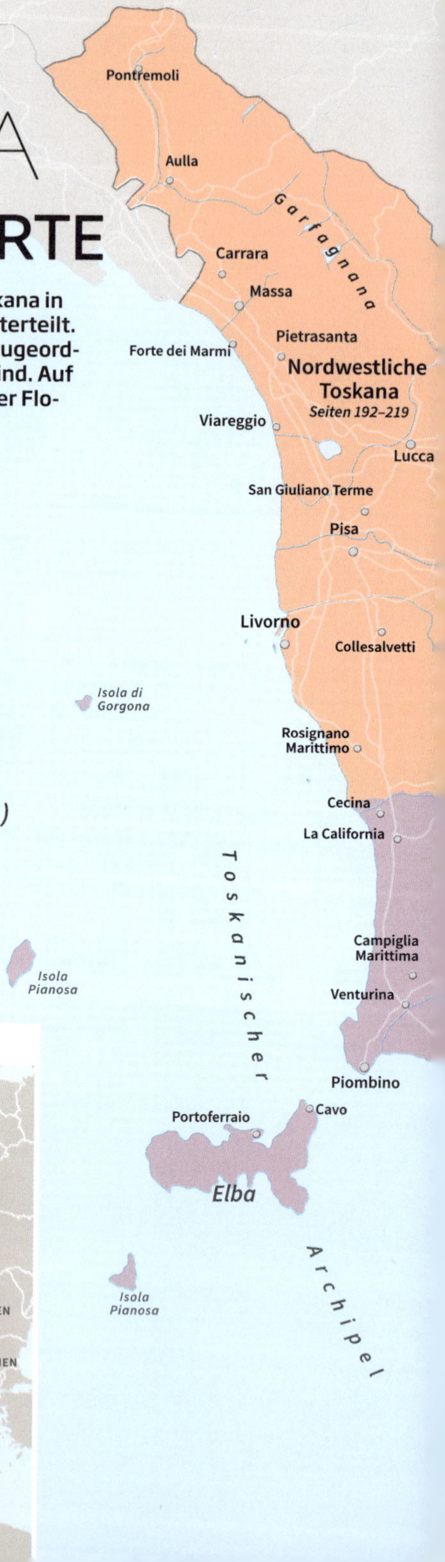

Bologna
EMILIA-ROMAGNA
Ravenna
Imola
Forlì
Abetone
Vernio
Mugello
Borgo San Lorenzo
Pistoia
Pescia
Agliana
Prato
Nordöstliche Toskana
Seiten 138–151
Fiesole
Florenz
Seiten 56–131
Pontassieve
Empoli
Bagno a Ripoli
Pontedera
Poppi
San Miniato
Bibbiena
Ponsacco
Reggello
Castelfiorentino
Zentrale Toskana
Chianti
San Giovanni Valdarno
Seiten 152–167
Certaldo
Sansepolcro
Montevarchi
San Gimignano
Levane
Poggibonsi
Arezzo
Pergine Valdarno
Monterchi
Città di Castello
Volterra
Monteriggioni
Castiglion Fiorentino
Siena
Umbertide
Monteroni d'Arbia
Cortona
Sinalunga
Montieri
San Galgano
Südöstliche Toskana
Lago Trasimeno
Gabellino
Seiten 168–191
Pienza
Massa Marittima
Montepulciano
Perugia
Roccastrada
Montalcino
Chiusi
Follonica
Paganico
Südwestliche Toskana
Seiten 220–233
UMBRIA
Castell' Azzara
Grosseto
Maremma
Orvieto
Sovana
Scansano
Pitigliano
Lago di Bolsena
Montefiascone
Isola del Giglio
Orbetello
Monte Argentario
0 Kilometer 25
N

→

1 *Die Kuppel des Duomo in der Silhouette von Florenz*

2 *Piazza Santo Spirito*

3 *Lederwaren auf dem Mercato Nuovo*

4 *Saal im Palazzo Pitti*

Mit ihrem reichen kunsthistorischen Erbe, ihren malerischen Landschaften und ihren regionalen Spezialitäten sind Florenz und die Toskana ein Traumziel für Reisende. Ob Sie nun durch mittelalterliche Städte schlendern oder sich bei erstklassigen Weinen entspannen möchten - wir haben Ihnen einige Reiserouten zusammengestellt, bei denen Sie nichts verpassen.

2 TAGE

in Florenz

Tag 1

Vormittags Starten Sie an der herrlichen Piazza del Duomo *(siehe S. 66f)*, steigen Sie hinauf in Brunelleschis riesige Kuppel, und bewundern Sie die Bronzetüren des Baptisteriums. Spazieren Sie dann zur Piazza della Signoria *(siehe S. 68f)*, wo eine Kopie von Michelangelos *David* steht. Gleich um die Ecke bietet der Mercato Nuovo Lederwaren und andere exquisite Souvenirs. Weiter führt der Weg über den Ponte Vecchio *(siehe S. 74f)* und am anderen Ufer des Arno nach links zur Osteria Antica Mescita San Niccolò.

Nachmittags Rundum gestärkt, spazieren Sie hinauf zum Piazzale Michelangelo *(siehe S. 94f)* mit der atemberaubenden Aussicht, zur Basilika San Miniato al Monte und auf dem kürzeren, aber steileren Abstieg Salita al Monte mit einem Stopp am Rosengarten wieder hinunter. Dort geht es über den Ponte alle Grazie weiter zur großartigen Kirche Santa Croce *(siehe S. 90f)*, wo Sie den Grabstätten von Michelangelo, Machiavelli und Galileo die Ehre erweisen.

Abends Essen Sie in der mit einem Michelin-Stern ausgezeichneten Gucci Osteria da Massimo Bottura (Piazza della Signoria 10).

Tag 2

Vormittags Startpunkt ist die Kirche San Lorenzo mit den faszinierenden Cappelle Medicee *(siehe S. 114)*. Nach einem Bummel über den benachbarten Mercato Centrale bewundern Sie die Fresken in der Kirche Santa Maria Novella *(siehe S. 106f)* und machen einen Abstecher zur historischen Parfümerie Officina Profumo Farmaceutica SMN *(siehe S. 109)*. Danach schmecken das Mittagessen und der Wein in der Cantinetta Antinori unterhalb von Santa Maria Novella.

Nachmittags Bummeln Sie durch die Via de' Tornabuoni mit den berühmten Designerläden, kurz vor dem Fluss zeigt das Museo Ferragamo *(siehe S. 82)* Schuhe von Hollywoodstars. Über die Brücke geht es hinüber nach Oltrarno und zu den Antiquitätenläden auf dem Weg zum Palazzo Pitti *(siehe S. 120–123)* aus dem 15. Jahrhundert, wo Sie die opulente Innenausstattung und Malereien bestaunen. Danach spazieren Sie durch den Giardino di Boboli *(siehe S. 124f)*.

Abends Nach einem Aperitif an der Piazza Santo Spirito *(siehe S. 128)* gehen Sie im I' Brindellone (Piazza Piattellina 10) oder einem anderen Lokal in Oltrarno essen.

1

2

3

7 TAGE
in der Toskana

Tag 1
Vormittags Starten Sie in Pisa an der Piazza del Duomo *(siehe S. 200f)*. Steigen Sie auf den Schiefen Turm, besichtigen Sie den Duomo und das Baptisterium, und essen Sie mittags eine *cecina* (Kichererbsenpizza) im Il Montino (Via del Monte 1).
Nachmittags Nach einem Bummel durch Pisas Altstadt *(siehe S. 196–199)* fahren Sie mit dem Zug nach Florenz.
Abends Nach einem Spaziergang am Arno genießen Sie herzhafte toskanische Küche im Il Latini (Via dei Palchetti 6R).

Tag 2
Vormittags Der Vormittag gehört ganz den Uffizien *(siehe S. 70–73)*, danach schmecken ein *panino* und ein Glas Wein im I Fratellini *(siehe S. 83)* an der Piazza della Signoria.
Nachmittags Bummeln Sie vom Duomo *(siehe S. 66f)* zum Ponte Vecchio *(siehe S. 74f)*, durch die Antiquitätenläden und ruhigen Straßen des Oltrarno zur Cappella Brancacci mit dem Freskenzyklus *Szenen aus dem Leben Petri (siehe S. 126f)*.
Abends Bei Sonnenuntergang genießen Sie auf dem Piazzale Michelangelo *(siehe S. 94f)* den Panoramablick auf die Stadt und danach am Fuß des Bergs das Abendessen in der Enoteca Fuori Porta *(siehe S. 95)*.

Tag 3
Vormittags Von Florenz fahren Sie auf der Strada Chiantigiana durch die malerischen Weinberge des Chianti *(siehe S. 156–159)*. Im Bistro der Casa del Chianti Classico in Radda essen Sie zu Mittag.
Nachmittags Weiter geht es nach San Gimignano *(siehe S. 164f)* und Siena.
Abends Unterwegs nach Siena essen Sie im Dorf Monteriggioni *(siehe S. 167)* im Il Pozzo (Piazza Roma 2) zu Abend.

Tag 4
Vormittags In Siena besichtigen Sie den Duomo *(siehe S. 176f)* und nach einem Kaf-

4

5

1 *Der Schiefe Turm von Pisa*

2 *Radfahrer auf einer Brücke über den Arno*

3 *Silhouette von San Gimignano*

4 *Pecorino-Käselaibe*

5 *Zentrum von Pitigliano*

fee auf der Piazza del Campo den Torre del Mangia *(siehe S. 173)*. Mittags essen Sie in der Osteria Il Grattacielo (Via dei Pontani 8).
Nachmittags Erkunden Sie Sienas mittelalterlichen Stadtkern, das Santuario e Casa di Santa Caterina *(siehe S. 175)* und die nahe gelegene grüne Gartenanlage Orto de' Pecci.
Abends In der Osteria da Cice (Via S. Pietro 32) genießen Sie frische Pasta.

Tag 5

Vormittags Heute stehen die exzellente Küche und Weine der Region auf dem Plan. Rund 40 Kilometer außerhalb von Siena nehmen Sie in Montalcino *(siehe S. 186)* an einer Brunello-Verkostung in der Fattoria dei Barbi *(siehe S. 187)* teil. Dort lassen Sie sich auch das Mittagessen schmecken.
Nachmittags Im nahen Pienza *(siehe S. 191)* decken Sie sich mit Pecorino (Schafskäse) ein. Herausragend ist das Angebot im Feinkostladen Monaci Remo (Via Tenente Niccolò Piccolomini 2).
Abends Besichtigen Sie die alten Weinkeller, und kosten Sie den berühmten Vino Nobile in Montepulciano *(siehe S. 190)*.

Tag 6

Vormittags Gen Süden erreichen Sie das mittelalterliche Pitigliano *(siehe S. 231)*. Dort genießen Sie die Aussicht und das Mittagessen in der Trattoria Il Grillo (Via Cavour 18).
Nachmittags Durch die Vie Cave wandern Sie fünf Kilometer nach Sovana *(siehe S. 230)*, zurück nach Pitigliano geht es wieder zu Fuß oder mit dem Bus. Anschließend fahren Sie nach Saturnia *(siehe S. 230)*.
Abends In den Terme di Saturnia *(siehe S. 230)* verwöhnen Sie sich im Spa und mit einem Abendessen.

Tag 7

Heute steht ein ruhiger Tag im Fischerdorf Porto Ercole *(siehe S. 233)* an. Dort gehen Sie noch in einem der vielen Fischlokale essen, bevor Sie die Heimreise antreten.

1

2

3

4

←

1 *Parco Mediceo di Pratolino*

2 *Der prächtige Duomo in Florenz*

3 *Vespa-Museum in Piaggio*

4 *Portoferraio*

10 TAGE

in Florenz und der Toskana

Tag 1

Vormittags Starten Sie Ihre Toskana-Reise in der hübschen Stadt Palazzuolo sul Senio *(siehe S. 145)*. Von dort fahren Sie für ein Mittagessen zum exzellenten Agriturismo La Selva di Frena (Via Frena 1422) bei Firenzuola, unterwegs genießen Sie die Ruhe der bewaldeten Hügel des Mugello.
Nachmittags Weiter geht es über Scarperia *(siehe S. 145)* zum Parco Mediceo di Pratolino *(siehe S. 146)*, wo Sie sich bei einem Spaziergang im Grünen die Beine vertreten. Nach einer kurzen Pause in Fiesole *(siehe S. 128)* erreichen Sie Florenz.
Abends In Florenz genießen Sie das Nachtleben und toskanische Küche in der Trattoria Cammillo (Borgo San Jacopo 57R).

Tag 2

Vormittags Schon früh beginnen Sie den Tag am herrlichen Duomo und dem Baptisterium *(siehe S. 66f)*. Danach führt ein Spaziergang zur Piazza della Signoria *(siehe S. 68f)* und zum Ponte Vecchio – und jenseits der Brücke am Flussufer entlang in das Viertel San Niccolò. Dort ist die jahrhundertealte Osteria Antica Mescita San Niccolò (Via di San Niccolò 60R) ein ideales Mittagslokal.
Nachmittags Kurz, aber steil geht es hinauf auf den Piazzale Michelangelo *(siehe S. 94f)*, oben reicht der Blick weit über die Stadt. Danach überqueren Sie erneut den Arno zur Piazza Santa Croce *(siehe S. 87)*. Dort besichtigen Sie die herrliche Kirche und danach die historische Lederschule *(siehe S. 91)* im ehemaligen Kloster an der Rückseite.
Abends Nach einem Drink an der Piazza Santo Spirito verbringen Sie erneut den Abend im Ausgehviertel Oltrarno.

Tag 3

Vormittags Auf der zweispurigen Schnellstraße Fi-Pi-Li fahren Sie von Florenz westwärts nach Pisa – mit einem kleinen Abstecher nach Pontedera und zum Vespa-Museum *(siehe S. 199)* in Piaggio. In Pisa spazieren Sie durch das Zentrum, trinken Kaffee in einer der Bars an der Piazza Cairoli am Fluss und lassen sich mittags die lokale Spezialität *cecina* (Kichererbsenpizza) in einem der vielen familiären Lokale der Stadt schmecken.
Nachmittags Besichtigen Sie die weltberühmte Piazza del Duomo *(siehe S. 200f)*. Dort steigen Sie auf den beeindruckenden Schiefen Turm und bewundern den schönen romanischen Duomo und das Baptisterium.
Abends An einem Tisch im schattigen Innenhof von La Pergoletta (Via delle belle Torri 36) lassen Sie sich die toskanische Küche und den Wein schmecken.

Tag 4

Vormittags Von Pisa aus fahren Sie mit schönem Blick aufs Meer ins südlich gelegene Bolgheri *(siehe S. 228)* zu einer vorab gebuchten Weinguttour samt Verkostung. Danach lockt der Strand. Zum Mittagessen eignet sich eines der Strandrestaurants in Marina di Castagneto Carducci.
Nachmittags Nach kurzer Fahrt erreichen Sie Piombino, wo Sie mit der Fähre nach Elba übersetzen. Auf der Insel besichtigen Sie Portoferraio *(siehe S. 226)* und Napoléons einstige Residenz im Exil, die Palazzina Napoleonica.
Abends Am Strand Le Viste essen Sie mit Blick auf den Sonnenuntergang auf der Terrasse des Ristorante Le Viste.

→

1

5

4

Tag 5

Vormittags Ihre Elba-Rundtour führt von Portoferraio *(siehe S. 226)* zu Napoléons Landresidenz Villa San Martino und weiter auf der Landstraße gegen den Uhrzeigersinn rund um die Insel. Unterwegs locken der Sandstrand in Marciana Marina und die Seilbahn von Marciana Alta hinauf zum Monte Capanne *(siehe S. 226)*.

Nachmittags Weiter geht die Tour zum hoch gelegenen Dorf Capoliveri *(siehe S. 227)* im Süden und dann nach Porto Azzurro *(siehe S. 227)*. Dort entspannen Sie beim Baden und einem Spaziergang an der Marina.

Abends Eine ganze Reihe Fischrestaurants steht hier zur Auswahl – suchen Sie Ihren Favoriten, und genießen Sie ein Abendessen mit Aussicht.

Tag 6

Vormittags Der erste Weg führt mit der Fähre zurück aufs Festland, wo Sie die faszinierenden etruskischen und römischen Relikte im archäologischen Gebiet Populonia *(siehe S. 228)* bei Piombino besichtigen.

Nachmittags Weiter geht es auf der Küstenstraße Richtung Süden in das auf einer Landzunge gelegene Punta Ala *(siehe S. 229)*. Dort checken Sie im Golf Hotel Punta Ala ein, wo Sie sich nachmittags im Spa, am Privatstrand oder am 18-Loch-Golfplatz entspannen.

Abends Im Hotelrestaurant genießen Sie ein gemütliches Abendessen.

Tag 7

Vormittags Gestärkt nach dem Tag in Punta Ala, gehen Sie im Parco Naturale della Maremma *(siehe S. 229)* wandern. Auf dem Weg zum Besucherzentrum in Alberese decken Sie sich am Kiosk Da Rita (Strada del Barbicato 54) mit Proviant ein.

Nachmittags Von der Küste fahren Sie landeinwärts zum hübschen Bergdorf Montalcino *(siehe S. 186)*, wo Sie eine der Kellereien im historischen Zentrum besuchen – die hiesigen Weine zählen zu den besten in Italien.

Abends Übernachten können Sie im nahen Bagno Vignoni *(siehe S. 186)*, auf dessen ungewöhnlicher Piazza ein Thermalbecken plätschert.

1 *Blick auf Capoliveri* ↑
2 *Fässer mit Montalcino-Wein*
3 *Fresken* Legende vom »Wahren Kreuz«
4 *Malerische Straße in Pienza*
5 *Piazza Grande in Arezzo*

Tag 8

Vormittags Auf dem Weg durch das idyllische Val d'Orcia *(siehe S. 186)* genießen Sie die Landschaft und beim Mittagessen im Terrazza Val d'Orcia in Pienza (Via Santa Caterina 1) den Panoramablick.
Nachmittags Weiter geht es nach Osten durch schöne Landschaft zu den Renaissance-Palazzi in Montepulciano *(siehe S. 190)*. Vielleicht decken Sie sich noch mit einer Flasche des berühmten Vino Nobile di Montepulciano in einer der historischen Kellereien der Stadt ein, bevor Sie weiter in das uralte Cortona *(siehe S. 182f)* fahren.
Abends Verbringen Sie den Abend an Cortonas hübschen Piazze, ein guter Tipp ist z. B. die Trattoria La Grotta (Piazza Baldelli 3).

Tag 9

Vormittags Erkunden Sie die schmalen Gassen und Kirchen in der Altstadt von Cortona. Beginnen Sie an der Kirche Santa Margherita, und spazieren Sie hinauf zur Fortezza Medicea, wo Sie im Bistro im Inneren der Festung zu Mittag essen.
Nachmittags Nachdem Sie die ruhige Einsiedelei Eremo Le Celle des Franziskanerklosters im dichten Wald vor der Stadt besucht haben, geht es weiter nach Arezzo *(siehe S. 178–181)*.
Abends Checken Sie zuerst in Arezzo im Hotel ein, und gönnen Sie sich anschließend – vor dem Abendessen – in einer Bar an der Piazza Grande einen Aperitivo mit Blick auf den Platz.

Tag 10

Vormittags Buchen Sie auf jeden Fall eine Tour durch die Basilika San Francesco *(siehe S. 180f)*, um Piero della Francescas fantastischen Freskenzyklus *Legende vom »Wahren Kreuz«* zu sehen. Danach kaufen Sie leckeren Proviant im Feinkostladen Dal Moro in der nahen Via Cavour, spazieren zur Casa Vasari, dem Duomo und dann zu einer schönen Picknickstelle im Park Il Prato.
Nachmittags Am Schluss Ihrer Reise durch die wunderschöne Region spazieren Sie um die Festungsmauern der Fortezza Medicea *(siehe S. 175)* und genießen den traumhaften Blick über die ländliche Toskana.

Farbenfrohe Streetart

Auch jenseits der Museen gibt es Kunst zu entdecken, z. B. in Pisa Keith Harings farbenfrohes Wandbild *Tuttomondo (siehe S. 198)*, das letzte öffentliche Werk des US-Künstlers, oder im Zentrum von Florenz viele Bilder des Italieners Blub, der in seinen Versionen berühmter Porträts die Protagonisten unter Wasser mit Schnorchel und Taucherbrille darstellt. Der französische Künstler Clet, dessen Arbeiten viele Straßenschilder zieren, hat in Florenz im Viertel San Niccolò sein Atelier. Die neueste Streetart findet man mithilfe eines eigens erstellten Stadtplans (www.firenzestreetart.com).

→

Pflastermaler kopieren ein Renaissance-Meisterwerk auf einen Platz in Florenz

KUNST

IN FLORENZ UND DER TOSKANA

Zahllose weltberühmte Meisterwerke, Florenz als Wiege der Renaissance, eine weitere Vielzahl großartiger Kunststädte sowie eine florierende zeitgenössische Kunstszene – für Kunstfans ist die Toskana ein Paradies. Denkt man an die schöne Landschaft der Region, wundert es einen nicht, dass hier so viele großartige Künstler und Künstlerinnen arbeite(te)n.

Große Namen

Berühmte Künstler der Renaissance schufen zahllose Meisterwerke in Florenz. So sind viele bedeutende Arbeiten Michelangelos *(siehe S. 108f)* in der Galleria dell'Accademia zu besichtigen. Die Uffizien jedoch *(siehe S. 70–73)* beherbergen die ultimative Renaissance-Sammlung mit Kunstwerken von genialen Malern und Bildhauern wie Giotto, Botticelli, Leonardo da Vinci, Michelangelo, Raffael, Tizian, Caravaggio und vielen mehr.

→

Gemälde und Skulpturen in einer der eleganten Galerien der Uffizien

Eine Frau der Renaissance

Zu den bedeutendsten Renaissance-Künstlerinnen der Stadt zählt Plautilla Nelli (1524–1588). Jahrhundertelang fristete ihre Kunst ein Schattendasein, bis sie von der Advancing Women Artists Foundation wiederentdeckt wurde. Ein besonders eindrucksvolles Werk von Plautilla Nelli, *Das letzte Abendmahl*, wurde von Mitgliedern der Gruppe restauriert und 2019 im Museum Santa Maria Novella *(siehe S. 106f)* ausgestellt.

Fantastische Bildhauerei

Der weiße Carrara-Marmor aus der Toskana ist bei Bildhauern seit der Römerzeit beliebt, z. B. bei Michelangelo, der daraus seinen berühmten *David* schuf, aber auch bei modernen Künstlern. Viele zeitgenössische Werke sieht man in Pietrasanta *(siehe S. 212f)*.

←

Michelangelos David *in der Florentiner Galleria dell'Accademia*

Renaissance-Fresken

Die in der Renaissance beliebte Fresko- (wörtlich »frische«) Technik prägen leuchtende Farben. Exquisit sind die Fresken in der Cappella Brancacci *(siehe S. 126f)* in Florenz und diejenigen von Piero della Francesca in Arezzos San Francesco *(siehe S. 180f)*.

→

Die herausragenden Fresken in der Cappella Brancacci in Florenz

Beeindruckende Stadtbilder

Von den Türmen, die viele toskanische Piazze verschönern, hat man eine herrliche Aussicht über die verwinkelten Straßen und traditionellen Terrakottadächer. Vom Piazzale Michelangelo *(siehe S. 94f)* blickt man über ganz Florenz. Im hügeligen Siena *(siehe S. 172–177)* genießt man an jeder Ecke einen tollen Blick, z. B. von der Piazza del Mercato auf Il Campo.

→

Blick auf den Palazzo Vecchio und den Duomo Santa Maria del Fiori

TRAUMHAFTE LANDSCHAFTEN

IN DER TOSKANA

Von den Bergwäldern im Norden bis zur wilden Maremma im Süden, von den Weinbergen des Chianti bis zur abwechslungsreichen Küste des Mittelmeers und den vorgelagerten Inseln – die Toskana ist auch dank ihrer landschaftlichen Vielfalt eine der schönsten Regionen Italiens.

Herrliche Berge

Die Marmorberge bei Carrara glitzern so strahlend weiß, dass sie aus der Ferne wie verschneit erscheinen und an die Alpengipfel Norditaliens erinnern. Aus der Nähe sehen die Steinbrüche eher wie Mondlandschaften aus – auf einer Tour fühlt man sich wie auf einem anderen Planeten. Am Rand des Apennins bezaubern die eindrucksvollen Landschaften der Garfagnana *(siehe S. 210)*, des Mugello *(siehe S. 142f)* und des Casentino *(siehe S. 148)*.

←

Steinbruch in den berühmten Marmorbergen der Alpi Apuane

Farbenfrohe Strände

Dank des hohen Mineralgehalts weist der Boden auf Elba *(siehe S. 226f)* ein unglaubliches Farbspektrum auf. Bei Portoferraio strahlen die Sandstrände weiß, in der Terranera-Bucht bei Porto Azzurro aufgrund der Hämatitvorkommen schwarz und in der Cala Seregola (Rio Marina) rötlich – hier wurde einstmals Eisenerz abgebaut. Klassisch goldbraune Sandstrände hat hingegen Marina di Campo, der beliebteste Badeort auf Elba, zu bieten.

←

Forno-Strand mit türkisfarbenem Wasser am Golfo della Biodola auf Elba

Pittoreske Täler

Kaum eine Region ist so malerisch wie das Val d'Orcia, wo sanfte Hügel, die ein oder andere Kapelle oder Festung sowie schmale Straßen mit Zypressen eine klassisch toskanische Landschaft zeichnen. Die Region ist Motiv auf vielen Postkarten und gehört zum UNESCO-Welterbe. Typisch toskanisch ist auch der Viale dei Cipressi – die »Zypressenallee« führt vom Oratorium von San Guido mit dem Dorf Bolgheri.

→

Toskanische Idylle bei Asciano: sanfte Hügellandschaft mit Zypressenallee

Schon gewusst?

Einige Szenen von Ridley Scotts *Gladiator* wurden im Val d'Orcia gedreht.

Sandburgen bauen

In der Toskana sind viele Strände mit weichem Sand und flachem Wasser ideal für kleine Kinder. Eine besonders gute Auswahl findet man bei Viareggio und Versilia *(siehe S. 211)*. Bei Familien steht Marina di Bibbona hoch im Kurs. Dafür sorgen die ungezwungene Atmosphäre, der große Strand und Unterhaltungsangebote wie der Vergnügungspark Bibbolandia.

←

Buddeln und planschen am Strand von Marina di Campo auf Elba

FLORENZ UND TOSKANA FÜR FAMILIEN

Die Familie spielt in Italien eine zentrale Rolle, und Kinder sind überall herzlich willkommen. Die bunte Auswahl von familienfreundlichen Aktivitäten und Attraktionen zeigt, dass es in der Toskana leicht ist, Kinder zu unterhalten – selbst das Essen ist mit Pizza und Pasta in allen Variationen unproblematisch.

TOP 3 Museen für Kinder

Museo Leonardo da Vinci, Florenz
Eine interaktive Sammlung mit da Vincis raffinierten Erfindungen *(siehe S. 109)*.

Piccolo Museo dei Bambini, Borgo San Lorenzo
Ein Museum, das die Sinne, Wahrnehmung und Kreativität anspricht *(siehe S. 144)*.

Archeodromo, Poggibonsi
Die von »Dörflern« in authentischer Kleidung bewohnten Schilf-Lehm-Hütten machen das Mittelalter (be-)greifbar *(siehe S. 166)*.

Spaß in Freizeitparks

Kletter-Parcours hoch in den Bäumen bieten Spannung für alle Altersgruppen in Abenteuerparks wie Il Gigante (Vaglia, gegenüber dem Parco Mediceo di Pratolino). Wasserparks wie die Acqua Villages in Cecina und Follonica sind in der Sommerhitze perfekt. Märchenhaft ist Collodis Pinocchio-Park *(siehe S. 218)* samt Schmetterlingshaus und historischen Gärten. Adrenalin pur bieten Achterbahnen und Co. im Il Cavallino Matto (Castagneto Carducci).

Tiere auf dem Bauernhof

Auf den Fattorie Didattiche, den »didaktischen Bauernhöfen«, lernen Kinder das traditionelle Leben auf dem Land kennen. Auf dem Agriturismo Il Giardino (www.agriturismoilgiardino.com) können Sie die Tiere streicheln, bei der Olivenernte helfen und Reitstunden nehmen. Auf dem Landgut Alberese (www.alberese.com) in der Maremma *(siehe S. 229)* hüten noch *butteri* (traditionelle toskanische »Cowboys«) wie früher das Vieh. Wer es sich zutraut, darf mitreiten.

→

Olivenpflücken in einem toskanischen Olivenhain

Leckeres Essen

Zur italienischen Küche gehören einige ewige Kinderfavoriten. Ein *gelato* bietet genussvolle Erfrischung an heißen Sommernachmittagen. Pizza geht eigentlich immer – nicht nur zum Abendessen (auch als kleine »Pizza Baby«).

←

Unwiderstehliches Schokoladeneis – es schmeckt der ganzen Familie

In der freien Natur

Familien können sich Fahrräder ausleihen und damit die Küstenlandschaft im Parco Naturale della Maremma *(siehe S. 229)* erkunden. Oder man wandert rund um den Colle di Val d'Elsa *(siehe S. 166)* auf kinderfreundlichen Wegen. Einen erlebnisreichen Tag bietet das Landgut San Rossore *(siehe S. 198)* in einem Naturschutzgebiet bei Pisa. Dort sieht man die heimische Tierwelt, darunter Ibisse, Reiher, Wildschweine und Damhirsche.

←

Spaß in der Wasserlandschaft des Acqua Village in Follonica

→

Einer der vielen Hirsche der Tenuta San Rossore

Feinschmeckerfeste

Mit am besten lernt man die regionalen Spezialitäten der Toskana auf den vielen kulinarischen Festen *(sagre)* kennen. Zu den Höhepunkten gehören die traditionelle Sagra della Bistecca in Cortona (Mitte August), das Kirschenfest in Lari (letztes Mai- und erstes Juniwochenende) und das Cacciucco Pride (Fischsuppe) in Livorno (Mitte Juni). Besonders geschätzt sind die Trüffeln, die man in San Miniato im November feiert, und der Käse, der im September in Pienza zu Ehren kommt.

→

Spezialitäten bei einem kulinarischen Fest in Livorno

FLORENZ UND TOSKANA FÜR FOODIES

Die traditionell herzhaften, köstlichen Spezialitäten der Toskana sind häufig einfach gehalten, sodass Charakter und Aroma der hervorragenden regionalen Zutaten durchschmecken. Besonders beliebt ist die Bistecca alla fiorentina, und nicht nur Vegetarier lieben die vielen verschiedenen Pizza- und Pastagerichte.

Toskana pur

Das traditionelle toskanische salzfreie *pane toscano* geht auf das 12. Jahrhundert zurück, als Pisa den Salzhandel nach Florenz blockierte. Das Brot ist die perfekte Unterlage für die herzhaften Aufschnitte und Käse der Region. Spezialitäten sind z. B. *finocchiona* (Salami mit Fenchelsamen), *lardo di colonnata* (Schweinespeck, der mit Kräutern und Gewürzen in Marmortrögen reift) und der Schafskäse Pecorino aus Pienza. Perfekt dazu passt ein Chianti oder ein anderer Rotwein aus der Toskana.

←

Salami und pane toscano, *traditionelle toskanische Köstlichkeiten*

Essen gehen

Die Auswahl an Essensoptionen reicht von Streetfood bis zur Drei-Sterne-Küche in der Florentiner Enoteca Pinchiorri (www.enotecapinchiorri.it). Exzellente regionale Produkte genießt man entspannt in Feinkostläden wie Gino Cacino di Angelo (Siena) oder Metzgereien mit Lokal wie die Macelleria Stiaccini (Castellina in Chianti) und Falorni (Greve in Chianti).

→

Gourmetküche in der Florentiner Enoteca Pinchiorri

Florentiner Streetfood

Im Zentrum von Florenz bieten unzählige Stände aus dampfenden Pfannen *lampredotto* an – das traditionelle Gericht und beliebteste Streetfood der Stadt wird aus dem Labmagen von Rindern zubereitet. Besonders gut schmeckt es bei Nencioni (Piazza Mercato Nuovo), Da Nerbone (Mercato Centrale) und L'Antico Trippaio (Piazza dei Cimatori).

←

Von der Hand in den Mund und typisch florentinisch: panino con lampredotto

Innovative Supertoskaner

Die meisten berühmten toskanischen Rotweine, auch der Brunello und Chianti, müssen nach strengen Vorschriften produziert werden. Weitaus flexibler können die Winzer von Supertoskanern oder Supertuscans (Weine, für die nicht traditionelle Reben und Methoden verwendet werden) vorgehen und so neue Maßstäbe setzen. Die Weine dieser nicht offiziellen Kategorie sind als intensives toskanisches Weinerlebnis ihren Preis wert. Viele werden in Bolgheri gekeltert, so der Sassicaia der Tenuta San Guido (der allererste Supertoskaner) und der Guado al Tasso von Antinori.

→

Weingärten des malerischen Weinguts Antinori

Expertentipp
Aleatico Passito

Eine Alternative zum Vin Santo stellt der rubinrote Aleatico Passito aus Elba dar – der perfekte Dessertwein zu *cantucci* oder *schiaccia briaca*, dem traditionellen Kuchen der Insel.

WEINE
DER TOSKANA

Die Weinszene der Toskana ist vielfältig und äußerst spannend. Von kräftigen Roten wie Brunello di Montalcino über frische Weiße wie Vernaccia di San Gimignano bis zum aromatischen Dessertwein Aleatico bietet jede Flasche ein reiches Geschmackserlebnis. Zum Verkosten laden zahlreiche Weingüter ein.

Einladende Weinbars

Wein ist das Lebenselixier der Toskaner, deshalb ist es nirgendwo weit zur nächsten Weinbar, wo man bei einem Gläschen entspannen kann – z. B. in Florenz traditionell und lässig bei Fratelli Zanobini *(siehe S. 111)* oder bei einer Verkostung in der Enoteca des Chianti-Classico-Konsortiums am Mercato Centrale *(siehe S. 109)*, in Chianti in der Enoteca Baldi (Piazza Bucciarelli 25, Panzano) und in San Gimignano bei DiVinorum (Piazza della Cisterna 30).

←

Toskanischer Sommer: bei einem Wein dem Treiben auf Sienas Hauptplatz zusehen

TOP 5 Toskanische Weingüter

Il Borro
San Giustino Valdarno
Hübsches Dorf und Weingut *(siehe S. 149)*.

Fattoria dei Barbi
Montalcino
Brunello-Verkostung sowie Museum.

Badia di Passignano
Tavarnelle Val di Pesa
Im Besitz der renommierten Familie Antinori.

Castello di Brolio
Gaiole in Chianti
Weinproduktion seit 1141.

Terre del Marchesato
Bolgheri
Kellertour, Supertuscans.

Chianti Classico

Chianti-Weine werden in der ganzen Region produziert, am hochkarätigsten sind jedoch die Sorten aus dem zwischen Florenz und Siena gelegenen Anbaugebiet Chianti Classico *(siehe S. 156)*. In der Casa del Chianti Classico (Circonvallazione Santa Maria 18, Radda) kann man sie kennenlernen und in einem Bistro und einer hübschen Weinbar genießen.

→

Im Keller des Chianti-Classico-Weinguts Castello di Verrazzano in Greve in Chianti

Vernaccia di San Gimignano

Der strohfarbene frische Vernaccia mit dem Mandelaroma war der erste DOC-Wein Italiens und ist mittlerweile zum DOCG-Wein (kontrollierte und garantierte Herkunftsbezeichnung) aufgestiegen. Seine Geschichte erzählt das multimediale Besucherzentrum La Rocca (Via della Rocca 1) im oberen Teil von San Gimignano – samt Verkostung.

←

Klassisch – zu einem Gläschen Aleatico schmecken cantucci

Grünes Florenz
Die Parks und Gärten von Florenz bieten Erholung vom anstrengenden Sightseeing. Vom historischen Garten der Villa Bardini *(siehe S. 96)* hat man einen weiten Blick über die Stadt, der elegante Giardino di Boboli *(siehe S. 124f)* gehört zum UNESCO-Welterbe »Villen und Gärten der Medici«. Hübsche Rosen- und Irisgärten blühen beim Piazzale Michelangelo *(siehe S. 94f)*, vom Hotel AdAstra *(siehe S. 129)* reicht der Blick über den Giardino Torrigiani, Europas größten privaten Stadtgarten.

→

Blick vom schönen Giardino di Boboli auf den Palazzo Pitti

VILLEN UND GÄRTEN

IN FLORENZ UND DER TOSKANA

In der Toskana beeindruckt eine Vielzahl von unglaublich gut erhaltenen historischen Villen, die einst von reichen Familien – natürlich auch den Medici – erbaut wurden. Ihre Architektur reicht von klassisch über streng bis verspielt. Fast alle sind von eleganten formalen Gärten oder schönen Parks umgeben.

Napoléons Elba-Residenzen
Während seines Exils auf Elba unterhielt Napoléon zwei Residenzen in Portoferraio: die Villa dei Mulini in Traumlage mit Meerblick und unweit davon auf dem Land die Villa San Martino *(siehe S. 226)*. Zu Letzterer gehört die Galerie Demidoff aus der Mitte des 19. Jahrhunderts, die ein Napoléon-Museum beherbergt.

→

Die Villa San Martino war Napoléons Landsitz während seines Exils auf Elba

TOP 5

Villen bei Lucca

Villa Reale
Marlia
Sie gehörte einst Napoléons Schwester.

Palazzo Pfanner
Lucca
Er ist der Inbegriff barocker Pracht.

Villa Torrigiani
Camigliano
Beeindruckende Barockvilla mit Garten.

Villa Mansi
Capannori
Schöne Villa aus dem 16. Jahrhundert.

Villa Oliva
San Pancrazio
Eindrucksvoller Bau mit ungewöhnlicher Loggia.

Die Medici-Villen
Ein besonders schönes Erbe der Medici sind die eleganten Villen und Gärten, die sie errichten und anlegen ließen, kauften oder umbauten. Zwölf dieser Villen und zwei der Gärten bilden zusammen eine UNESCO-Welterbestätte. Zu den ältesten Herrenhäusern gehört die festungsartige Villa di Cafaggiolo, die für Cosimo il Vecchio umgebaut wurde. In der Villa Medicea in Poggio a Caiano bei Prato, die für Lorenzo il Magnifico errichtet wurde, sind eine Sammlung mit Stillleben und einige herrliche Fresken zu sehen.

→

Innenausstattung sowie elegante Fassade der Medici-Villa in Poggio a Caiano

Bootsfahrten

Eine frische Brise umweht die Passagiere auf Ausflugsfahrten an der Küste. Die Boote legen u. a. in Porto Santo Stefano und Portoferraio auf Elba ab. Das Centro Ricerca Cetacei (www.centroricercacetacei.org) organisiert auf Elba Tagesausflüge zur Überwachung der Delfine und Wale im italienisch-französischen Walschutzgebiet Santuario dei Cetacei.

←

Ein Ausflugsboot legt in Portoferraio zur Rundfahrt um Elba ab

ENTSPANNUNG
IN FLORENZ UND DER TOSKANA

In der Toskana gibt es so viel zu sehen, dass man leicht versucht ist, zu viele Ziele in eine Reise zu packen – und völlig vergisst, auch etwas Zeit zur Entspannung abseits der touristischen Hotspots einzuplanen. Die vielfältigen Möglichkeiten reichen von Natur-Spas bis zu Bootsfahrten in den Sonnenuntergang.

TOP 5 Sonnenuntergänge

Orbetello
Lagune mit Windmühle *(siehe S. 232)*.

Terrazza Mascagni, Livorno
Beliebter Aussichtspunkt bei Sonnenuntergang *(siehe S. 215)*.

Elba
Unschlagbarer Sonnenuntergang in Viticcio und Marciana Marina *(siehe S. 226)*.

Versilia
Ideal sind die Strandbars *(siehe S. 211)*.

Monte Argentario
Romantische Bootsfahrten *(siehe S. 232f)*.

Yoga und Meditation

Der entspannte toskanische Lebensstil passt perfekt zu den vielen hiesigen Yoga- und Meditations-Retreats (www.bookyogaretreats.com). Im Sommer werden Yoga-Sessions am Strand immer beliebter, häufig werden sie mit Stand Up Paddling (SUP) kombiniert. Canyon Park bietet Yoga und SUP-Yoga in schöner Waldlandschaft in der Nähe von Bagni di Lucca (www.canyonpark.it).

→

SUP-Yoga mitten im üppig grünen Canyon Park

Spas

Wie einst die Etrusker kann man auch heute die vitalisierende Wirkung der toskanischen Thermalquellen genießen, sei es in Luxusresorts oder aber kostenlos in den Cascate del Mulino *(siehe S. 230)*. Im ältesten Kurort Montecatini Terme *(siehe S. 218f)* wird man mit wohltuenden Heilbehandlungen und Wellness verwöhnt.

→

Das elegante Kurbad Terme Tettuccio in Montecatini Terme

Früh aufstehen

Wer früh aufsteht, kann die Piazze der Toskana ohne Menschenmengen bewundern. Im Sommer finden mancherorts Frühkonzerte am Meer oder bei archäologischen Stätten statt, die Daten erfährt man aus den Veranstaltungskalendern.

←

Die menschenleere Piazza del Campo in Siena bei Sonnenaufgang

Neues erleben

Besonders gut lässt man den Alltag mit neuen Erlebnissen und Entdeckungen hinter sich – z. B. bei einer Ballonfahrt (www.tuscany ballooning.it), bei einem Kochkurs in der Cucina Lorenzo De' Medici (www.cucinaldm.com) auf dem Mercato Centrale in Florenz oder als Helfer bei der Weinlese auf Il Borro *(siehe S. 149)* oder anderen Weingütern.

→

Geruhsame Fahrt mit dem Heißluftballon über die Weingärten

Radfahren

Radfahren war in der Toskana schon beliebt, bevor deutlich ausgeschilderte Routen und Apps Straßenradfahrern und Mountainbikern das Leben erleichterten. In der ganzen Region findet man zahlreiche Radverleiher, die häufig auch E-Bikes an all jene vermieten, die gern mit ein wenig Unterstützung »höher, schneller und weiter« fahren. Ideale Routen sind die schönen Strecken durch die Weingärten des Chianti. In allen größeren Städten gibt es zudem öffentliche Fahrradverleihsysteme.

→

Auf Radtour durch die ländliche Toskana

FLORENZ UND TOSKANA FÜR OUTDOOR-FANS

Welchen Teil der Toskana man auch immer bereist, überall in der Region gibt es zahllose gute Gründe, ihre malerischen Landschaften nach Belieben und in der Geschwindigkeit, die einem am besten passt, zu erkunden – sei es auf ausgedehnten Spaziergängen oder Fernwanderungen auf historischen Wegen, auf unterhaltsamen Radtouren, spannenden Ausritten mit Cowboys oder aufregenden Kajakfahrten. Zum großen Outdoor-Angebot zählen zudem alle möglichen Wassersportarten, und Golfer können sich auf schöne Golfplätze freuen.

Wunderschöne Wanderungen

Von Stadtspaziergängen bis zu Treks durch eine herrliche Landschaft – die Toskana bietet wunderbare Möglichkeiten für alle, die gern zu Fuß gehen. Zur Auswahl stehen Fernwanderwege wie die Via Francigena *(siehe S. 215)* und der Anello del Rinascimento oder bei Pitigliano die in den Fels geschlagenen etruskischen Vie Cave *(siehe S. 231)*.

←

Wanderer auf einem malerischen Weg in der Toskana

Schon gewusst?

In der Toskana gibt es sogar eine Handvoll Skigebiete, z. B. Abetone im Apennin.

TOP 5 Golfplätze

Poggio dei Medici
Scarperia
Ein preisgekrönter 18-Loch-Platz.

Argentario Golf Resort
Porto Ercole
Elegantes Spa-Resort mit 18-Loch-Platz.

Golf Club Castelfalfi
Montaione
27-Loch-Platz sowie Weingut.

Golf Ugolino
Impruneta
1934 gegründeter 18-Loch-Platz.

Golf Club Punta Ala
Punta Ala
Sehr schöner 18-Loch-Platz mit Meerblick.

Erfrischender Wassersport

Top-Ziele für Taucher *(siehe S. 224f)*, Kite- und Windsurfer sind Elba und Talamone bei Orbetello *(siehe S. 232)*. Die Felsküste des Monte Argentario *(siehe S. 232f)* ist ideal zum Kajakfahren, Boote sind problemlos zu mieten. Im Landesinneren ist der Lago di Bilancino *(siehe S. 146)* ein Wassersportparadies.

→ *Ein Kitesurfer reitet an der Küste auf den Wellen*

Erlebnisreiche Ausritte

Die Toskana besitzt ein Netz aus Reitwegen und Bauernhöfen, die Reiter und Pferde mit Unterkünften versorgen. In der Region bieten viele Reitställe – z. B. in San Rossore *(siehe S. 198)* und Il Borro *(siehe S. 149)* – Reitstunden und mehrstündige bis mehrtägige Ausritte an. In der Maremma kann man auf dem Landgut Alberese (www.alberese.com) morgens mit den *butteri* (toskanische Cowboys) losreiten.

→ *Ausritt durch die Felder an einem Sommertag im Val d'Orcia*

Damit das Budget länger reicht
Wer an der Küste an einem kostenlosen Strand *(spiaggia libera)* baden geht, muss nicht wie an den Lidos teure Liegen und Sonnenschirme mieten – aber in die Lido-Bar kann man natürlich trotzdem gehen. Einen vollkommen kostenlosen Spa-Genuss bieten z. B. die ganzjährig zugänglichen Sinterbecken Cascate del Mulino bei Saturnia *(siehe S. 230)*, über die warmes Thermalwasser rauscht. Außer in den Nobelbadeorten ist die Toskana in der Regel im Süden preiswerter – so ist z. B. Siena normalerweise günstiger als Florenz. Auch abgelegenere Gebiete wie der Mugello, die von weniger Touristen bereist werden, sind erschwinglich. Abgesehen von den weltberühmten Kirchendenkmälern ist der Eintritt in Gotteshäuser mit ihren kostbaren Kunstschätzen frei.

→

Badespaß im warmen Wasser in den Sinterbecken Cascate del Mulino

FLORENZ UND TOSKANA FÜR WENIG GELD

Auch wenn viele Luxusangebote locken, so muss ein Urlaub in der Toskana doch nicht unbedingt das Budget sprengen. Schöne Strände, kunstvolle Kirchen und Entspannung im Natur-Spa sind kostenlose Vergnügen. Auch beim Essengehen und in den Bars gibt es preiswerte Möglichkeiten.

Günstige Getränke
Cafés – vor allem bei touristischen Highlights – verlangen oft für die Bedienung am Tisch einen Aufschlag. Günstiger löscht man seinen Durst, wie in Italien üblich, an der Bar. An Trinkwasserbrunnen kann man Wasserflaschen kostenlos auffüllen, aber z. B. auch im Lebensmittelladen Morandi beim Baptisterium in Siena. Die Hausweine in den Trattorie sind meist aus der Region, gut und preiswert. Einige Weingüter bieten kostenlose Verkostungen ohne Kaufzwang an.

→

Typisch italienischer Start in den Tag mit einem Kaffee an der Bar

Schon gewusst?

Hotels bieten oft günstigere Preise, wenn man Zimmer direkt und nicht über Agenturen bucht.

Öffentliche Transportmittel

Öffentliche Transportmittel sind oftmals sehr günstig. Dies gilt vor allem für Busse, mit denen man häufig hoch gelegene Städte wie Siena bequemer erreicht als mit dem Zug, da die Bahnhöfe nicht zentral liegen. Regionalzüge *(regionale)* sind preiswert, günstige Fahrkarten in Schnellzügen muss man jedoch vorab kaufen. Florenz, Pisa, Siena und viele andere Städte verfügen über Fahrradverleihsysteme.

Preiswert essen

Streetfood und Picknicks sind eine günstige Möglichkeit, regionale Delikatessen zu genießen. In Restaurants ist ein Gedeck *(coperto)* für ein bis drei Euro normal, teuer wird es mit einem Aufschlag für die Bedienung. In Bars schließt bei der *apericena* (Happy Hour) der Preis für die Getränke das Büfett ein.

←

Erschwingliche Delikatessen sind panini *im Mercato Centrale in Florenz*

Kunst im öffentlichen Raum

Toskanische Städte sind mit ihren zahllosen schönen Bauwerken und Skulpturen wahre Open-Air-Kunstmuseen. In Pietrasanta *(siehe S. 212f)* präsentiert der Parco Internazionale della Scultura 70 zeitgenössische Skulpturen an öffentlichen Orten. Siena lässt sich auf unterhaltsame Weise erkunden, wenn man in allen 17 *contrade* nach den jeweiligen bunten Symbolen der einzelnen Stadtteile Ausschau hält.

→

Die Skulptur von Igor Mitoraj ist eines von vielen öffentlichen Kunstwerken in Pietrasanta

Expertentipp
Siena Jazz
Die Fortezza Medicea in Siena ist Sitz einer äußerst renommierten Jazz-Akademie. Die Musik hört man schon auf der Straße.

FLORENZ UND TOSKANA FÜR MUSIKFANS

Im Sommer ist der Kalender in der Toskana mit einer langen Reihe von Open-Air-Festivals gefüllt. Von Ein-Mann-Auftritten bis zu Rockkonzerten vor Riesenpublikum finden an einer Vielzahl von stimmungsvollen Orten Veranstaltungen in allen Größen und mit allen Genres statt.

Estate Fiesolana

Zwei Monate lang Kunst und Musik aller möglichen Genres von Klassik bis Jazz bietet das Sommerfestival Estate Fiesolana (Juni – Sep), das seit 1947 in den toskanischen Hügeln in der uralten Stadt Fiesole veranstaltet wird. Die Konzerte im Freien kosten teilweise keinen Eintritt. Die Veranstaltungen finden an verschiedensten Orten statt – die besten in der stimmungsvollen Arena des Römischen Theaters oberhalb der Stadt. Im Preis für die Karten inbegriffen ist der Eintritt ins archäologische Museum. Danach fahren nachts spezielle Busse (Linie 7) wieder zurück nach Florenz.

↑ *Konzert im Römischen Theater während des Estate Fiesolana*

Rock, Blues und Jazz

Beim bekannten internationalen Festival Pistoia Blues finden Mitte Juli auf der Piazza del Duomo Rock-, Soul-, Jazz- und Blueskonzerte statt. Weltberühmte Rockbands treten beim Festival Firenze Rocks (Mitte Juni) in der Arena im Parco delle Cascine in Florenz auf sowie schon seit vielen Jahren auf dem renommierten Lucca Summer Festival (Juni / Juli). Im August bringt das Barga Jazz Festival Musik auf die Straßen und Plätze der Stadt.

←

Marcus Miller und Orchester beim Lucca Summer Festival

TOP 3 Puccini-Opern

La Bohème
Die tragische Liebesgeschichte des Dichters Rodolfo und der Näherin Mimi endet in Armut und Krankheit.

Tosca
Leidenschaft und Eifersucht sind Themen der Oper, die während der Napoleonischen Zeit in Rom spielt.

Madama Butterfly
Die herzzerreißende Oper handelt von einer jungen Geisha, die sich in einen US-Marineleutnant verliebt.

Oper und Klassik

Puccinis Werke werden alljährlich im Juli und August am Seeufer bei seinem Haus in Torre del Lago *(siehe S. 211)* hinreißend aufgeführt. In Florenz präsentiert das Festival Maggio Musicale (Ende Apr – Juni) alte und neue klassische Musik, die Konzerte des Kammermusikfests Incontri in Terra di Siena (Juli) finden auf dem prächtigen Gut La Foce und an anderen historischen Orten rund um Siena statt.

→

Aufführung von Turandot *auf dem Festival Puccini in Torre del Lago*

Kunsthandwerk

Hochwertiges Kunsthandwerk findet man in der ganzen Toskana, in den Dörfern und Städten werden jahrhundertealte Traditionen auch heute noch stolz hochgehalten. Vielerorts werden farbenfroh dekorierte Keramiken angeboten, in Montelupo Fiorentino (bei Empoli) findet sogar alljährlich im Juni / Juli ein internationales Keramikfestival statt. Arezzo *(siehe S. 178–181)* ist Italiens Hochburg der Goldschmiede, Colle Val d'Elsa *(siehe S. 166)* ist für sein Kristallglas berühmt, Volterra *(siehe S. 160–163)* für Alabasterartikel und Florenz für sein Buntpapier mit wunderschönen marmorierten Designs.

→

Typisch farbenfrohe toskanische Keramiken

SHOPPING
IN FLORENZ UND DER TOSKANA

Von Luxusmode bis zu Trüffeln reicht die breite Palette der hochwertigen Waren und Delikatessen, für die die Toskana bekannt ist. Zum Reisespaß gehört auch, durch die Boutiquen in den mittelalterlichen Straßen von Florenz zu bummeln oder Spezialitäten auf dem Land direkt beim Erzeuger zu kaufen.

Handgefertigte Lederwaren

Die Lederwaren der Toskana sind in der ganzen Welt berühmt. Ein führendes Zentrum der Lederherstellung ist Florenz, wo man in der Lederschule Scuola del Cuoio *(siehe S. 91)* im Kloster hinter Santa Croce den Handwerkern bei der Arbeit zusehen und wunderschöne handgemachte Lederwaren erstehen kann. Sie wurde 1950 von den Mönchen und zwei Lederfirmen als Ausbildungsstätte für Kriegswaisen gegründet.

←

Ein Handwerker bearbeitet Leder in der Scuola del Cuoio

↑ *Traditioneller Laden mit hochwertigen regionalen Lebensmitteln in Florenz*

Delikatessen und Wein

Käse in Pienza *(siehe S. 191)*, Trüffeln in San Miniato *(siehe S. 214)* – die Toskana hat eine Vielzahl von köstlichen lokalen Spezialitäten zu bieten. In vielen Läden werden sie gern als Mitbringsel vakuumverpackt. Auf Bauernhöfen und Weingütern kann man häufig direkt einkaufen. Besonders hochwertige Regionalprodukte bietet samstagvormittags der Slow-Food-Markt in Montecatini Terme *(siehe S. 218f)*.

Expertentipp

Personal Shopping

Wer Zeit sparen will, kann sich von einem Personal Shopping Service wie Exclusive Fashion Tours durch die Luxuswarenwelt der Toskana leiten lassen (www.exclusivefashiontours.com).

Fashion in Florenz

Salvatore Ferragamo, Gucci und weitere Top-Designer stammen aus Florenz, der ersten Modemetropole Italiens. Ihre neuesten Kreationen präsentieren sie rund um die Alta-Moda-Meile Via de' Tornabuoni *(siehe S. 82)*, ihre Geschichte im Museo Ferragamo *(siehe S. 82)* und Gucci Garden *(siehe S. 68)*.

→ *Shop, Ausstellung und Restaurant: der hochelegante Gucci Garden*

Grandiose Garfagnana
In der traumhaft schönen Landschaft ist die augenfällige Einsiedelei Eremo di Calomini direkt in den blanken Fels gebaut. Das überflutete Dorf auf dem Grund des malerischen Lago di Vagli sieht man dagegen nur, wenn der Stausee abgelassen wird.

→

Bei Sonnenuntergang wirkt der Lago di Vagli besonders still

FLORENZ UND TOSKANA

UNBEKANNTE TOSKANA

In den Städten der Toskana herrscht teils ein ziemlicher Trubel, dem man jedoch leicht entkommen kann: in stillen Seitenstraßen, in unbekannten Dörfern oder in einem der schönen Naturparks. Ruhiger und intensiver lässt sich die Region auch außerhalb der Saison, die von Ostern bis Oktober dauert, bereisen.

Wilde Maremma
Im weiten, wilden Parco Naturale della Maremma *(siehe S. 229)* kann man einen ganzen Tag lang einsam auf ruhigen, unterschiedlich langen und schwierigen Pfaden wandern und – im Sommer sogar nachts – an Führungen teilnehmen. Stille und Abgeschiedenheit bieten außerdem die Strände und Straßen des Naturschutzgebiets.

→

Besucher an einem unberührten Strand im Parco Naturale della Maremma

Im Etruskerland

Einen eindringlichen Einblick in die antike Geschichte der Toskana bieten die faszinierenden Vie Cave und die etruskischen archäologischen Stätten bei Pitigliano, Sorano und Sovana im äußersten Süden der Region *(siehe S. 230f)*. In den von Bäumen beschatteten Nekropolen herrscht in der Regel eine ruhige, friedvolle Atmosphäre.

↑ *Relikte aus etruskischer Zeit in der südlichen Toskana*

Versteckte Ecken

Selbst in den berühmtesten Städten der Toskana findet man ruhige Ecken – z. B. in Florenz die Seitenstraßen rund um Santa Croce und im Oltrarno. In Siena sind die typischen *contrade* (Stadtteile) bei den Stadttoren Porta Romana und Porta San Marco weniger belebt.

← *Seitenstraße im historischen Viertel Santa Croce in Florenz*

Bodenständiger Mugello

Die Städte und Dörfer im Mugello *(siehe S. 142f)* liegen abseits der großen Touristenziele – ideal für einen »toskanischen« Urlaub. Hier gibt es interessante Museen und exzellente Lokale zu entdecken, Ortskundige gehen z. B. gern in Barberino essen.

→ *Dicomano ist eine von vielen malerischen Kleinstädten im Mugello*

Sakrale Meisterwerke

An den vielen herrlichen Kathedralen der Toskana stimmen schon die reich verzierten Fassaden auf die fantastischen Kunstschätze im Inneren ein. Nicht zu übersehen ist die gewaltige Kuppel des riesigen Duomo *(siehe S. 66f)* im Zentrum von Florenz – Brunelleschis weltberühmte Konstruktion war ein bedeutender bautechnischer Meilenstein in der Architekturgeschichte. Eine auffällige Schönheit ist auch Sienas schwarz-weiß gestreifte Kathedrale *(siehe S. 176f)*. Die grandiose Architektur der Kolonnadenreihen an Pisas überwältigendem Duomo *(siehe S. 200f)* übersehen hingegen leider viele Besucher, die vor allem Augen für den Schiefen Turm haben. Nicht zuletzt sind die Kathedralen in Lucca, Pistoia und Massa Marittima ähnlich beeindruckende Meisterwerke.

→

Den kunstvollen Duomo in Florenz krönt Brunelleschis monumentale Kuppel

ARCHITEKTUR

IN FLORENZ UND DER TOSKANA

Mittelalterliche Burgen, romanische Kathedralen und Renaissance-Palazzi: Die architektonischen Monumente der Toskana umfassen ein ganzes Spektrum an Baustilen. Die reich geschmückten Fassaden, mächtigen Mauern und imposanten Türme erzählen auf eindrucksvolle Weise von der Geschichte der Region.

Pittoreske Piazze

In italienischen Städten ist die Piazza der gesellschaftliche Mittelpunkt. Die berühmtesten Plätze der Toskana sind Sienas muschelförmige Piazza del Campo *(siehe S. 173)* und Pisas wunderbare Piazza del Duomo *(siehe S. 200f)*. Weniger bekannt, aber auch traumhaft schön sind Luccas ovale Piazza dell'Anfiteatro sowie die dreieckige Piazza Matteotti in Greve in Chianti. Cortonas Stadtbild prägt eine ganze Reihe von Plätzen. Auf der Piazza Santa Croce in Florenz findet alljährlich ein Weihnachtsmarkt statt.

←

Sightseeing-Pause auf Sienas Piazza del Campo mit Blick auf den hohen Campanile

4 Millionen

Aus so vielen Ziegeln ist Brunelleschis Kuppel des Duomo in Florenz gemauert.

TOP 5

Burgen der Toskana

Castello di Meleto
Gaiole in Chianti
Imposante Anlage aus dem 13. Jahrhundert.

Castello di Poppi
Poppi
Besitzt einen ungewöhnlichen Innenhof.

Castello Malaspina
Fosdinovo
Mächtige Burg mit Panoramablick.

Castello di Poggio alle Mura
Montalcino
Sitz eines Glasmuseums.

Castello di Brolio
Gaiole in Chianti
Burg im Herzen des Weinguts Ricasoli.

Hohe Türme

Von den vielen Turmbauten der Toskana hat man eine fantastische Aussicht. Am berühmtesten ist der Schiefe Turm von Pisa *(siehe S. 202f)*, am höchsten der Turm des Palazzo Vecchio in Florenz *(siehe S. 68)*. In San Gimignano ragt mehr als ein Dutzend Türme in den Himmel.

→

Türme von San Gimignano, im Mittelalter errichtete Statussymbole

Mächtige Mauern

Bei Spaziergängen auf den Stadtmauern eröffnen sich faszinierende An- und Einblicke in versteckte Ecken. Besonders beeindruckend ist das von einer Mauer umgebene Dorf Monteriggioni *(siehe S. 167)*. Luccas Stadtmauer aus der Renaissance ist zu einer beliebten Parkanlage umgestaltet worden *(siehe S. 207)*.

→

Monteriggioni mit seiner einmalig erhaltenen Stadtmauer

DAS JAHR IN FLORENZ UND DER TOSKANA

Januar

La Befana *(6. Jan)*. Am Dreikönigstag bringt in ganz Italien die Hexe La Befana den Kindern Süßigkeiten und Geschenke.

△ **La Cavalcata dei Magi** *(6. Jan)*. Umzug in Renaissance-Kostümen in Florenz.

Februar

△ **Carnevale** *(Faschingsdienstag und vorangehende Wochenenden)*. Sehr bekannt ist der Karneval in Viareggio mit seinem satirischen Umzug. Auch in anderen Städten wird gefeiert, aber zurückhaltender.

Mai

Maggio Musicale *(Mai / Juni)*. Musik-, Theater und Tanzfestival in Florenz.

△ **La Notte dei Pirati** *(1. Wochenende)*. Zur »Piratennacht« zählen Piratenüberfälle, Kanonendonner und eine Schatzsuche.

Juni

△ **Calcio Storico** *(24. Juni)*. Historisches Florentiner Renaissance-Fußballspiel.

Gioco del Ponte *(letzter Sa)*. Rituelle Schlacht auf der Brücke Ponte di Mezzo in Pisa.

September

Fiera del Cacio *(1. Woche)*. Höhepunkt des einwöchigen Käsemarkts mit Verkostung in Pienza ist sonntagnachmittags das Käse-Kegeln.

△ **Palio della Balestra** *(2. So)*. Umzug in Renaissance-Kostümen und mit Fahnenwerfen in Sansepolcro.

Oktober

Florence Queer Festival *(Mitte Okt)*. Alljährlich stattfindendes internationales LGBTQ+ Film- und Kunstfestival.

△ **L'Eroica** *(1. So)*. Ein völlig entspanntes Radrennen in Gaiole in historischer Kleidung und auf historischen Rädern.

März

△ **Scoppio del Carro** *(Oster-So)*. Zu den Osterfeierlichkeiten in Florenz gehört der »Explodierende Wagen« – ein Wagen mit Feuerwerk auf der Piazza del Duomo.

Traditionelles Neujahr *(25. März)*. Pisa feiert das traditionelle Neujahr (galt bis 1749) mehrere Tage lang, u. a. mit Renaissance-Paraden und Feuerwerk, Florenz mit einem schlichteren historischen Umzug.

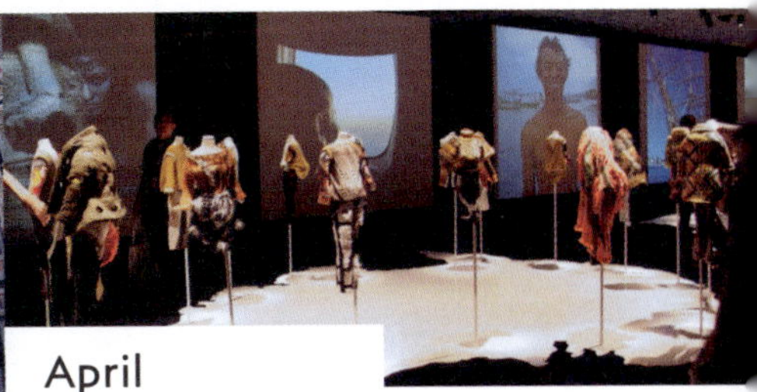

April

△ **Mostra Mercato Internazionale dell'Artigianato** *(letzte Woche)*. Die europaweit bedeutende Kunst- und Kunstgewerbemesse findet in der Fortezza da Basso in Florenz statt.

Festa degli Aquiloni *(1. So nach Ostern)*. In San Miniato fliegen handgemachte Drachen, dazu findet ein historischer Umzug statt.

Tag der Befreiung *(25. Apr)*. Nationaler Feiertag zum Gedenken an das Ende des Faschismus.

Juli

Palio di Siena *(2. Juli und 16. Aug)*. An dem mittelalterlichen Pferderennen nehmen zehn der 17 *contrade* (Viertel) von Siena teil.

△ **Pistoia Blues Festival** *(Mitte Juli)*. Das internationale Festival in Pistoia bietet fünf Tage lang Blues- und Rockkonzerte.

Estate Fiesolana *(Ende Juni – Mitte Aug)*. Traditionsreiches Festival in Fiesole mit Veranstaltungen im Römischen Theater.

August

Puccini Festival *(Ende Juli – Aug)*. Die Opern des Komponisten werden im Open-Air-Theater bei seinem Haus in Torre del Lago aufgeführt.

Fish and Chips Festival *(1. Hälfte Aug)*. Mit Essen und Tanzen wird die historische Verbindung von Barga und Schottland gefeiert.

△ **Bravio delle Botti** *(letzter So)*. Beim Bravio rollen Vertreter von Montepulcianos acht Ortsteilen um die Wette 80-Kilo-Fässer bergauf.

Calici di Stelle *(10. Aug)*. Open-Air-Weinverkostungen und Sternegucken an mehreren Ortens.

November

△ **Firenze Marathon** *(letzter So)*. Seit 1984 findet der Firenze Marathon – der zweitgrößte in Italien – statt, der auf dem Piazzale Michelangelo startet und schließlich an der Kirche Santa Croce endet.

Dezember

△ **Mercatino di Natale** *(erste drei Wochen)*. Auf dem Weihnachtsmarkt auf der Piazza Santa Croce in Florenz werden Weihnachtsschmuck, Geschenke und Spezialitäten sowie Krippen und Handwerk angeboten.

1

KURZE GESCHICHTE

In Italien sagt man den Toskanern eine gewisse Sturheit nach, und tatsächlich prägen die Geschichte der Region Fehden und Konflikte. Entscheidend waren aber auch Kunst und Kultur, nicht zuletzt in Florenz, der Wiege der Renaissance.

Die Toskana in der Antike

Namensgebend für die Toskana waren die Etrusker, deren Kultur ab dem 8. Jahrhundert v. Chr. nachgewiesen ist. Ihr Siedlungsgebiet umfasste die Toskana sowie Regionen im Lazio und Umbrien. Die Etrusker gründeten einige Städte, darunter Cortona, Arezzo, Fiesole und Volterra (Letzteres besitzt eine etruskische Akropolis). Nach zahlreichen Kriegen im 4. und 3. Jahrhundert v. Chr. wurde Etrurien schließlich von den Römern erobert und in Tuscia umbenannt. Das aufstrebende Rom ließ neue Straßen bauen – einschließlich der malerischen Küstenstraße Via Aurelia von Pisa nach Rom – und neue Städte wie Florenz und Siena gründen.

Schon gewusst?

Das salzlose Brot entstand während eines Konflikts zwischen Pisa und Florenz (12. Jh.).

Chronik

9. Jh. v. Chr.
Die etruskische Kultur erblüht auf Elba

294 v. Chr.
Die Römer besiegen die Etrusker und erobern Roselle

59 v. Chr.
Florenz wird als Veteranensiedlung der römischen Armee gegründet

20 v. Chr.
Gründung von Siena als Militärkolonie

2

3

4

Die Toskana im Mittelalter

Im frühen Mittelalter wurde die Toskana mehrmals von Norden angegriffen, so von den Goten und den Langobarden. Der Frankenkönig Karl der Große, der auf Bitten des Papstes die Langobarden aus der Toskana vertrieb, wurde zum Dank von Leo III. im Jahr 800 zum Kaiser des Heiligen Römischen Reichs gekrönt. Die Kirche spielte in jener Zeit eine herausragende Rolle, die sie mit zahlreichen neuen sakralen Bauwerken unterstrich. Bis zur Pestepidemie von 1348, dem »Schwarzen Tod«, erlebte die Region eine erhebliche Verstädterung. In der Architektur entwickelten sich Gotik und Romanik – nicht zuletzt die äußerst dekorative Pisanische Romanik – zu beliebten Baustilen. In der ganzen Toskana wurden die typischen mittelalterlichen Stadt- und Dorfzentren mit ihren charakteristischen engen Gassen, massiven Stadtmauern, Burgen und Türmen errichtet.

In der Region gewannen zudem zunehmend Kaufmannsgilden an Einfluss. Besonders mächtig wurden die Wollhändler in Florenz, was wiederum dazu führte, dass die toskanische Stadt zu Italiens führendem Textil- und Modezentrum aufstieg. Die Rolle als Fashion-Metropole hält sie noch heute inne.

1 *Karte der Toskana aus dem Jahr 1814* ↑

2 *Die Römer erobern Etrurien, Darstellung auf einem Stich*

3 *Das Amphitheater in Volterra*

4 *Karl der Große, Kaiser des Heiligen Römischen Reichs, Darstellung aus dem 19. Jahrhundert*

um 1025
Guido d'Arezzo entwickelt das erste musikalische Notensystem

1265
Der Dichter Dante Alighieri wird in Florenz geboren

1301
Dante wird für immer aus Florenz verbannt

1350
Pisas Turm wird vollendet – bereits schief

1

2

Die toskanische Renaissance und die Medici

In der Renaissance erlebte die Toskana ihr Goldenes Zeitalter und eine weltweit bahnbrechende Entwicklung in Kunst und Geistesleben. Dies gründete vor allem auf dem Mäzenatentum der Medici-Dynastie, die von 1434 bis 1743 Florenz (und später die Toskana) regierte. Den Reichtum der Medici begründete der Kaufmann und Bankier Giovanni di Bicci, der Vater des ersten Medici-Herrschers, Cosimo il Vecchio. Das lange, relativ friedliche Regime der Medici wurde nur von 1494 bis 1530 unterbrochen, als Florenz eine Republik war. Die Dynastie führte danach wieder der Medici-Papst Clemens VII. an die Macht.

Großherzogtum mit Florenz als Hauptstadt

Ab 1570 erstreckte sich die Macht der Medici über Florenz hinaus auch über die restliche Toskana. Cosimo I. wurde offiziell zum ersten Großherzog der Toskana erklärt. Die Region erlebte eine lange Ära des Wohlstands und der politischen Einheit und wurde zu einem beliebten Ziel von reichen Aristokraten auf ihrer Grand Tour durch Europa. Als die Dynastie mit dem Tod von Gian Gastone 1737 erlosch, fiel das Großherzogtum an die

Neujahr

Auch in der Toskana wird der 1. Januar festlich begrüßt. Florenz und Pisa feiern aber noch einmal ihr eigenes Neujahr am christlichen Feiertag Mariä Verkündigung am 25. März.

Chronik

1472
Die älteste Bank der Welt, Monte dei Paschi di Siena, wird gegründet

um 1485
Leonardo da Vinci entwickelt seine erste Flugmaschine

1504
Michelangelo vollendet den *David*

1633
In Siena findet der erste Palio statt

1749
Florenz und Pisa müssen den Gregorianischen Kalender übernehmen

3

4

österreichischen Herzöge von Lothringen und unterstand ihnen bis zur Vereinigung Italiens 1860. Florenz spielte im neuen Königreich eine bedeutende Rolle. 1865 bis 1871 diente es als Hauptstadt, wurde aber schließlich von Rom abgelöst, nachdem sich die Ewige Stadt Italien angeschlossen hatte.

Moderne Zeiten

Das 20. Jahrhundert brachte schwere Zeiten: Zwischen den Weltkriegen erlebte die Toskana soziale Unruhen, den Aufstieg des Faschismus und eine Rezession. In Florenz wurden bei Bombardements im Zweiten Weltkrieg außer einer alle historischen Brücken zerstört, bei der Überschwemmung 1966 viele Kunstschätze. Dennoch blieb die Toskana eine bedeutende Kulturregion mit einer florierenden Textil- und Agrarindustrie.

Eine wichtige Säule der Wirtschaft ist der Tourismus, zudem hat die Toskana in Italien eine Vorreiterrolle, wenn es darum geht, die Altstädte durch Verkehrsbeschränkungen vor Umweltbelastungen zu schüzten.

2021 wurde mit »Uffizi diffusi« ein Projekt gestartet, um einige Meisterwerke aus Florenz an anderen Orten auszustellen.

1 *Statue von Giovanni di Bicci* ↑

2 *Krönung Cosimos I. zum Großherzog der Toskana*

3 *Zerbombte Häuser am Arno, Zweiter Weltkrieg*

4 *Blick über Florenz*

Schon gewusst?

Um das Jahr 1700 erfand Bartolomeo Cristofori in Florenz das moderne Klavier.

1786
Als erster Staat der Welt schafft die Toskana die Todesstrafe ab

1814/15
Napoléon lebt im Exil auf Elba

1865–71
Florenz ist Hauptstadt von Italien

1951
Italiens erste Modenschau findet in Florenz statt

2019
Die Uffzien bekommen die *Vaso con fiori* von Jan van Huysum zurück, die ein deutscher Soldat 1944 entwendet hatte

FLORENZ
ERLEBEN

Ponte Vecchio am Abend

FLORENZ
AUF DER KARTE

Florenz wurde in diesem Reiseführer in vier Stadtteile unterteilt: um den Duomo, San Lorenzo, Santa Croce und Oltrarno.

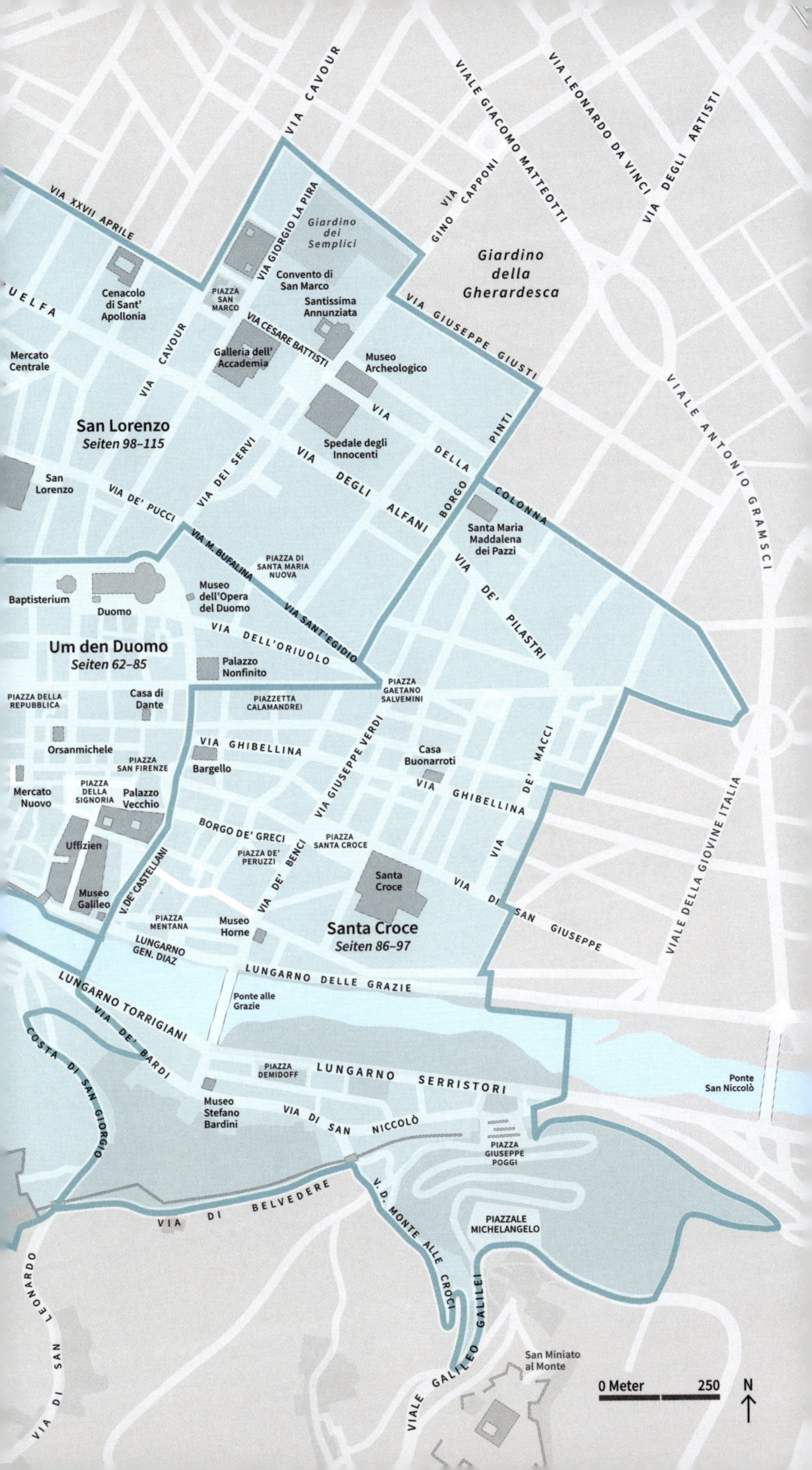

VIA CAVOUR
VIALE GIACOMO MATTEOTTI
VIA LEONARDO DA VINCI
VIA DEGLI ARTISTI
VIA XXVII APRILE
VIA GIORGIO LA PIRA
Giardino dei Semplici
VIA GINO CAPPONI
Giardino della Gherardesca
Convento di San Marco
PIAZZA SAN MARCO
Cenacolo di Sant' Apollonia
GUELFA
Santissima Annunziata
VIA CESARE BATTISTI
VIA GIUSEPPE GIUSTI
Galleria dell' Accademia
Mercato Centrale
Museo Archeologico
VIA CAVOUR
VIA DELLA COLONNA
BORGO PINTI
VIALE ANTONIO GRAMSCI
San Lorenzo
Seiten 98–115
Spedale degli Innocenti
VIA DEI SERVI
VIA DEGLI ALFANI
San Lorenzo
VIA DE' PUCCI
Santa Maria Maddalena dei Pazzi
VIA M. BUFALINA
PIAZZA DI SANTA MARIA NUOVA
VIA DE' PILASTRI
Baptisterium
Duomo
Museo dell'Opera del Duomo
VIA SANT'EGIDIO
VIA DELL'ORIUOLO
Um den Duomo
Seiten 62–85
Palazzo Nonfinito
PIAZZA GAETANO SALVEMINI
PIAZZA DELLA REPUBBLICA
Casa di Dante
PIAZZETTA CALAMANDREI
VIA GHIBELLINA
Orsanmichele
PIAZZA SAN FIRENZE
Bargello
VIA GIUSEPPE VERDI
Casa Buonarroti
VIA DE' MACCI
VIA GHIBELLINA
Mercato Nuovo
PIAZZA DELLA SIGNORIA
Palazzo Vecchio
BORGO DE' GRECI
PIAZZA SANTA CROCE
Uffizien
PIAZZA DE' PERUZZI
VIA DE' BENCI
Santa Croce
VIA DI SAN GIUSEPPE
VIALE DELLA GIOVINE ITALIA
Museo Galileo
V. DE' CASTELLANI
PIAZZA MENTANA
Museo Horne
Santa Croce
Seiten 86–97
LUNGARNO GEN. DIAZ
LUNGARNO DELLE GRAZIE
LUNGARNO TORRIGIANI
Ponte alle Grazie
VIA DE' BARDI
COSTA DI SAN GIORGIO
PIAZZA DEMIDOFF
LUNGARNO SERRISTORI
Ponte San Niccolò
Museo Stefano Bardini
VIA DI SAN NICCOLÒ
PIAZZA GIUSEPPE POGGI
VIA DI BELVEDERE
V. D. MONTE ALLE CROCI
PIAZZALE MICHELANGELO
VIALE GALILEO GALILEI
VIA DI SAN LEONARDO
San Miniato al Monte
0 Meter
250
N

DIE STADTTEILE VON FLORENZ

Im Zentrum von Florenz drängen sich die weltberühmten Sehenswürdigkeiten rund um den Duomo. Das quirlige San Lorenzo liegt im Norden, das ruhigere Santa Croce im Osten. Wie eine natürliche Grenze trennt der Arno die beiden Stadtteile vom Szeneviertel Oltrarno am jenseitigen Flussufer.

Seiten 62–85

Um den Duomo

Büroangestellte und Touristen stärken sich in den Cafés und Weinbars rund um die einmaligen Sehenswürdigkeiten, Fashionistas zieht es in das Modeviertel an der Via de' Tornabuoni. Die Santa Trinita ist vor allem bei jungen Paaren beliebt, die auf der Brücke ganz romantisch den schönen Sonnenuntergang bewundern.

Entdecken
Meisterwerke der Kunst und Architektur

Sehenswert
Duomo und Baptisterium, Uffizien, Piazza della Signoria, Ponte Vecchio

Genießen
Den fantastischen Blick über die Stadt auf dem Duomo

Seiten 86–97

Santa Croce

Ein angenehmes Gefühl der Weite vermittelt die Piazza Santa Croce, an der die Florentiner in den Bars entspannt dem Treiben zusehen. Nicht minder lässig ist am anderen Flussufer der dorfähnliche Stadtteil San Niccolò, in dem die Spaziergänger zum Piazzale Michelangelo gern eine Rast einlegen.

Entdecken
Weltberühmte Stadtansichten

Sehenswert
Santa Croce, Bargello, Piazzale Michelangelo

Genießen
In der Scuola del Cuoio Lederwaren kaufen

Seiten 98 – 115

San Lorenzo

Auf der nahe dem Bahnhof gelegenen Piazza Santa Maria Novella treffen sich die mit Gepäck bepackten Reisenden: Die einen hasten zum Zug, die anderen bleiben verzückt stehen angesichts der wunderschönen Kirche, auf die ihr Blick gleich nach der Ankunft fällt. Die schmucklosen Häuser und ständigen Busse rund um San Marco und die Accademia laden wenig zum Verweilen ein, auf dem quirligen Mercato Centrale drängen sich Hausfrauen und Chefköche auf der Suche nach der besten, frischesten Ware.

Entdecken
Absolut frisches Essen auf dem Mercato Centrale

Sehenswert
San Lorenzo, San Marco, Santa Maria Novella

Genießen
Kochkurs im Mercato Centrale

Seiten 116 – 131

Oltrarno

In Oltrarno (»jenseits des Arno«) herrscht eine spezielle Atmosphäre. Hier ziehen jeden Morgen die Kunsthandwerker ihre Schürzen an, um sich in uralten Werkstätten an die Arbeit zu machen und ihre großartigen Waren aus Holz, Glas oder Silber zu kreieren. Dazwischen liegen lässige Studentenbars, moderne Literaturcafés und Restaurants mit innovativer Küche für ein junges Publikum. In den Bars an der Piazza Santo Spirito drängen sich die Florentiner zum Aperitivo, danach schmeckt Hausmacherkost vom Feinsten in den wunderbar altmodischen Trattorie.

Entdecken
Kunsthandwerksstätten, lässige Bars und traditionelle Trattorie

Sehenswert
Palazzo Pitti, Giardino di Boboli, Cappella Brancacci

Genießen
Einen Aperitivo an der Piazza Santo Spirito

Marmor in Weiß, Grün und Rot: der Duomo (siehe S. 66f)

Um den Duomo

Hier schlägt das Herz von Florenz. Das Areal um den Duomo und den Palazzo Vecchio ist seit dem 14. Jahrhundert das religiöse und politische Zentrum der Stadt. Der frühere Palazzo della Signoria und heutige Palazzo Vecchio war die Residenz der Medici, bis sie Mitte des 16. Jahrhunderts in den Palazzo Pitti zogen. Doch die Verbindung war nie unterbrochen: Durch die Uffizien führt ein imposanter überdachter Gang – der Vasari-Korridor – über den Ponte Vecchio, der die beiden Palazzi miteinander verbindet. Später beherbergte der Palazzo Vecchio das italienische Parlament – während der Zeit, als Florenz Hauptstadt Italiens (1865–71) war. Heute dient der Palazzo als Rathaus.

Die Piazza della Repubblica und die umliegenden Straßen sind das Ergebnis der Sanierung im 19. Jahrhundert. Im Mittelalter lag hier der Hauptmarkt, in römischer Zeit das Forum. Als sich im 20. Jahrhundert der Ruf von Florenz als Modehauptstadt zu festigen begann, avancierte die Via de' Tornabuoni – die eleganteste Straße der Stadt seit der Renaissance – zum Hotspot für Top-Designer. Sie ist noch immer voller Luxusboutiquen und die zentrale Shoppingmeile des Einkaufsviertels der Stadt.

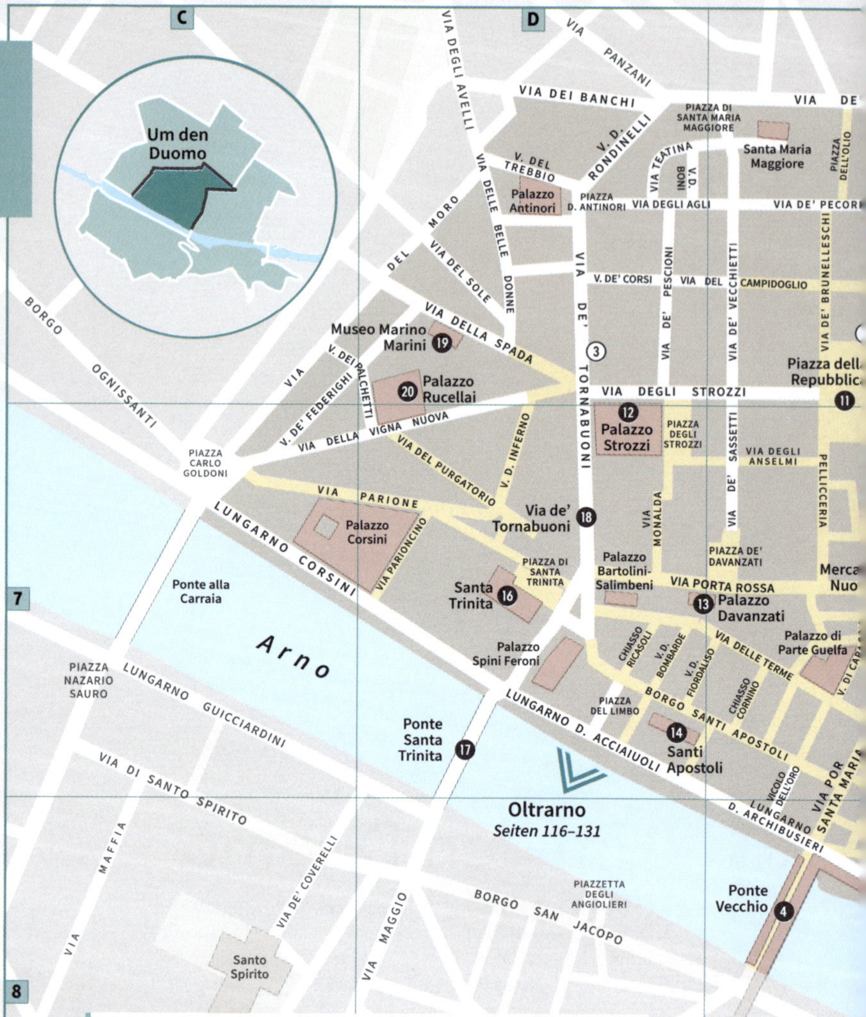

Um den Duomo

Highlights

1 Duomo und Baptisterium
2 Piazza della Signoria
3 Uffizien
4 Ponte Vecchio

Sehenswürdigkeiten

5 Museo dell'Opera del Duomo
6 Orsanmichele
7 Casa di Dante
8 Badia Fiorentina
9 Santo Stefano al Ponte
10 Mercato Nuovo
11 Piazza della Repubblica
12 Palazzo Strozzi
13 Palazzo Davanzati
14 Santi Apostoli
15 Museo Galileo
16 Santa Trinita
17 Ponte Santa Trinita
18 Via de' Tornabuoni
19 Museo Marino Marini
20 Palazzo Rucellai

Cafés und Bars

① Gilli
② Paszkowski
③ Procacci
④ I Fratellini

Hotel

⑤ Hotel Brunelleschi

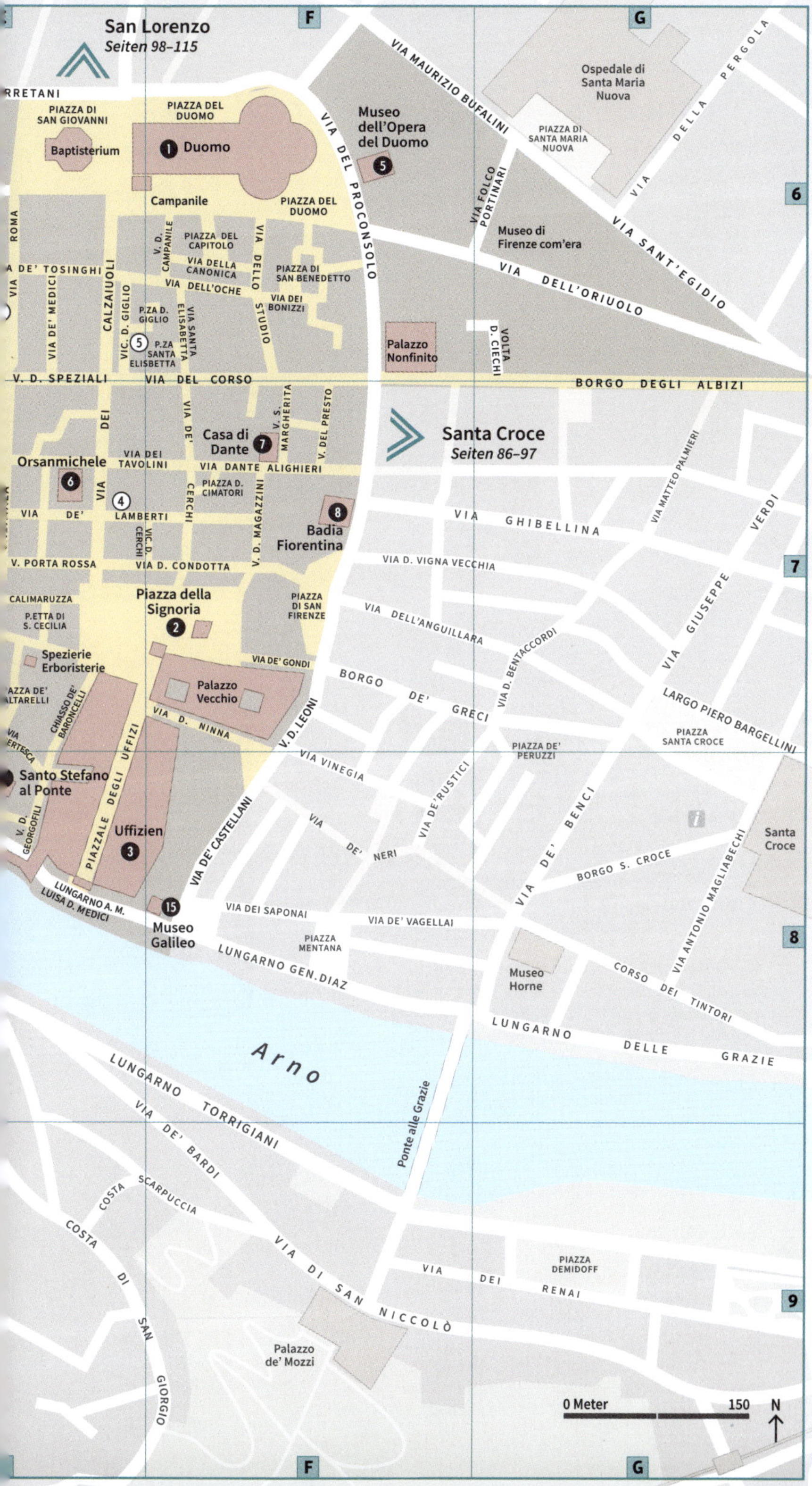
San Lorenzo
Seiten 98–115
Santa Croce
Seiten 86–97
Duomo
Baptisterium
Campanile
Museo dell'Opera del Duomo
Ospedale di Santa Maria Nuova
Museo di Firenze com'era
Palazzo Nonfinito
Casa di Dante
Orsanmichele
Badia Fiorentina
Piazza della Signoria
Spezierie Erboristerie
Palazzo Vecchio
Santo Stefano al Ponte
Uffizien
Museo Galileo
Santa Croce
Museo Horne
Palazzo de' Mozzi
Arno
Ponte alle Grazie
PIAZZA DI SAN GIOVANNI
PIAZZA DEL DUOMO
PIAZZA DI SANTA MARIA NUOVA
VIA MAURIZIO BUFALINI
VIA DEL PROCONSOLO
VIA FOLCO PORTINARI
VIA DELLA PERGOLA
VIA SANT'EGIDIO
VIA DELL'ORIUOLO
BORGO DEGLI ALBIZI
VIA DEL CORSO
V. D. SPEZIALI
VIA DANTE ALIGHIERI
VIA GHIBELLINA
VIA D. VIGNA VECCHIA
VIA DELL'ANGUILLARA
BORGO DE' GRECI
VIA GIUSEPPE VERDI
LARGO PIERO BARGELLINI
PIAZZA SANTA CROCE
PIAZZA DE' PERUZZI
VIA DE' BENCI
BORGO S. CROCE
VIA ANTONIO MAGLIABECHI
CORSO DEI TINTORI
LUNGARNO DELLE GRAZIE
LUNGARNO GEN. DIAZ
LUNGARNO A. M. LUISA D. MEDICI
LUNGARNO TORRIGIANI
VIA DE' BARDI
VIA DI SAN NICCOLÒ
VIA DEI RENAI
PIAZZA DEMIDOFF
COSTA SCARPUCCIA
COSTA DI SAN GIORGIO
VIA DE' CASTELLANI
V. D. LEONI
VIA VINEGIA
VIA DE' NERI
VIA DE' RUSTICI
VIA D. BENTACCORDI
VIA MATTEO PALMIERI
VIA DEI SAPONAI
VIA DE' VAGELLAI
PIAZZA MENTANA
PIAZZA DI SAN FIRENZE
VIA DE' GONDI
VIA D. NINNA
PIAZZALE DEGLI UFFIZI
V. D. GEORGOFILI
CHIASSO DE' BARONCELLI
V. PORTA ROSSA
VIA D. CONDOTTA
CALIMARUZZA
P.ETTA DI S. CECILIA
VIA DE' LAMBERTI
VIA D. MAGAZZINI
PIAZZA D. CIMATORI
VIA DEI TAVOLINI
VIA DE' CERCHI
VIC. D. CERCHI
V. S. MARGHERITA
V. DEL PRESTO
VIA DEI CALZAIUOLI
VIC. D. GIGLIO
P.ZA D. GIGLIO
P.ZA SANTA ELISABETTA
VIA SANTA ELISABETTA
VIA DELLO STUDIO
VIA DEI BONIZZI
PIAZZA DI SAN BENEDETTO
VIA DELL'OCHE
VIA DELLA CANONICA
PIAZZA DEL CAPITOLO
V. D. CAMPANILE
VIA DE' TOSINGHI
VIA DE' MEDICI
VIA ROMA
VOLTA D. CIECHI
0 Meter 150
N
F G
6 7 8 9

1

Duomo und Baptisterium

EF6 Piazza del Duomo C2, 6, 11, 14 +39 055 230 28 85 Duomo, Baptisterium, Campanile, Kuppel, Krypta, Museum: Zeiten bitte der Website entnehmen 15. Aug, 25. Dez, Feiertage duomo.firenze.it

Santa Maria del Fiore, der berühmte und schon von Weitem sichtbare Duomo, beherrscht mit seiner mächtigen Kuppel das gesamte Stadtbild von Florenz. Der Kirchenbau gilt als Symbol für die einst führende Rolle der Stadt.

Die von Filippo Brunelleschi entworfene zweischalige Kuppel erhebt sich im Zentrum von Florenz. Die Größe der Kathedrale ist typisch für die Zeit ihrer Erbauung, da die Florentiner in jeglicher Hinsicht führend sein wollten. Das Baptisterium (vermutlich 4. Jh.) mit seinen berühmten Portalen zählt zu den ältesten Bauten der Stadt. Der Campanile geht auf einen Entwurf Giottos (1334) zurück, doch wurde der Glockenturm erst 1359, 22 Jahre nach seinem Tod, vollendet. An der Fassade beeindrucken die vielen grünen und rosafarbenen Marmorelemente.

Der Zugang zum Duomo ist kostenlos, andere Teile, z. B. Krypta, Museum und Kuppel, kosten Eintritt (Einzelkarten oder Kombitickets).

↑ *Leuchtende Mosaiken im Baptisterium*

Farbenprächtige **Mosaiken** (13. Jh.) verschiedener Meister zieren das Baptisterium.

→ *Das oktogonale Baptisterium*

Highlight

↑ *Freskenmalerei im Inneren von Brunelleschis Kuppel*

← *Der Duomo mit Kuppel und Campanile – Wahrzeichen von Florenz*

Bronzeportale

Lorenzo Ghiberti war 1401 Sieger des Wettbewerbs für die Gestaltung des Nordportals des Baptisteriums. 1425 – 52 schuf er auch das Ostportal, das Michelangelo »Porta del Paradiso« nannte. Die originalen Relieftafeln befinden sich im Museo dell'Opera del Duomo *(siehe S. 76)*, vor Ort sieht man Kopien.

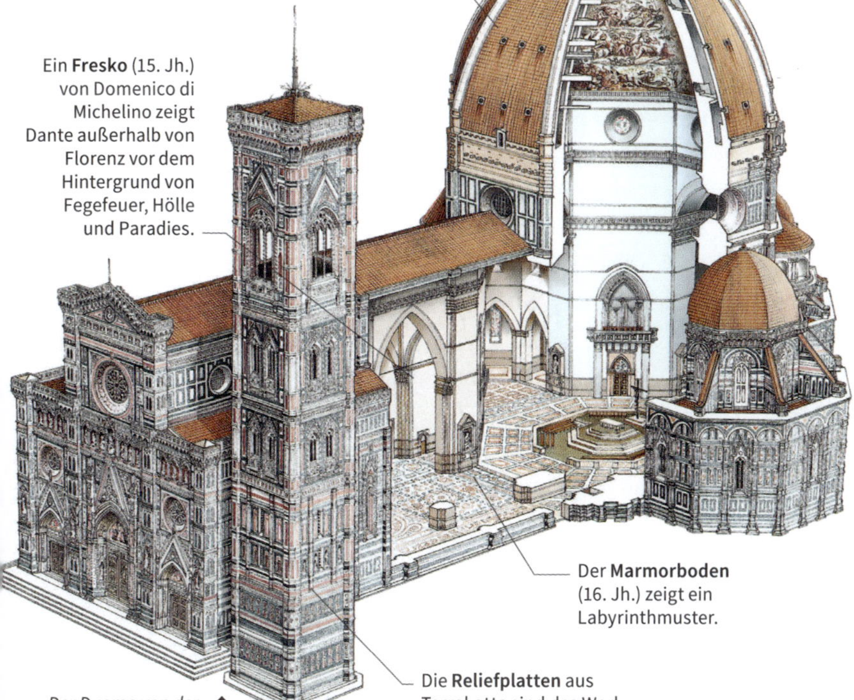

Von der **Kuppel** hat man einen spektakulären Blick auf Florenz.

Unterschiedlich große Ziegel bilden die **Kränze der Kuppelwölbung**. Die Technik wurde bereits beim Pantheon in Rom angewandt.

Brunelleschi errichtete die größte **Kuppel** seiner Zeit – ohne Gerüst: Die innere Schale war Plattform für die äußere.

Ein **Fresko** (15. Jh.) von Domenico di Michelino zeigt Dante außerhalb von Florenz vor dem Hintergrund von Fegefeuer, Hölle und Paradies.

Der **Marmorboden** (16. Jh.) zeigt ein Labyrinthmuster.

Die **Reliefplatten** aus Terrakotta sind das Werk von Andrea Pisano.

Der Duomo von der Piazza del Duomo aus ↑

2

Piazza della Signoria

F7 C1, C2 +39 055 276 83 25 Palazzo Vecchio und Turm: Mo – So 9 – 17 (Do bis 14); Museum: Mo – So 9 – 19 (Do bis 14) 1. Jan, Ostern, 1. Mai, 15. Aug, 25. Dez bigliettimusei.comune.fi.it

Der wunderschöne L-förmige Platz erstreckt sich im Zentrum der Stadt. Umrahmt wird er von den berühmtesten Florentiner Gebäuden, die ein zauberhaftes Ensemble bilden. Am bedeutendsten ist der imposante Palazzo Vecchio, der schon seit Jahrhunderten als Rathaus dient.

Die Piazza ist ein einzigartiger Skulpturenpark und bildet dank dem Palazzo Vecchio seit dem 14. Jahrhundert das politische Herz der Stadt. Hier versammelten sich die Bürger, wenn die Glocke des Palazzo zum *parlamento*, dem öffentlichen Treffen, rief. Die Statuen (einige sind Kopien) erinnern an Begebenheiten in der Geschichte der Stadt. Viele stehen in Zusammenhang mit Aufstieg und Fall der Republik Florenz *(siehe S. 54)*, während der ihr geistlicher Führer Girolamo Savonarola hier auf dem Scheiterhaufen verbrannt wurde.

Palazzo Vecchio

Der Palazzo Vecchio (Alter Palast) erfüllt noch immer seine Funktion als Rathaus. Nach der Fertigstellung wurde 1322 eine riesige Glocke zum 94 Meter hohen Turm hinaufgezogen, die die Bürger zu Versammlungen rief oder vor Feuer, Hochwasser und Angriffen warnte. Der Palazzo hat sein Aussehen bewahrt. Das Innere jedoch ließ Cosimo I. umbauen, als er 1540 den Palazzo als Residenz wählte. Ursprünglich sollten Leonardo und Michelangelo die Räume ausschmücken, doch war es Vasari, der diese Arbeit ausführte. Seine Fresken (1563 – 65) preisen Cosimo I. und das von ihm geschaffene Großherzogtum.

Gucci Garden

Im Palazzo della Mercanzia, einst Sitz des Gucci Museo, präsentiert sich der Florentiner Modegigant. Der Palazzo beherbergt eine Boutique mit einzigartigen Artikeln sowie die Gucci Osteria, das Restaurant vom italienischen Sterne-Koch Massimo Bottura. Es gibt zudem Ausstellungsräume, die mit der Geschichte des Modelabels verbundene Multimedia-Exponate zeigen, darunter historische Plakate, Vintage-Mode und andere Accessoires.

1 *Giambolognas* Raub der Sabinerinnen *steht in der Loggia dei Lanzi außerhalb des Palazzo Vecchio.*

2 *Auch die Löwenskulptur findet sich in der Loggia, es ist einer von zwei marmornen »Medici-Löwen«, die den Platz bewachen.*

3 *Die Galleria des Gucci Garden zeigt faszinierende Vintage-Mode des Labels.*

Schon gewusst?

Die Mitglieder des mittelalterlichen Parlaments wurden alle zwei Monate per Los ausgewählt.

←

Innenhof des Eingangs (Detail) *sowie Fassade des Palazzo Vecchio, Piazza della Signoria*

3

Uffizien

E8 Piazzale degli Uffizi 6 C1, C2, C3 +39 055 294 883 Di–So 8:15–18:30 (im Sommer gelegentlich länger) 1. Jan, 25. Dez uffizi.it

Das bekannteste Museum von Florenz zieht mehr Menschen an als jedes andere Kunstmuseum in Italien. Die Warteschlangen sind legendär, mit einer Online-Buchung mit genauem Termin können Sie die Warterei umgehen.

Als Verwaltungssitz für seine neue toskanische Regierung ließ Cosimo I. 1560–80 einen Gebäudekomplex mit Büros *(uffizi)* errichten. Die oberste Etage plante Vasari als verglaste Loggien, die Cosimos Nachfolger ab 1581 als Ausstellungsräume für die Kunstschätze der Familie Medici nutzten. So entstand die älteste Gemäldegalerie der Welt.

Die Uffizien bieten dem Besucher Gelegenheit, einige der größten Kunstwerke der Renaissance zu besichtigen. Ein Großteil der Sammlung ist dem Reichtum der Medici zu verdanken, die vielen Florentiner Künstlern Aufträge erteilten. Francesco I. verlegte die Sammlung in die Uffizien. Als Anna Maria Ludovica als letzte Medici 1737 starb, hinterließ sie die Kunstschätze der Bevölkerung von Florenz (unter der Bedingung, dass sie in der Stadt verbleiben). Die Renaissance-Sammlung ist das unbestrittene Highlight, doch die Exponate reichen bis ins 20. Jahrhundert.

Kurzführer

In einer ganzen Reihe von Räumen hängen Gemälde, die die Entwicklung der florentinischen Kunst von der Gotik bis zur Renaissance und darüber hinaus aufzeigen. Um dies chronologisch nachzuvollziehen, sollten Sie im zweiten Stock beginnen, da sich dort die frühesten Werke befinden. Meisterwerke der Hochrenaissance, z. B. von Tizian und Raffael, hängen im ersten Stock, Werke aus anderen europäischen Ländern in den Räumen 46–55.

Die Ausstellungsräume säumen beiderseits den schmalen Piazzale degli Uffizi ↑

1 *Ausschnitt aus Botticellis* Die Geburt der Venus *(1485), einem der berühmtesten Gemälde des Museums*

2 *Besucher in einem Saal voller Skulpturen und riesiger Bilder*

3 *Die Sammlung Contini Bonacossi enthält Werke von Cimabue, Veronese und Tintoretto sowie von europäischen Künstlern wie Goya und El Greco.*

→ *Kunstwerke in einem der eleganten Ausstellungsräume der Uffizien*

Uffizien: Sammlungen

Die Renaissance-Säle sind zweifellos das Juwel der Uffizien. Sie umfassen die weltweit größte und vollständigste Sammlung dieser Epoche. Wachsende Kenntnisse der Geometrie und perspektivischen Darstellung ermöglichten es den Malern, die Illusion von Tiefe und Weite zu erzeugen.

Im Raum 8 hängen zwei Gemälde von Piero della Francesca (1410–1492) mit Bildnissen des Herzogpaars von Urbino auf der einen Seite und der Darstellung ihrer Tugenden auf der anderen. Sie gehören zu den frühen Renaissance-Porträts. Im selben Raum findet sich Fra Filippo Lippis *Madonna mit Kind und Engeln* (1455–66), ein Bild voller Wärme und Menschlichkeit. Wie viele Renaissance-Künstler benutzte Lippi ein religiöses Motiv, um damit irdische Freuden zu verherrlichen. Die Botticellis in den Sälen 10 bis 14 gehören zu den Highlights, darunter *Die Geburt der Venus*, die auch 600 Jahre nach ihrer Entstehung fasziniert. Zudem sind Gemälde des jungen Leonardo da Vinci zu sehen, etwa das unvollendete *Anbetung der Könige* (1481). Werke von Michelangelo, Raffael und Tizian hängen in den Abteilungen Hochrenaissance und Manierismus. 2021 wurde mit »Uffizi diffusi« ein Projekt gestartet, um einige der Meisterwerke auch an anderen Orten auszustellen.

↑ *Sandro Botticellis* Verkündigung *(um 1489/90)*

Botticellis Der Frühling, *Darstellung eines vorchristlichen Frühlingsrituals* ↑

Highlight

Weitere Highlights

Gotik

▷ In den Sälen 2 bis 6 ist gotische Kunst aus der Toskana (13./14. Jh.) zu besichtigen. Giotto (1266–1337) führte einen frühen Naturalismus ein, der neu in der toskanischen Kunst war. Die Engel und Heiligen seiner *Maestà* (1310) in Saal 2 besitzen eine große Gefühlsvielfalt *(rechts)*. Der Thron auf dem Bild zeigt, ebenso wie der Tempel in Lorenzettis *Darbringung im Tempel* (1342) in Saal 3, deutliches Bemühen um dreidimensionale Tiefe.

Der Einfluss von Giottos Naturalismus wird in Saal 4 erkennbar, etwa in der Giottino zugeschriebenen *Pietà* (1360–65) – mit unterschiedlichen Charakteren, mittelalterlicher statt biblischer Kleidung und dem Blut am Kreuz.

Schon gewusst?

Botticelli wurde zu Füßen seiner Muse Simonetta Vespucci begraben, doch ihr Grab wurde inzwischen verlegt.

Europäische Künstler

Saal 45 zeigt, wie sich die Renaissance-Ideale verbreiteten. Maler wie Albrecht Dürer (1471–1528) und Lucas Cranach d.Ä. (1472–1553) sind hier vertreten. Werke flämischer Maler, u.a. von Rubens (1577–1640) und van Dyck (1599–1641), befinden sich in Saal 55, niederländische Gemälde des 17. und 18. Jahrhunderts, darunter einige Selbstporträts von Rembrandt, in Saal 49. Spanische Meisterwerke von El Greco (1541–1614), Velázquez (1599–1660) und Goya (1746–1828) hängen in Saal 46.

Spätere italienische Gemälde

Die Säle 90 bis 93 sind Caravaggio (1571–1610) und seinem Vermächtnis im frühen 17. Jahrhundert gewidmet. Hier gibt es auch einige Werke seiner Anhänger, darunter der Niederländer Gerrit van Honthorst (1592–1656) und Artemisia Gentileschi (1593–1653), eine bedeutende italienische Barockmalerin, deren bekanntestes Bild *Judith und Holofernes* (um 1620) ist.

Skulpturen

Die römischen Statuen im Arno-Korridor und Raum 56 erwarben die Medici großteils im 15. Jahrhundert. Die anatomisch genaue Ausführung und exakte Charakteristik der Figuren dienten Renaissance-Künstlern als Vorbild, die klassische Perfektion wiederzubeleben.

Tribuna

◁ In der achteckigen Tribuna (1584) von Buontalenti konnte Francesco I. seine Favoriten ausstellen. Beachtenswert sind Bronzinos Porträt (1545) der *Eleonora di Toledo* mit Sohn und das Porträt von Bia, der unehelichen Tochter Cosimos I. *(links)*, kurz vor ihrem Tod 1542.

4

Ponte Vecchio

E8 C1, C2, C3

Die mittelalterliche Brücke überspannt den Arno an seiner schmalsten Stelle. Sie hat seit dem 14. Jahrhundert Fluten und Kriege überlebt. Für Besucher ist sie ein Muss, um die berühmten *botteghe* (Werkstätten) zu besichtigen und den Ausblick auf den Fluss zu genießen.

Der Ponte Vecchio (Alte Brücke), die älteste Brücke von Florenz, wurde 1345 erbaut und als einzige von den deutschen Truppen verschont, die auf ihrem Rückzug im Zweiten Weltkrieg alle anderen Brücken der Stadt zerstörten. Die Häuser auf dem Ponte Vecchio wurden schon immer gewerblich genutzt, doch die Fleischer, Gerber und Schmiede, die einst hier ansässig waren (und ihre Abfälle bequem im Fluss entsorgten), wurden 1593 von Herzog Ferdinando I. von der Brücke vertrieben, weil sie Lärm und Gestank verursachten. Die Häuser und Werkstätten wurden umgebaut und an die angeseheneren – und besser riechenden – Goldschmiede vermietet. Noch heute sind hier Juwelierläden.

Schon gewusst?

Adolf Hitler ordnete persönlich an, dass der Ponte Vecchio nicht zerstört werden sollte.

Schöne Aussicht
Auf dem Ponte

Er gehört zu Italiens romantischen Orten. Es gibt kaum einen besseren Punkt als den Ponte Vecchio, um die Flussansichten von Florenz zu bewundern. Straßensänger, Porträtmaler und fliegende Händler prägen die bunte Szenerie auf der Brücke.

1 *Einige der ältesten Häuser ragen so weit über den Fluss, dass sie durch Holzbalken* (sporti) *abgestützt werden müssen.*

2 *Die Brücke ist meist voller Menschen, sowohl Besuchern als auch Einheimischen. Hinzu kommen Straßenkünstler, die hier auftreten.*

3 *Die Läden auf dem Ponte Vecchio bieten für jeden Geldbeutel etwas: vom Modeschmuck bis zum teuren Collier oder antiken Ring.*

↑ *Postkartenidylle Ponte Vecchio – seine Steinbogen spiegeln sich im Arno*

Vasari-Korridor

Der Corridoio Vasariano ist nach Giorgio Vasari benannt, dem Hofarchitekten der Medici-Herzöge. Er verbindet den Palazzo Vecchio mit dem Palazzo Pitti. Der Geheimgang hieß auch *Percorso del Principe* und ermöglichte es Mitgliedern der Familie Medici, zwischen ihren Residenzen hin- und herzugehen, ohne sich unter das gemeine Volk mischen zu müssen. Ein Besuch ist mit einem Sonderticket möglich (www.uffizi.it/en/corridoio-vasariano).

SEHENSWÜRDIGKEITEN

5

Museo dell'Opera del Duomo

F6 Via della Canonica 1
+39 055 230 28 85
Zeiten bitte der Website entnehmen duomo.firenze.it

Die Exponate verteilen sich auf 25 Räume in drei Stockwerken. Das Museum dokumentiert auch die Baugeschichte des Duomo mit imposanten Multimedia-Präsentationen des zur damaligen Zeit für unmöglich gehaltenen Bauvorhabens.

Die Exponate sind in Settings platziert, die ihre originale Umgebung imitieren. Relikte des Duomo und Baptisteriums sind etwa in einer achteckigen Kapelle zu sehen. Es gibt einige markante Skulpturen, darunter Donatellos *La Maddalena* (1455). Die in der Mitte des Raums stehende Statue bildet einen starken Kontrast zu den farbenprächtigen Gemälden an den Wänden. Gut in Szene gesetzt wird auch Michelangelos Spätwerk *Pietà*, das er aufgab, als er Unregelmäßigkeiten im Marmor bemerkte. Später ließ die Familie Medici die beschädigte Figur wieder zusammensetzen.

Größte Attraktion im Erdgeschoss sind Teile der einstigen Domfassade. Sie wurde noch vor ihrer Vollendung 1587 wieder abgebaut. Die Rekonstruktion erfolgte anhand von Bauplänen aus dem 16. Jahrhundert. Zahlreiche Statuen befinden sich an ihren originalen Orten gegenüber von den Bronzeportalen.

Im ersten Stock sind Statuen ausgestellt, die einst den Glockenturm zierten. Sie sind lebensgroß und sollten aus etwas Entfernung betrachtet werden. Damit entsprachen sie einem Ideal der Renaissance.

In der Kuppelhalle erfährt man viel über die Schwierigkeiten, mit denen Brunelleschi beim Kuppelbau konfrontiert war. Hier sind Geräte zu sehen, die speziell für dieses Bauvorhaben entwickelt wurden. Die Terrasse im dritten Stock bietet einen schönen Blick auf den Duomo.

Das Museum dokumentiert auch die Baugeschichte des Duomo mit imposanten Multimedia-Präsentationen des damals für unmöglich gehaltenen Bauvorhabens.

Hotel

Hotel Brunelleschi
Das einzigartige Hotel ist Teil eines Turms aus dem 15. Jahrhundert. Es ist opulent ausgestattet. Aus einigen Zimmern sieht man auf Brunelleschis Domkuppel.

E6 Piazza Santa Elisabetta 3
hotelbrunelleschi.it

€€€

↑ *Besucher vor den Statuen im Museo dell'Opera del Duomo*

❻
Orsanmichele

E7 Via dell'Arte della Lana +39 055 064 94 50 Mo, Mi – Sa 8:30 – 18:30, So 8:30 – 13:30 25. Dez

Orsanmichele wurde 1337 als Getreidemarkt errichtet und kurz nach Fertigstellung in eine Kirche umgebaut. Aus den Arkaden machte man Fenster. Obwohl sie heute zugemauert sind, lässt sich das gotische Maßwerk gut erkennen. An den Außenpfeilern sieht man Figuren. Sie stellen die Schutzheiligen der wichtigsten florentinischen *arti* (Zünfte) dar. Im Kirchenschiff, einer zweischiffigen Pfeilerhalle, befindet sich rechts ein Tabernakel (um 1350) von Andrea Orcagna, umgeben von Cherubim und Reliefs mit farbigem Marmor und Glas. Das Altarbild *Madonna mit Kind* (1347) stammt von Bernardo Daddi (um 1295 – 1348).

❼
Casa di Dante

F7 Via Santa Margherita 1 +39 055 21 94 16 Apr – Okt: tägl. 10 – 18; Nov – März: Di – Fr 10 – 17, Sa, So 10 – 18 24, 25. Dez museocasadidante.it

Niemand weiß, ob der Dichter Dante Alighieri (1265 – 1321) tatsächlich hier geboren wurde, aber es wäre gut möglich, und so hat man 1911 die Reste eines Turmhauses aus dem 13. Jahrhundert raffiniert restauriert.

In der Nähe steht Santa Margherita de' Cerchi (11. Jh.). In der Kirche soll Dante erstmals seiner Jugendliebe Beatrice Portinari (1266 – 1290) begegnet sein.

❽
Badia Fiorentina

F7 Via del Proconsolo Zeiten siehe Website badiafiorentina.org

Die Abtei, eine der ältesten von Florenz, wurde 978 von Willa, der Witwe des Conte Umberto di Toscana, gegründet. Ihr Sohn, Markgraf Hugo, wurde 1001 in der Kirche beigesetzt: Sein Grabmal, ein Werk von Mino da Fiesole, wurde 1469 – 81 angelegt. Filippino Lippis *Die Madonna erscheint dem heiligen Bernhard* (1485) verleiht dem düsteren Innenraum Leben.

Der Kreuzgang, Chiostro degli Aranci (Kreuzgang der Orangenbäume), ist nur am Montagnachmittag geöffnet. Er liegt etwas versteckt, Sie erreichen ihn durch eine Tür rechts vom Altar. Leider sind die Orangenbäume, die die Mönche hier einst kultivierten, schon lange eingegangen. Es gibt aber einige frühe Fresken und einen schönen Ausblick auf den sechseckigen Campanile, den Dante im *Paradiso*-Teil der *Göttlichen Komödie* erwähnte.

Schon gewusst?

»Orsanmichele« ist das Schmelzwort von Orto San Michele, dem früheren Klostergarten.

❾
Santo Stefano al Ponte

E8 Piazza die Santo Stefano Mo – Fr 10 – 19, Sa, So 10 – 20 cattedraledellimmagine.com

Die Kirche verdankt ihren Namen der Nähe zum Ponte Vecchio. Architektonisch interessant ist die romanische Fassade (um 1233). Heute ist der Bau säkularisiert und Veranstaltungsort für Konzerte sowie internationale Kunstausstellungen.

← *Meisterwerk der Gotik: kunstvoller Altar (14. Jh.) in Orsanmichele*

Blick auf Duomo (siehe S. 66f) *und Kloster Badia Fiorentina* (siehe S. 77)

10 Mercato Nuovo

E7 tägl. 9–18:30
1. Jan, 25., 26. Dez
mercatodelporcellino.it

Der Neue Markt wird des Öfteren als Mercato del Porcellino bezeichnet, nach seinem kleinen Brunnen, den ein Eber aus Bronze ziert (*porcellino* bedeutet Ferkel). Er heißt auch »Strohmarkt«, da hier vom späten 19. Jahrhundert bis in die 1960er Jahre aus Stroh gefertigte Waren wie Hüte oder Körbe verkauft wurden.

Ursprünglich wurde er 1547 bis 1551 als Markt für Seide und andere Luxusgüter errichtet. Die heutigen Standbesitzer verkaufen Lederwaren und Souvenirs. An Sommerabenden spielen hier oft Straßenmusiker.

Expertentipp
Todo Modo
Eine gelungene Kombination aus gut sortierter Buchhandlung mit 30 000 Titeln und Weinbar. In dem kleinen angegliederten Theater gibt es öfters Veranstaltungen wie Lesungen und Workshops (Via dei Fossi 15R).

11 Piazza della Repubblica

E6

Bevor der Platz 1890 angelegt wurde, war hier der Mercato Vecchio (Alter Markt), noch früher das römische Forum. Eine einzige Säule des Alten Markts ist erhalten und wird von der Statue *Abbondanza* (Überfluss; 18. Jh.) gekrönt. Die Westseite des Platzes dominiert ein Triumphbogen, der die Erhebung von Florenz zur Hauptstadt Italiens feiert.

Der Platz wird von Cafés gesäumt, die bei Besuchern wie Einheimischen sehr beliebt sind. Zu Beginn des 20. Jahrhunderts war das Giubbe Rosse – es heißt so, weil die Ober rote Westen tragen – Treffpunkt von Schriftstellern und Künstlern. Auch die Vertreter des Futurismus kamen hier zusammen.

12 Palazzo Strozzi

D7 Piazza degli Strozzi
Mo – So 10 – 20 (Do bis 23)
palazzostrozzi.org

Der Palazzo Strozzi beeindruckt allein schon durch seine Größe. Er wurde im 15. Jahrhundert vom Bankier Filippo Strozzi in Auftrag gegeben, der in Neapel ein Vermögen gemacht hatte. Nach Florenz kehrte er mit einem einzigen Ziel zurück: einen schöneren und größeren Palast zu erbauen, als es die Medici vermochten. Zu diesem Zweck ließ er 15 Gebäude um sein Wohnhaus niederreißen. 1489 war Grundsteinlegung, zwei Jahre später war Strozzi tot. Er hinterließ seinen Erben, die den Bau vollenden sollten, erhebliche Kosten.

Der schließlich 1536 fertiggestellte Palazzo ist massiv. Er ist nur drei Stockwerke hoch, doch jedes ist so groß wie ein normaler Palazzo. Die Fassade besteht aus Rustika-Mauerwerk. Man sieht an den Ecken noch die originalen Fackelhalter und die Ringe zum Anbinden der Pferde – Überbleibsel aus der Renaissance.

Schon gewusst?
Für seinen Palazzo ließ Filippo Strozzi von Astrologen den besten Tag für die Grundsteinlegung bestimmen.

Altmodisches Karussell auf der Piazza della Repubblica ↓

↑ *Besucher im weitläufigen Palazzo Strozzi*

Der Palast ist mittlerweile eine Kultureinrichtung, die Ausstellungen von Kunst und Antiquitäten beherbergt. Wenn jedoch keine Ausstellungen stattfinden, ist lediglich der Innenhof öffentlich zugänglich.

13

Palazzo Davanzati

D7 · Via Porta Rossa 13 · siehe Website · bargellomusei.beniculturali.it

Im Palazzo Davanzati sehen Sie, wie wohlhabende Florentiner im 14. Jahrhundert lebten. Der Eingangshof diente dazu, unerwünschte Besucher abzuhalten: Löcher in der Decke ermöglichten es, sie mit Steinen o. Ä. zu bewerfen. Vom ruhigeren Innenhof führt eine Treppe zu den Stockwerken. In einer Ecke befinden sich ein Brunnen und ein Aufzug, mit dessen Hilfe Wassereimer in alle Etagen gebracht werden konnten. Ein eigener Brunnen war Luxus. Die meisten Haushalte mussten ihr Wasser aus öffentlichen Brunnen holen. Der Salone Madornale, in dem Versammlungen stattfanden, und die Sala dei Pappagalli (Papageiensaal) mit Fresken und Gobelins sind beeindruckend.

14

Santi Apostoli

D7 · Piazza del Limbo · +39 055 802 35 68 · tägl. 9:30–12, 16–19

Die Kirche der Apostel mit ihrem Baptisterium zählt zu den ältesten erhaltenen Sakralbauten. Es wird behauptet, Karl der Große, der erste Kaiser des Heiligen Römischen Reichs, habe sie 800 n. Chr. gegründet. Vermutlich entstand sie erst zwischen 1059 und 1100. Die Kirche besitzt eine romanische Fassade und den für frühchristliche Kirchen typischen Basilikagrundriss. Die Seitenschiffe datieren aus dem 16. Jahrhundert.

15

Museo Galileo

F8 · Piazza dei Giudici 1 · +39 055 26 53 11 · tägl. 9:30–18 (Di bis 13) · 1. Jan, 25. Dez · museogalileo.it

Das kleine Museum ist ein Schrein für den aus Pisa stammenden Wissenschaftler Galileo Galilei (1564–1642). Unter den Exponaten befinden sich seine Teleskope und die Linse, mit deren Hilfe er die vier größten Jupitermonde entdeckte. Zudem gibt es Rekonstruktionen seiner Experimente zu Bewegung, Gewicht, Geschwindigkeit und Beschleunigung. Bisweilen demonstriert das Personal die Anwendung.

Zu Ehren von Galileo kam es 1657 in Florenz zur Gründung der ersten wissenschaftlichen Gesellschaft, der Accademia del Cimento. Ihre Erfindungen, u. a. frühe Thermo-, Baro- und Hygrometer, sind zu sehen.

Versäumen Sie nicht die Weltkarte (1554) des portugiesischen Kartografen Lopo Homem und die nautischen Instrumente, die der Engländer Sir Robert Dudley erfand, der 1607–21 im Auftrag der Medici den Hafen von Livorno ausbaute.

→ *Astronomisches Messinstrument: Armillarsphäre (16. Jh.) im Museo Galileo*

↑ *Fresken der Cappella Sassetti in der Kirche Santa Trinita*

16 Santa Trinita

D7 Piazza di Santa Trinita +39 055 21 69 12 Mo – Sa 8 –12, 16 –18:15, So 8:15 –10:45, 16 –18:15

Die ursprüngliche Kirche (spätes 11. Jh.) der Vallombrosanermönche war sehr schlicht. Sie spiegelte die Strenge des Ordens wider, der 1092 in Florenz gegründet wurde, um die Einfachheit klösterlichen Lebens zu erneuern. Die Kirche erfuhr immer weitere Ausschmückungen. 1593 wurde die Barockfassade vorgesetzt.

Ghirlandaios Fresken in der Cappella Sassetti (rechts vom Hochaltar) zeigen, wie die Kirche 1483 aussah. In einer Szene ist der heilige Franziskus auf der Piazza di Santa Trinita abgebildet, mit der Kirche und dem Palazzo Spini Feroni im Hintergrund. Die Stifter der Kirche, Francesco Sassetti und seine Frau Nera Corsi, sind an den Seiten des Altars zu erkennen. Sassetti, der Verwalter der Medici-Bank, und sein Sohn Teodoro stehen links von Lorenzo de' Medici neben Antonio Pucci. Geführt von humanistischen Gelehrten steigen Lorenzos Söhne die Stufen hinauf.

Das Altarbild, *Anbetung der Hirten* (1485), stammt ebenfalls von Ghirlandaio. Die Sarkophage von Sassetti und seiner Frau sind Werke von Giuliano da Sangallo.

17 Ponte Santa Trinita

D7 Piazza di Santa Trinita

Südlich der Piazza Santa Trinita liegt die wohl schönste Brücke der Stadt, der Ponte Santa Trinita. Von hier sieht man die umliegenden Hügel und den Ponte Vecchio *(siehe S. 74f)*. Die ursprüngliche Brücke war eine Holzkonstruktion von 1252. In ihrer heutigen Form wurde sie 1567 von Ammannati errichtet und sollte an den Feldzug Cosimos I. gegen Siena erinnern. Michelangelo ist der elegante Entwurf zu verdanken, der – ähnlich wie die berühmten Medici-Grabmäler *(siehe S. 103)* – auf einer Ellipsenform basiert. Die Allegorien der vier Jahreszeiten an beiden Enden wurden 1608 hinzugefügt, Anlass war die Hochzeit zwischen Cosimo II. und Maria von Österreich. Nach der Sprengung 1944 baute man die Brücke in ihrer ursprünglichen Form wieder auf.

Von hier aus sieht man im Westen den goldgelben barocken Palazzo Corsini (1648 – 56).

> Entdeckertipp
> **Museo Ferragamo**
> Für Fans von Ferragamo ist diese Sammlung seiner Schuhmodelle ein Muss. Sie wurden u. a. für Stars wie Marilyn Monroe und Sophia Loren gefertigt (im Ferragamo-Shop in der Via de' Tornabuoni).

18 Via de' Tornabuoni

D7

Die elegante Straße verläuft von der Piazza degli Antinori zum Ponte Santa Trinita. Sie ist seit der Renaissance, als mächtige Familien hier ihre Palazzi errichteten, die nobelste Straße der Stadt. Heute gibt es hier und in den umliegenden Straßen, vor allem in der Via della Vigna Nuova, edle Flagship-Stores.

Der Shop von Salvatore Ferragamo mit Museum liegt im imposanten Palazzo Spini Feroni. Die Marke stammt aus Florenz, genau wie Gucci, Roberto Cavalli, Enrico Coveri und Emilio Pucci sowie die jüngeren Labels Patrizia Pepe und Ermanno Scervino. Florenz war jahrhundertelang die italienische Modehauptstadt, lange vor Mailand.

→ *Der sanft geschwungene Ponte Santa Trinita wird Michelangelo zugeschrieben*

19

Museo Marino Marini

D6 Piazza San Pancrazio +39 055 21 94 32 Sa–Mo 10–19, Di–Fr auf Anfrage 1. Jan, 1. Mai, 25. Dez museomarino marini.it

Die ehemalige Kirche San Pancrazio ist heute ein Museum mit Werken des bekanntesten abstrakten Künstlers Italiens. Marino Marini (1901–1980) wurde in Pistoia geboren. Im dortigen Palazzo del Comune sowie im Centro Marino Marini *(siehe S. 217)* sind weitere Arbeiten von ihm zu sehen. Bevor er als Lehrer nach Monza und Mailand ging, absolvierte er in Florenz ein Kunststudium. Er versuchte eine Neuinterpretation etruskischer und mittelalterlicher Kunstformen. Bekannt sind vor allem seine Bronzen, die oft Pferd und Reiter thematisieren.

20

Palazzo Rucellai

D6 Via della Vigna Nuova 18

Der 1446–51 erbaute Palazzo ist einer der elegantesten der Stadt. Bauherr war Giovanni Rucellai, dessen Vermögen auf dem Import eines teuren Farbstoffs basierte,

↑ *Abstrakte Reiterfigur im Museo Marino Marini*

der aus einer Flechtenart gewonnen wurde, die nur auf Mallorca vorkommt. Die Farbe hieß *oricello*, davon leitet sich der Name Rucellai her.

Architekt Leon Battista Alberti gestaltete den Palazzo als Musterbeispiel der klassischen Säulenordnungen: Der Komplexität nach aufsteigend, sind die Pilasterkapitelle im Erdgeschoss dorisch, im ersten Stock ionisch und in der obersten Etage korinthisch. Ins Gebälk sind zwei Embleme geschnitzt: die Glück verheißenden Segel der Rucellai und das Ringsymbol der Medici. Der Ring erinnert daran, dass Bernardo Rucellai durch seine Heirat mit Lorenzo de' Medicis Schwester Lucrezia ein interfamiliäres Bündnis schloss.

Cafés und Bars

Gilli
Im historischen Café gibt es delikate Kuchen.
E6 Via Roma 1R
caffegilli.com
€€€

Paszkowski
In dem Café von 1846 finden Konzerte statt.
E6 Piazza della Repubblica 35R
caffepaszkowski.com
€€€

Procacci
Das Deli mit Weinbar ist für seine Trüffelspezialitäten bekannt.
D6 Via de' Tornabuoni 64R
procacci1885.it
€€€

I Fratellini
Der winzige Laden ist ideal für ein Glas Wein oder ein Panino.
E7 Via dei Cimatori 38R
+39 055 239 6096
€€€

Spaziergang um den Duomo

Länge 1 km **Bushaltestelle** Olio
Dauer 15 Min.

Ein großer Teil von Florenz wurde zur Zeit der Renaissance neu erbaut, doch im östlichen Zentrum hat sich mittelalterliches Flair erhalten. In den Gassen würde sich Dante noch zurechtfinden. Sein Haus, die Casa di Dante, steht in der Nähe der Kirche, wo er zum ersten Mal seine große Liebe Beatrice Portinari erblickt haben soll. Auch den Bargello und das Baptisterium würde er wiedererkennen. Eine der ältesten Straßen ist der heute von Renaissance-Palazzi gesäumte Borgo degli Albizi, der dem Verlauf einer alten Römerstraße folgt, die bis zum antiken Rom führte.

Die 1436 fertiggestellte **Kuppel** entwarf Brunelleschi. Sie sollte die Bauten der griechischen und römischen Antike in den Schatten stellen.

Im **Duomo** finden bis zu 20 000 Menschen Platz. Die Eleganz des Baus unterstreichen Giottos Campanile und das Baptisterium mit seinen verzierten Bronzeportalen.

Die **Loggia del Bigallo** stammt von 1358. Im 15. Jahrhundert wurden ausgesetzte Kinder hier aufgenommen. Hatten ihre Eltern sich nach drei Tagen noch nicht gemeldet, brachte man sie in ein Waisenhaus.

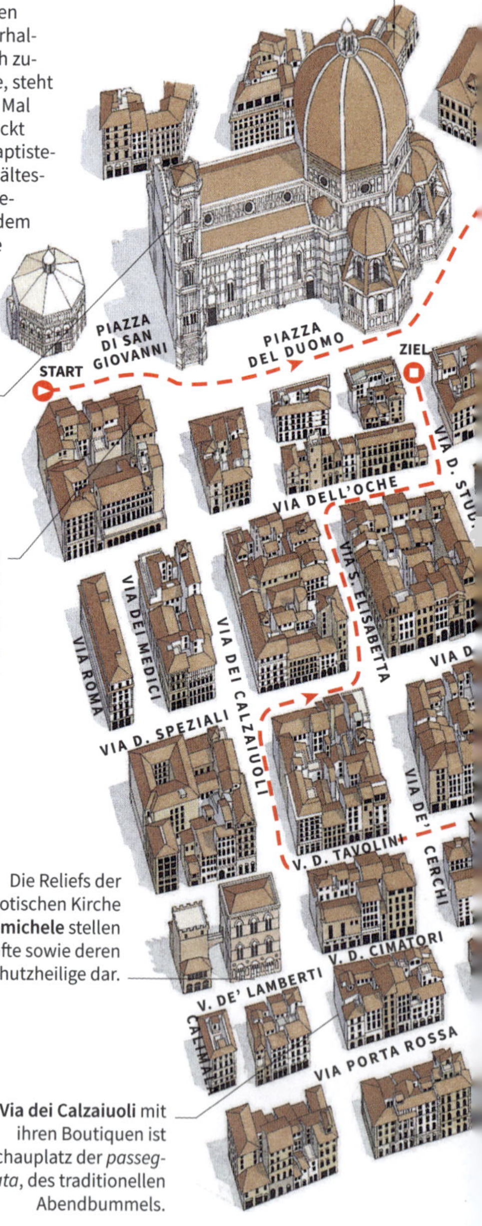

Die Reliefs der gotischen Kirche **Orsanmichele** stellen die Zünfte sowie deren Schutzheilige dar.

Die **Via dei Calzaiuoli** mit ihren Boutiquen ist Schauplatz der *passeggiata*, des traditionellen Abendbummels.

↑ *Der elegante Glockenturm der Klosterkirche von Badia Fiorentina*

↑ *Statuen in der Galerie des Bargello*

Zur Orientierung
Siehe Stadtteilkarte S. 64f

Schon gewusst?

Donatello entwarf eines der Bleiglasfenster in der Kuppel des Duomo.

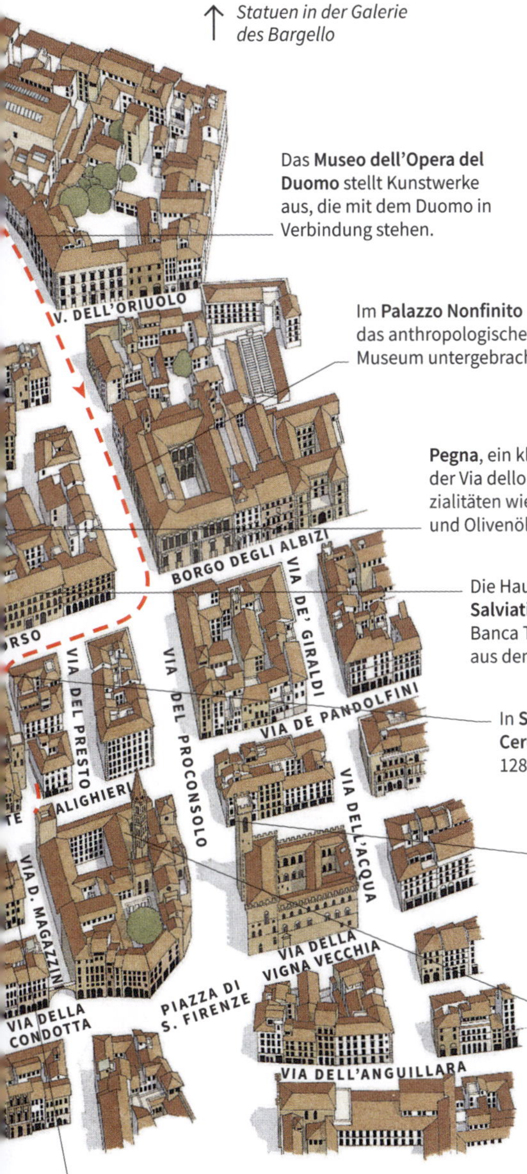

Das **Museo dell'Opera del Duomo** stellt Kunstwerke aus, die mit dem Duomo in Verbindung stehen.

Im **Palazzo Nonfinito** ist das anthropologische Museum untergebracht.

Pegna, ein kleiner Supermarkt in der Via dello Studio, verkauft Spezialitäten wie Honig, Wein, Essig und Olivenöl aus der Region.

Die Haupthalle des **Palazzo Salviati**, heute Zentrale der Banca Toscana, zieren Fresken aus dem 14. Jahrhundert.

In **Santa Margherita de' Cerchi** heiratete Dante 1285 Gemma Donati.

Der **Bargello**, das frühere Stadtgefängnis, beherbergt heute eine Sammlung von dekorativer Kunst und Skulpturen.

Die Glocken der **Badia Fiorentina** regelten im mittelalterlichen Florenz den Tagesablauf.

In der **Casa di Dante** widmet sich ein Museum dem Leben und Werk Dantes.

0 Meter 100 N

Blick von Giottos Campanile (siehe S. 66f) im Winter

Santa Croce

In der Römerzeit lag in diesem Areal ein Amphitheater. Daran erinnern noch die geschwungenen Formen von Via Torta und Piazza Peruzzi. Seit dem Mittelalter ist jedoch die Piazza Santa Croce in den Mittelpunkt gerückt. Sie ist einer der größten Florentiner Plätze und Schauplatz traditioneller Events wie des Calcio Storico. Am Platz erhebt sich die gotische Fassade von Santa Croce, die im 13. Jahrhundert mit Spenden der wohlhabenden Familien errichtet wurde.

Im Mittelalter war dies das Areal der Gerber und Färber, die für ihr Handwerk das Wasser des Arno nutzten. An die Zünfte erinnern noch einige Straßennamen, etwa Via delle Conce (Gerberstraße) und Corso dei Tintori (Straße der Färber). Im 19. Jahrhundert gab es Pläne für eine Allee, die Santa Croce mit der Piazza della Signoria verbinden sollte. Sie wurden allerdings nie verwirklicht. Das einzige erfolgreich realisierte Projekt dieser Zeit war der Piazzale Michelangelo. Er wurde angelegt, um Florenz, das 1865–71 italienische Hauptstadt war, Grandezza zu verleihen.

Wie der Rest der Stadt wurde das Viertel im Zweiten Weltkrieg schwer beschädigt. Auf den Bombentrümmern entstand die berühmte Lederschule (Scuola del Cuoio) von Santa Croce. Sie wurde von den Mönchen von Santa Croce und ansässigen Meistern des Lederhandwerks ins Leben gerufen, damit Waisenkinder einen Beruf erlernen konnten. Dies half mit, das traditionelle Handwerk im Viertel zu erhalten.

Santa Croce

Highlights

1. Santa Croce
2. Bargello
3. Piazzale Michelangelo

Sehenswürdigkeiten

4. Giardino Bardini
5. Museo Stefano Bardini
6. Casa Buonarroti
7. Museo Horne
8. Mercato Sant'Ambrogio
9. Museo Ebraico und Synagoge
10. Sala del Perugino

Restaurants

① Enoteca Fuori Porta
② I Bastioni di San Niccolò
③ Vivoli
④ All'Antico Vinaio

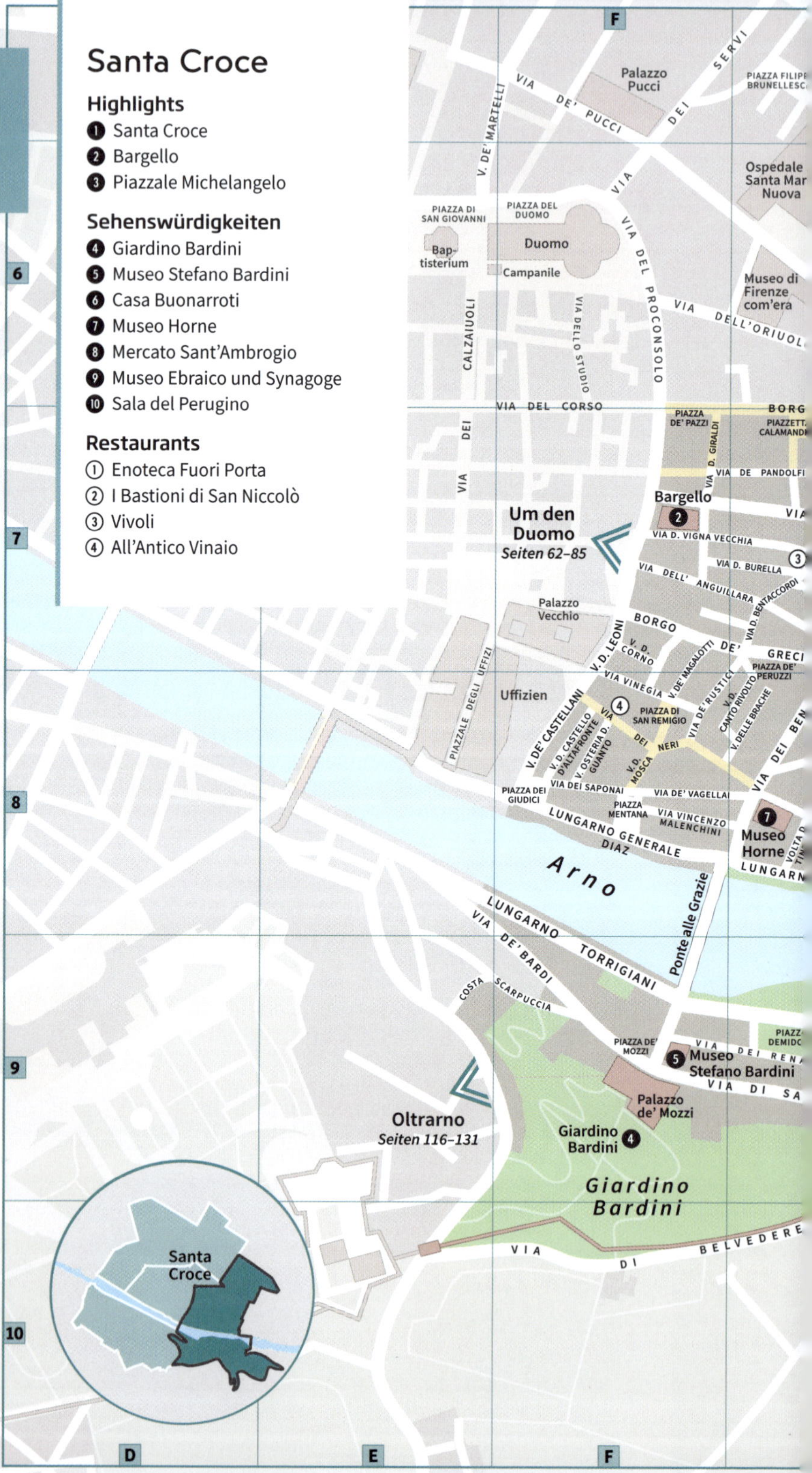

H
J
K
5
6
7
8
9
10
G
0 Meter
200
N
San Lorenzo
Seiten 98–115
Sala del Perugino
Museo Ebraico und Synagoge
Tempio Israelitico
Mercato Sant'Ambrogio
Casa Buonarroti
Santa Croce
Deutsches Konsulat
Piazzale Michelangelo
San Salvatore al Monte
Arno
Pescaia di San Niccolò
Ponte San Niccolò
VIA DEGLI ALFANI
VIA DELLA COLONNA
PINTI
VIA LUIGI CARLO FARINI
PIAZZA MASSIMO D'AZEGLIO
VIALE ANTONIO GRAMSCI
VIA DELLA MATTONAIA
V. GIOVAN BATTISTA NICCOLINI
V. ALESSANDRO MANZONI
VIA DE' PILASTRI
VIA GIOSUE CARDUCCI
BORGO
VIA FIESOLANA
VIA DE' PEPI
VIA DI MEZZO
VIA SANT'EGIDIO
PIAZZA GAETANO SALVEMINI
GLI ALBIZI
VIA PIETRAPIANA
BORGO LA CROCE
PIAZZA DEI CIOMPI
V. D. ORTONE
PIAZZA LORENZO GHIBERTI
PIAZZA CESARE BECCARIA
VIA MATTEO PALMIERI
V. D. BADESSE
VERDI
VIA DELL'ULIVO
VIA MICHELANGELO BUONARROTI
ALLEGRI
VIA FERDINANDO PAOLIERI
VIA GIUSEPPE
VIA D. ROSA
GHIBELLINA
DELL'AGNOLO
VIA ANDREA DEL VERROCCHIO
VIA GIOVANNI DA VERRAZZANO
VIA DEL FICO
VIA D. PINZOCHERE
VIA S. CRISTOFANO
BORGO
VIA DE' MACCI
VIA DELLE CONCE
VIA DELL'AGNOLO
VIA GHIBELLINA
VIALE GIOVANNI AMENDOLA
PIAZZA SANTA CROCE
LARGO PIERO BARGELLINI
VIA DI SAN GIUSEPPE
VIA DELLE CASINE
VIA PIETRO THOUAR
VIALE GIOVINE ITALIA
RGO S. CROCE
VIA ANTONIO MAGLIABECHI
VIA DEI MALCONTENTI
SO DEI TINTORI
ELLE GRAZIE
VIA TRIPOLI
LUNGARNO DELLA ZECCA VECCHIA
LUNGARNO GUGLIELMO PECORI GIRALDI
LUNGARNO SERRISTORI
VIA D. GIARDINO
V. LUPO
PORTA SAN NICCOLÒ
PIAZZA GIUSEPPE POGGI
LUNGARNO BENVENUTO CELLINI
CCOLÒ
VIA DEI BASTIONI
PIAZZA FRANCESCO FERRUCCI
VIALE GIUSEPPE POGGI
VIA DI SAN SALVATORE AL MONTE
VIA SER VENTURA MONACHI
RAMPA DEI BASTIONI
VIA DI SAN MINIATO AL MONTE
VIA DEL MONTE ALLE CROCI
VIALE MICHELANGELO
CANINA
ERTA

❶

Santa Croce

H8 Piazza Santa Croce C, C2, C3, C4, 6, 14 +39 055 24 66 105 Mo–Sa 9:30–17:30, So, Feiertage 12:30–17:45 Feiertage santacroceopera.it

Die prachtvolle gotische Kirche Santa Croce stammt von 1294, allerdings erhielt sie erst 1863 ihre eindrucksvolle Fassade aus farbigem Marmor. Sie birgt die Grabmäler vieler berühmter Florentiner, darunter diejenigen von Michelangelo und Galileo Galilei.

Die größte Franziskanerkirche der Welt besitzt 16 Familienkapellen. Im geräumigen luftigen Innenraum bestechen die wundervollen Fresken (14. Jh.) von Giotto und seinem begabten Schüler Taddeo Gaddi. In den Arnolfo- und Brunelleschi-Kreuzgängen findet man schöne Renaissance-Architektur – und einen Moment kontemplativer Stille während eines Rundgangs. In den restlichen Klosterbauten ist ein Museum für sakrale Kunst untergebracht.

↑ *Cappella de' Pazzi, eine überkuppelte Kapelle (1430) von Brunelleschi*

↑ *Verzierungen im Kirchenschiff, darunter das berühmte Kruzifix von Cimabue*

In den Arnolfo- und Brunelleschi-Kreuzgängen findet man schöne Renaissance-Architektur – und einen Moment kontemplativer Stille während eines Rundgangs.

Highlight

Expertentipp
Lederschule

Die Scuola del Cuoio liegt etwas versteckt in einem Durchgang auf dem Kirchengelände. Die familiengeführte Institution für Lederhandwerk hat Auszubildende aus aller Welt. Man kann die Werkstätten besuchen, an Vorführungen teilnehmen und auch die schönen Endprodukte erwerben.

↑ *Die neogotische Fassade aus farbigem Marmor entstand 1863*

Sehenswerte Grabmäler

Leonardo Bruni

△ Der überzeugte Republikaner Leonardo Bruni war 1410 und 1427 Staatskanzler von Florenz. Rossellinos Bildnis (1447) des großen Humanisten zeigt ihn im Alter und ist ein Triumph des realistischen Porträts.

Lorenzo Ghiberti

▷ Lorenzo Ghiberti (1378–1455) war zunächst Goldschmied und wurde später Bildhauer. Berühmt ist er für die Portale des Baptisteriums *(siehe S. 67)*. Er ist zusammen mit seinen Söhnen und Assistenten Vittorio und Lorenzo in Santa Croce begraben.

Niccolò Machiavelli

Obwohl Machiavelli nicht religiös war, wurde er 1527 hier begraben. Sein Grabmal von Innocenzo Spinazzi wurde erst 1787, 250 Jahre nach seinem Tod, errichtet.

Michelangelo

◁ Michelangelo stellte die *Pietà* für sein eigenes Grab nie fertig. Er starb in Rom, weit weg von seinem geliebten Florenz, doch sein Körper wurde nach Santa Croce überführt. Sein Grabmal (1570) stammt von Vasari. Es liegt gleich beim Eingang der Kirche. Allegorien der Malerei, Bildhauerei und Architektur schmücken es.

Galileo Galilei

▷ Der 1633 exkommunizierte Galileo erhielt erst 1737 ein christliches Begräbnis. Das Grabmal für das Genie stammt von Giulio Foggini.

2

Bargello

F7 Via del Proconsolo 4 14, A +39 055 064 94 40
Mo, Mi–So 8:15–13:50 (Sa bis 18:50) Di, 2., 4. So im Monat; 25. Dez bargellomusei.beniculturali.it

Der Palazzo del Bargello, ein imposanter festungsartiger Bau, beherbergt seit Mitte des 19. Jahrhunderts mit dem Museo Nazionale del Bargello eines der besten Museen Italiens mit Renaissance-Skulpturen.

Der 1255 als Rathaus erbaute Bargello ist das älteste noch erhaltene Verwaltungsgebäude von Florenz. Im architektonischen Kontrast zu seinem strengen sandsteinfarbenen Äußeren steht der hübsche Arkadenhof. Im 16. Jahrhundert diente der Palazzo als Sitz des Polizeipräsidenten und als Gefängnis, bis 1786 fanden hier auch Hinrichtungen statt. Nach einer umfassenden Renovierung zog 1865 eines der ersten Nationalmuseen Italiens in die Räumlichkeiten ein, die seither eine überaus sehenswerte Sammlung von Renaissance-Skulpturen beherbergen. Glanzpunkte sind Werke von Michelangelo, Donatello, Verrocchio, Giambologna und Cellini sowie manieristische Bronzeskulpturen und dekorative Kunst.

Michelangelos *Bacchus*

Kurzführer

Rechts vom Eingang liegt der Michelangelo-Saal mit der *Bacchus*-Statue (1497), die der Künstler im Alter von nur 21 Jahren schuf. Weitere Highlights von Michelangelo sind *David-Apollo* (um 1530), die Marmorbüste des *Brutus* (um 1539) und das unvollendete Flachrelief *Pitti Tondo* (1505). Im Innenhof führt eine Freitreppe zur Loggia mit Arbeiten von Giambologna. Rechter Hand ist der Salone di Donatello, in dem sich die Reliefs befinden, die für den Wettbewerb zur Gestaltung der zweiten Baptisteriumstür 1401 gefertigt wurden, sowie sein *David* (1450), die erste Aktfigur seit der Antike. Im ersten Stock liegen die Cappella Maddalena und die Islamische Sammlung, der zweite umfasst die Sala del Verrocchio, Werke von Andrea und Giovanni della Robbia, eine Waffensammlung und einen Saal mit Bronzen.

← *Zierteller mit kämpfenden Soldaten*

1478

wurde Bernardo Baroncelli hier gehängt, weil er versucht hatte, Lorenzo il Magnifico zu ermorden.

1 *Der festungsartige Bargello mit dem 54 Meter hohen Turm erhebt sich über die engen Straßen von Florenz.*

2 *Besucher vor den faszinierenden Skulpturen in einem der vielen Säle des Museums*

3 *Die herrliche Figurengruppe (16. Jh.) stammt von Bartolomeo Ammannati.*

←
Unter den verzierten Gewölbedecken (13. Jh.) des Bargello: Arrangement der Exponate

3

Piazzale Michelangelo

H10

Von allen der großartigen Florentiner Aussichtspunkte – etwa dem Duomo und dem Campanile – bietet keiner eine solche Panoramasicht über die Stadt wie der Piazzale Michelangelo.

Der in den 1860er Jahren von Giuseppe Poggi angelegte Platz ist mit Kopien von Michelangelo-Statuen geschmückt. Die Panoramaterrasse lockt viele Besucher und Massen an Souvenirverkäufern an. Der Blick auf die Stadt, den Arno und die toskanischen Hügel in der Ferne bei Sonnenuntergang ist eine bleibende Erinnerung. Im Frühling gibt es auf dem Platz ein farbenprächtiges Blütenmeer zu bewundern, für noch bessere Ausblicke kann man zur malerischen Kirche San Miniato al Monte (11. Jh.) spazieren. Auf dem Weg bergab in die Stadt liegt ein Rosengarten mit 350 Rosenarten sowie einigen Skulpturen.

Schon gewusst?

Carlo Lorenzini, der Schöpfer Pinocchios, ist auf dem Friedhof von San Miniato beerdigt.

↑ *Ausblick von der berühmten Panoramaterrasse des Piazzale Michelangelo*

Restaurants

Enoteca Fuori Porta
Die Enoteca liegt an einer Treppenstraße in einer Ecke des Piazzale Michelangelo. Das Nachbarschaftslokal kombiniert in seinen Gerichten traditionelle und moderne Aromen und bietet eine ausgezeichnete Weinkarte. Tische im Freien.

G10 Via del Monte alle Croci 10R Mo fuoriporta.it

€€€

I Bastioni di San Niccolò
In dem kleinen Restaurant mit lebhafter Atmosphäre werden herzhafte italienische Gerichte sowie außergewöhnlich leckere Pizzas serviert.

G9 Via dei Bastioni 9R +39 055 247 67 60

€€€

1

2

3

1 *Das grandiose Innere von San Miniato al Monte ist in grünem und weißem Marmor gehalten.*

2 *Das Gebäude im Hintergrund des Platzes wurde ebenfalls von Poggi entworfen. Es war als Museum gedacht, heute beherbergt es ein Restaurant mit einem hübschen Garten.*

3 *Die Kirche San Miniato al Monte gehört zu einem Kloster oberhalb des Platzes.*

Aussicht über die Dächer der Stadt von der Terrasse des Giardino Bardini

SEHENSWÜRDIGKEITEN

4 Giardino Bardini

F9 Costa San Giorgio 2
Garten: tägl. 10–16; Villa: Zeiten siehe Website
villabardini.it

Von dem historischen Garten genießt man schöne Ausblicke auf Florenz. Die Anlage stammt aus dem Mittelalter und belegt einen Hang in der Nähe des Giardino di Boboli. Der Garten hat einen Glyziniengang, einen italienischen Teil mit Treppenanlage und Panoramaterrasse, einen Garten im englischen Stil nebst chinesischem Abschnitt sowie eine Sammlung Obstbäume. Die Villa Bardini hat ein Museum, das dem Künstler Pietro Annigoni (20. Jh.) gewidmet ist.

5 Museo Stefano Bardini

F9 Via dei Renai 37
+39 055 234 24 27 Fr–Mo 11–17 1. Jan, Ostern, 1. Mai, 15. Aug, 25. Dez

Stefano Bardini war ein Kunsthändler und Sammler architektonischer Schätze. 1883 baute er an der Piazza de' Mozzi einen Palazzo – vor allem aus mittelalterlichem und Renaissance-Mauerwerk. Bei der Innenausstattung fanden kunstvolle Türen, Kamine und Treppen sowie bemalte und kassettierte Decken Verwendung. Die Räume quellen über von Plastiken, Gemälden, Rüstungen, Musikinstrumenten, Keramiken und Möbeln.

6 Casa Buonarroti

H7 Via Ghibellina 70
Mi–Mo 10–16:30
1. Jan, Oster-So, 15. Aug, 25. Dez casabuonarroti.it

Michelangelo (Buonarroti) kaufte im frühen 16. Jahrhundert eine Gruppe von drei Häusern, verbrachte aber nur kurze Zeit hier. Nachfolgende Mitglieder seiner Familien beschäftigten Künstler, um die Räume zu Ehren Michelangelos auszuschmücken. Die Sammlung seiner Werke enthält zwei frühe Reliefs, die *Madonna della Scala* und den *Kampf der Zentauren*.

Cibrèo-Lokale

Fabio Picchi eröffnete sein erstes Restaurant 1979. Bald führt er einige Unternehmen, die sich alle in der Nähe des Mercato Sant'Ambrogio befanden. Der Florentiner war stolz auf seine toskanischen Wurzeln, der Name Cibrèo bezieht sich auf ein altes regionales Gericht mit Hühnerleber. Das Cibrèo Ristorante ist das hochpreisige Aushängeschild, doch es gibt auch noch die Cibrèo-Trattoria und das Cibrèo-Café. Ciblèo serviert toskanisch-asiatische Fusionsküche, C.BIO verkauft die Backwaren der Gruppe und bietet Gerichte an der Theke. Picchis Frau Maria führt das Teatro del Sale, ein Zentrum für junge Talente. Vor einer Show kann man ein Dinner buchen.

7 Museo Horne

G8 · Via dei Benci 6 · +39 055 24 46 61 · Do–Di 10–14 · Feiertage · museohorne.it

Die Sammlung aus Gemälden, Skulpturen und dekorativer Kunst schenkte der britische Kunsthistoriker Herbert Percy Horne (1844–1916) der Stadt Florenz. Sie ist im Renaissance-Palazzino (1489) der Familie Alberti untergebracht, die ihren Reichtum dem Textilgewerbe verdankte. In der Küche befindet sich eine exzellente Sammlung von Küchengeräten, Töpfen und Arbeitsgeräten aus der Renaissance.

Im Museum kann man auf Anfrage einen Besuch der nahe gelegenen Casa Vasari arrangieren. Hier lebte Giorgio Vasari von 1557 bis zu seinem Tod 1574. Die Wände sind mit Fresken des Künstlers bemalt.

8 Mercato Sant'Ambrogio

J7 · Piazza Lorenzo Ghiberti · Mo–Sa 7–14 · mercatosantambrogio.it

Der bei den Einheimischen beliebte Markt stammt von 1873. Hier gibt es frisches Obst und Gemüse sowie Kleidung und Haushaltswaren zu kaufen. Fleischwaren und

Schon gewusst?

Die Küchen von Renaissance-*palazzini* liegen oft oben, damit der Rauch nicht durch das Haus zieht.

und Delikatessenläden befinden sich in der Markthalle, der Rest erstreckt sich auch auf die Außenbereiche. Die Preise sind fair, der Markt strahlt Authentizität aus. Wer bei all den Köstlichkeiten Hunger bekommt, ist in der Trattoria da Rocco, die Florentiner Spezialitäten serviert, richtig.

9 Museo Ebraico und Synagoge

H6 · Via Luigi Carlo Farini 6 · +39 055 298 98 79 · Zeiten siehe Website · jüdische Feiertage · jewishflorence.it

Die grüne Kupferkuppel der größten Synagoge von Florenz ist deutlich zu erkennen, wenn man vom umliegenden Hügelland aus auf die Stadt blickt. Das angegliederte Museum beherbergt eine Vielzahl ritueller Objekte ab dem 17. Jahrhundert. Das grandiose Innere zeigt sich in einem farbigen maurischen Sil mit üppigen Fresken und Mosaiken, Marmorböden samt Intarsien und Bleiglasfenstern.

10 Sala del Perugino

H5 · Via della Colonna 9 · +39 055 288 88 03 · Di, Do 14:30–17:30 · Schulferien

Ein Eingang des Liceo Michelangelo führt zum Kapitelhaus des früheren Klosters Santa Maria Maddalena dei Pazzi (in dem nun die Schule liegt). Im Inneren des Gewölbebaus befindet sich das riesige Fresko einer *Kreuzigung* (1493–96) von Perugino. Das Bild in drei Teilen, die sich den Bogen des Raums anpassen, ist sehr gut erhalten. Vor einer umbrischen Landschaft kniet Maria Magdalena unter dem Kreuz. Links stehen Maria und der heilige Bernhard von Clairvaux, rechts Johannes der Evangelist und der heilige Benedikt.

Drei Heilige *von Pietro Lorenzetti im Museo Horne* ↓

Restaurants

Vivoli

Die älteste Eisdiele der Stadt existiert seit 1930. Sie wird noch immer von der Familie Vivoli geführt.

G7 · Via dell'Isola delle Stinche 7R · Mo · vivoli.it

€€€

All'Antico Vinaio

Hier gibt es in mehreren Lokalen der Via dei Neri gutes regionales Essen.

F8 · Via dei Neri · allanticovinaio.com

€€€

Bummel über einen Markt in San Lorenzo

San Lorenzo

Das Renaissance-Flair dieses Viertels ist das Vermächtnis der Medici. Cosimo il Vecchio beauftragte große Künstler und Bildhauer seiner Zeit, um zahllose Monumente zu schaffen, darunter die erste Residenz der Dynastie, den Palazzo Medici Riccardi, sowie die Kirchen San Marco und San Lorenzo. Auch Santa Maria Novella wurde während der Renaissance mit bedeutenden Kunstwerken ausgestattet. Die Piazza, an der die Kirche liegt, war der Veranstaltungsort des Wagenrennens Palio dei Cocchi, das damals entstand. 1563 wurde die erste europäische Kunstschule in der Accademia von Vasari ins Leben gerufen (unter dem Mäzenat der Medici). Ihre Galleria kam 1784 hinzu, um die Studenten zu inspirieren.

Nach dem Umzug der Medici nach Oltrarno im 16. Jahrhundert wandelte sich San Lorenzo zur Kirche für die niederen Stände. Der Bahnhof Santa Maria Novella wurde 1848 eingeweiht. 1874 wurde der Mercato Centrale errichtet, um die von der neu gestalteten Piazza Repubblica verbannten Marktstände aufzunehmen. Im 20. Jahrhundert verfestigte sich der Status des Areals als Verkehrsknotenpunkt der Stadt. Es entstand der neue Bahnhof Santa Maria Novella (1935), der den alten Bau aus dem 19. Jahrhundert ersetzte. Der Auftrag kam von der faschistischen Regierung, folglich zeigt der Bahnhof die damals favorisierte klobig-funktionalistische Architektur.

San Lorenzo
Um den Duomo
Seiten 62–85
Oltrarno
Seiten 116–131
Giardino di Valfonda
Fortezza
Valfonda
Stazione Centrale di Santa Maria Novella
Alamanni
Busse zum Airport
Autostazione Busitalia
Santa Maria Novella
Officina Profumo Farmaceutica SMN
Museo Novecento
Ognissanti
Mercato Centrale
Cappelle Medicee
San Lorenzo
Biblioteca Medicea-Laurenziana
Unita
Palazzo Rucellai
Palazzo Corsini
Palazzo Spini Feroni
Ponte Vecchio
Uffizien
Santa Felicita
Arno
Ponte alla Carraia
Ponte S. Trinita
Pescaia di Santa Rosa
0 Meter 200
N

San Lorenzo

Highlights

1. San Lorenzo
2. San Marco
3. Santa Maria Novella

Sehenswürdigkeiten

4. Galleria dell'Accademia
5. Officina Profumo Farmaceutica SMN
6. Museo Leonardo da Vinci
7. Mercato Centrale
8. Palazzo Medici Riccardi
9. Cenacolo di Sant'Apollonia
10. Giardino dei Semplici
11. Opificio delle Pietre Dure
12. Ognissanti
13. Spedale degli Innocenti
14. Santissima Annunziata
15. Museo Archeologico
16. Museo Novecento

Restaurants und Bars

① La Mescita
② Trattoria Mario
③ Casa del Vino
④ Fratelli Zanobini

1

San Lorenzo

E5 Basilika: Piazza San Lorenzo; Cappelle Medicee: Piazza di Madonna degli Aldobrandini viele Linien +39 055 21 40 42 (Basilika) Basilika: Mo–Sa 10–17:30; Cappelle Medicee: Mi–Mo 8:15–18:50 Cappelle Medicee: Di, 25. Dez sanlorenzofirenze.it; bargellomusei.beniculturali.it

Die rustikal wirkende Basilika mit ihrer großen Kuppel erhebt sich über das Viertel, dem sie seit dem 15. Jahrhundert den Namen gab. Sie ist einer der größten Sakralbauten der Stadt – und da sie über einem Vorgängerbau aus dem 4. Jahrhundert errichtet wurde, wird sie auch als ältester betrachtet.

San Lorenzo war die Hauskirche der Medici – und die Familie sparte nicht an der Ausstattung. Brunelleschi entwarf 1419 den Neubau im Stil der Renaissance, die Fassade wurde jedoch nie vollendet. Der Cappelle-Medicee-Komplex birgt die Cappella dei Principi, die Neue Sakristei mit Michelangelos Medici-Grabmälern und die Alte Sakristei. 1524 entwarf Michelangelo die Biblioteca Medicea-Laurenziana für die Handschriftensammlung der Medici. Der manieristische Treppenaufgang gehört zu seinen innovativsten Entwürfen. Die Kirche ist die Grablege von Medici-Größen von Cosimo il Vecchio bis Cosimo III. sowie von Künstlern wie Donatello.

Expertentipp
Marktpreis
Der Open-Air-Markt von San Lorenzo breitet sich in den Straßen um den Mercato Centrale aus. Halten Sie nach Lederwaren Ausschau – und feilschen Sie.

1

2

3

1 *Die terrakottafarbenen Dächer der Kirche und ihrer Kuppel erheben sich über das Viertel San Lorenzo.*

2 *Das reich dekorierte Innere der Cappella dei Principi birgt die Grabmäler von 49 Mitgliedern der Medici-Dynastie.*

3 *Der Platz hinter San Lorenzo wird von einem Denkmal beherrscht, das Cosimo I., der erste Großherzog der Toskana, in Auftrag gab, um an seinen Vater Giovanni delle Bande Nere zu erinnern.*

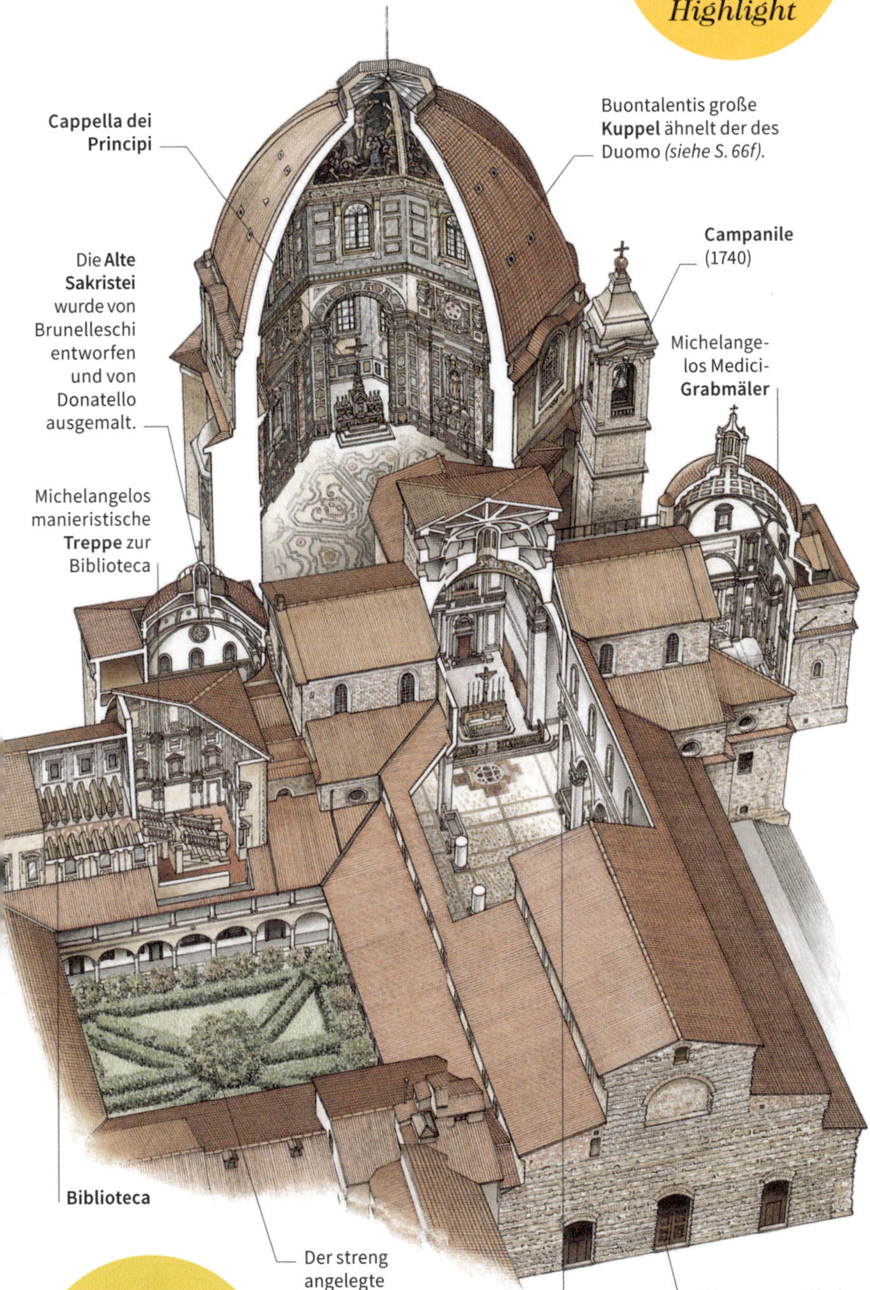

↑ *Der weitläufige Komplex von San Lorenzo*

6

Großherzöge sind in der Cappella dei Principi begraben.

2

San Marco

G4 Piazza di San Marco viele Linien Kirche: +39 055 28 76 28; Museum: +39 055 088 20 00 Di–Sa 8:15–13.50 (auch 1., 3. Mo und 2., 4. So im Monat) Museum: 2., 4. Mo und 1., 3., 5. So im Monat; 1. Jan, 25. Dez

Die Kirche des gut erhaltenen Dominikanerklosters ist noch in Funktion. Das Kloster selbst beherbergt das Museo di San Marco mit der weltweit größten Sammlung von Werken Fra Angelicos (1395–1455).

Das Kloster San Marco wurde im 13. Jahrhundert gegründet und 1437 vergrößert, als Dominikanermönche aus dem nahe gelegenen Fiesole auf Einladung von Cosimo il Vecchio hierherzogen. Der Gründer der Medici-Dynastie ließ sich die Erweiterung des Klosters durch seinen Lieblingsarchitekten Michelozzo einiges kosten. Im Kreuzgang und in den Zellen findet man eine Reihe schöner Fresken (um 1438–45) von Fra Angelico. Für Cosimo il Vecchio waren zwei Zellen reserviert, sodass er sich jederzeit zum Gebet ins Kloster zurückziehen konnte. Heute ist das Kloster ein Museum für die bewundernswerten Werke Fra Angelicos.

Schon gewusst?

In San Marco wurde 1441 die erste öffentliche Bibliothek Europas eröffnet – mit 400 Büchern.

»Verrückter Mönch«

Girolamo Savonarola (1452–1498), Prior von San Marco, stand für die christliche Erneuerung. Als Frankreich 1494 drohte, in Florenz einzumarschieren, vertrieb die Stadt die Medici und errichtete eine Republik mit dem fanatischen Mönch an der Spitze. Savonarola kritisierte die Exzesse, erzürnte damit aber Papst Alexander VI. Er wurde 1498 hingerichtet. In San Marco sieht man einige Relikte Savonarolas, etwa seinen Umhang und Teile des Balkens, an dem er gehängt wurde.

↑ *Fassade der Klosterkirche von San Marco*

→ *Fra Angelicos* Verkündigung *(um 1440) – das Bild zeigt die Beherrschung der Perspektive*

↑ *Renaissance pur: das Innere von San Marco*

3

Santa Maria Novella

D5 · Piazza di Santa Maria Novella · viele Linien · +39 055 21 92 57
Mo – Sa 9 –17:30 (Fr ab 11), So 13 –17:30 · Feiertage · smn.it

Teils Kloster, teils Museum – die Basilika begrüßt einen mit einer auffälligen grün-weißen Marmorfassade. Das Innere ist nicht weniger ansprechend, hier gibt es Werke von Masaccio, Giotto und Ghirlandaio zu sehen.

Die von den Dominikanern 1279 –1357 errichtete gotische Kirche birgt einige der bedeutendsten Kunstschätze von Florenz. Neben der Kirche liegt ein Friedhof, in dessen Mauern *avelli* (spitzbogige Grabnischen) eingelassen sind, die sich an den Klostermauern fortsetzen. Auf den Fresken der Spanischen Kapelle sind die Dominikaner als schwarz-weiß gefleckte Hunde – *domini canes* oder Hunde Gottes – dargestellt, die die »verirrten« Schafe wieder zusammentreiben.

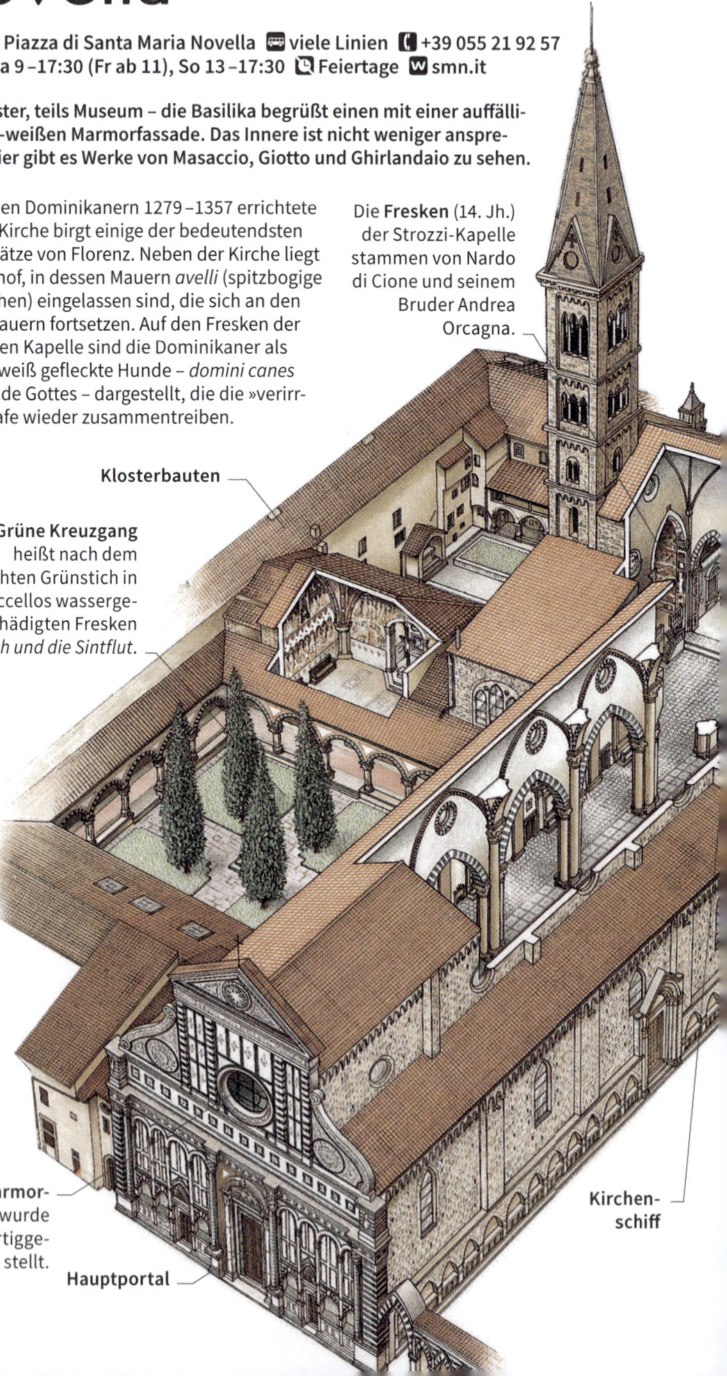

1 *Die marmorne Renaissance-Fassade von Santa Maria Novella wirkt im Sonnenlicht golden.*

2 *Wände und Decken des Kirchenraums sind mit wundervollen alten Fresken bedeckt.*

3 *Die Szenen aus dem Leben der Jungfrau Maria (hier vor dem Tempel) sind Teil von Ghirlandaios berühmtem Freskenzyklus, der die Wände der Cappella Tornabuoni (Auftraggeber war der Bankier Tornabuoni) schmückt.*

Die **Wände** des alten Friedhofs sind mit Wappen und Emblemen reicher Florentiner Familien geschmückt.

↑ *Der schöne Klosterkomplex von Santa Maria Novella*

Dreifaltigkeit (um 1427)

Masaccios Fresko gilt als bahnbrechend, da er erstmals die Perspektive korrekt anwendete und damit Raumtiefe erzeugte. In dem Fresko, seinem berühmtesten Werk, bilden die Figuren ein Dreieck. Der Blick des Betrachters wandert aufwärts zu Christus mit Gott hinter dem Kreuz. Maria und Johannes werden nicht idealisiert, sondern als gewöhnliche Menschen gezeigt. Lorenzo Lenzi, Masaccios Förderer, kniet gegenüber seiner Frau.

SEHENSWÜRDIGKEITEN

4

Galleria dell'Accademia

G4 Via Ricasoli 58/60 +39 055 098 71 00 Di–So 8:15–18:50 1. Jan, 25. Dez galleriaaccademiafirenze.beniculturali.it

Die Akademie der Schönen Künste wurde 1563 gegründet und war die erste Schule Europas, in der Zeichen- und Maltechniken sowie Bildhauerei unterrichtet wurden. Die Kunstwerke, die seit 1784 hier ausgestellt sind, sollten den Studenten als Anschauungsmaterial dienen.

Seit 1873 besitzt die Akademie zahlreiche bedeutende Werke Michelangelos, darunter seinen *David* (1504). Dieser der klassischen Antike entlehnte männliche Akt zeigt den biblischen Helden, der den Riesen Goliath besiegte. Das Werk wurde im Auftrag der Stadt Florenz geschaffen, vor dem Palazzo Vecchio aufgestellt – und machte den erst 29-jährigen Michelangelo zum größten Bildhauer seiner Zeit. 1873 brachte man das Original in die Akademie, um es vor Witterungseinflüssen zu schützen. Heute befindet sich eine Kopie am ursprünglichen Standort auf der Piazza della Signoria *(siehe S. 68f)*, eine zweite auf dem Piazzale Michelangelo *(siehe S. 94f)*.

Weitere Werke Michelangelos sind eine Statue des *Heiligen Matthäus* (1508) und die *Quattro Prigionieri* (Vier Gefangene; 1521–23), die das Grab von Papst Julius II. schmücken sollten. Die muskulösen Figuren scheinen sich vom Stein befreien zu wollen und wirken äußerst dynamisch. 1585 stellte man sie in der Grotta Grande im Giardino di Boboli auf, wo heute Abgüsse der Originale zu sehen sind.

Die Galleria besitzt zudem herausragende Gemälde florentinischer Künstler des 15. und 16. Jahrhunderts, Zeitgenossen Michelangelos, etwa von Fra Bartolomeo, Filippino Lippi, Bronzino und Ridolfo del Ghirlandaio. Sehenswert sind die *Madonna del Mare*, die Botticelli (1445–1510) zugeschrieben wird, und *Venus und Amor* von Jacopo Pontormo (1494–1556), das auf einer Zeichnung Michelangelos basiert. Ausgestellt ist auch eine prachtvoll bemalte Holztruhe, der *Cassone Adimari*. Sie wurde um 1440 als Teil einer Mitgift gefertigt, ist mit Alltagsszenen bemalt und zeigt die damalige Mode und Architektur: Braut und Bräutigam stehen vor dem Baptisterium.

Pacino di Bonaguidas *Baum des Lebens* (1310) sticht unter der Sammlung sakraler Kunst (spätes 13./14. Jh.) hervor. Die meisten der Gemälde sind stark stilisiert und üppig vergoldet.

Der Salone della Toscana ist mit Werken von Akademiemitgliedern (19. Jh.) gefüllt sowie mit Gipsmodellen von Lorenzo Bartolini. Er wurde 1839 Professor an der Akademie, was er bis zu sei-

Schon gewusst?

Die Kopie des *David* für das Londoner V&A Museum hatte ein Feigenblatt.

→ *Michelangelos* David *ist das dominante Werk in der Galleria dell'Accademia*

Toskanische Produkte vom Feinsten auf dem Mercato Centrale ↑

nem Tod 1850 blieb. Sein Werk umfasst Büsten von Lord Byron und dem Komponisten Franz Liszt.

5

Officina Profumo Farmaceutica SMN

C5 · Via della Scala 16 · +39 055 21 62 76 · tägl. 9:30 – 20 · eu.smnovella.com

Die 1612 von Dominikanern in Santa Maria Novella eröffnete Parfümerie ist einzigartig. Sie verkauft seit rund 400 Jahren beliebte Arzneien und Düfte. Die Geschichte ihrer aromatisierten Wässer kann bis ins 14. Jahrhundert zurückverfolgt werden, als beim Ausbruch der Pest ein Desinfektionsmittel hergestellt wurde. Die mit Fresken verzierten Räume beherbergen ein Museum und einen Teesalon. Hier spürt man den Atem der Geschichte. Der Laden verkauft Parfums, Kosmetikprodukte und Naturheilmittel, die noch immer auf den alten Rezepten der Mönche basieren.

Edle Düfte

Jahrhundertelang galten die Meister-Parfümeure von Florenz als die besten der Welt. Neben der historischen Officina Profumo Farmaceutica di Santa Maria Novella besitzt auch Dr. Vranjes (Via della Spada 9R) einen Namen im Luxussortiment von Parfums. Lorenzo Villoresi hingegen kreiert seine exotischen Düfte in seinem Boutique-Atelier bei San Niccolò in handwerklichem Rahmen.

6

Museo Leonardo da Vinci

G5 · Via dei Servi 66 · +39 055 28 29 66 · tägl. 10 – 18 (Sa bis 19, So ab 9:30) · leonardointeractive museum.com

Das kleine Museum zeigt 40 interaktive Modelle, die nach da Vincis Originalplänen gefertigt wurden – eine ehrfurchterregende Sammlung von Erfindungen, die zeigt, wie weit das Genie seiner Zeit voraus war. Es gibt Flugmaschinen, Apparate für militärische Zwecke und Beispiele für Ingenieurbauwesen. Besucher können Hebel bewegen und generell die Objekte ausprobieren. Ein weiterer Raum ist Leonardos bekanntesten Kunstwerken gewidmet, ein dritter zeigt Aufnahmen des menschlichen Körpers, anatomische Studien waren damals für die Entwicklung von Malerei und Bildhauerei essenziell. Im Museumsladen gibt es schöne Bausätze von da Vincis Erfindungen sowie Bücher und Souvenirs.

7

Mercato Centrale

E5 · Piazza del Mercato Centrale · tägl. 9 – 24 · mercatocentrale.it

Im Herzen von San Lorenzo befinden sich Straßenstände und die lebhafte Markthalle des Mercato Centrale, Hauptmarkt von Florenz. Die Halle ist ein zweistöckiges Gebäude aus Gusseisen und Glas, sie wurde 1874 von Giuseppe Mengoni errichtet. Im Erdgeschoss werden Fleisch, Geflügel, Fisch, Schinken, Öl und Käse verkauft. Es gibt auch Essen zum Mitnehmen, etwa *porchetta* (Schweinerollbraten), *lampredotto* (Kuhmagen) und *trippa* (Kutteln). Das Obergeschoss funktioniert als riesiges Bar-Restaurant, es gibt auch eine Bank, einen Buchladen und eine Kochschule. Im Zwischengeschoss liegen eine Pizzeria und ein Restaurant.

↑ *Fresko* Zug der Heiligen Drei Könige nach Bethlehem (Detail) *im Palazzo Medici Riccardi*

8 Palazzo Medici Riccardi

F5 Via Cavour 3
+39 055 276 05 52
Do – Di 9 – 19 25. Dez
palazzomediciriccardi.it

Über 100 Jahre lang war der Palazzo von 1444 Wohnsitz der Medici. Später ging er in den Besitz der Riccardi über, heute beherbergt er Büros. Michelozzo entwarf den Bau für Cosimo il Vecchio, der Brunelleschis ursprüngliche Pläne als zu pompös verwarf – er wollte seinen Reichtum nicht zur Schau stellen. Die Wände des Innenhofs sind mit Fragmenten römischen Mauerwerks verkleidet. Donatellos *David* (heute im Bargello) stand einst hier. Den Ehrenplatz hat nun Bandinellis marmorner *Orpheus*.

Nur wenige Räume sind zugänglich. In der Cappella dei Magi ist das farbenprächtige Fresko *Zug der Heiligen Drei Könige nach Bethlehem* (1459/60) von Benozzo Gozzoli zu bewundern, auf dem Mitglieder der Familie Medici porträtiert sind.

Die Sala di Luca Giordano ist nach dem neapolitanischen Künstler benannt, der ihre Wände im Jahr 1683 im Stil des Hochbarock mit der *Apotheose des Hauses Medici* schmückte.

In der Hochsaison sollte man reservieren.

9 Cenacolo di Sant'Apollonia

F4 Via XXVII Aprile 1
+39 055 088 20 00 tägl. 8:15 – 13:50 1., 3., 5. Sa und So im Monat

Kreuzgang und Refektorium des ehemaligen Konvents der Karmelitinnen stehen heute den Studenten der Florentiner Universität zur Verfügung.

Die Hauptwand des Refektoriums schmückt ein *Abendmahl*-Fresko (1445 – 50), eine der wenigen erhaltenen Arbeiten von Andrea del Castagno, der stark von Masaccio beeinflusst war. Er war einer der ersten Renaissance-Künstler, die perspektivisch malten. Judas sitzt abseits im Vordergrund und stört dadurch das Gleichgewicht des Bilds. Castagno hat ihn im Profil mit dem Gesicht eines Satyrs gemalt – so stellten viele Renaissance-Maler das Böse dar.

Donatellos *David* (heute im Bargello) stand ursprünglich im Hof des Palasts. Den Ehrenplatz hat nun Bandinellis marmorner *Orpheus*.

10 Giardino dei Semplici

G4 Via P.A. Micheli 3
+39 055 275 67 99
Apr–Mai, Sep–Okt: Di–So 10–18; Juni–Aug: Di–So 10–19; Nov–März: Di–So 10–16 ortobotanico italia.it/toscana/unifirenze

Das Wort »Semplici« bezieht sich auf die natürlichen, »einfachen« Zutaten, aus denen im Mittelalter Medikamente zubereitet wurden. Niccolò Tribolo legte den Kräutergarten 1545 im Auftrag Cosimos I. an, seine ursprüngliche Form ist immer noch erhalten. Heute gibt es hier neben toskanischen auch tropische Gewächse.

Sehenswert sind zudem die Glashäuser (19. Jh.) sowie eine Sammlung von bis zu 30 Meter hohen Bäumen, darunter eine 1720 gepflanzte Eibe und eine Korkeiche von 1805 mit einem Durchmesser von vier Metern.

11 Opificio delle Pietre Dure

F5 Via degli Alfani 78
+39 055 29 48 83 Mo–Sa 8:15–14 Feiertage
opificiodellepietredure.cultura.gov.it

Der *opificio* (Fabrik) im einstigen Kloster San Niccolò wurde im 16. Jahrhundert von den Medici zur Förderung von Florentiner Einlegearbeiten aus Marmor und Halbedelsteinen gegründet. Das Handwerk blühte über die Jahrhunderte. Heute ist der *opificio* eine nationale Einrichtung zu seiner Erhaltung.

Es gibt ein kleines Museum, in dem Werkbänke und Werkzeug sowie schöne *Pietre-dure*-Arbeiten wie Vasen oder Porträts aus dem 19. Jahrhundert sowie *Pietre-dure*-Tischplatten zu sehen sind – neben Marmor und Halbedelsteinen, die noch aus der Zeit der Medici stammen. Seit 1975 ist dem *opificio* das Zentrum für Kunstrestaurierung angegliedert, das neueste Restaurationstechniken nutzt.

Restaurants und Bars

La Mescita
Das traditionelle Wirtshaus mit einer Handvoll Tische serviert *panini* und herzhafte Gerichte.
G5 Via degli Alfani 70R
+39 338 992 26 04
€€€

Trattoria Mario
Das historische Lokal bietet mittags ein Menü mit typischen regionalen Speisen.
E5 Via Rosina 2R
trattoriamario.com
€€€

Casa del Vino
Dies ist der ideale Ort für ein Glas Chianti und einen Snack.
E5 Via dell' Ariento 16R So
+39 347 065 08 43
€€€

Fratelli Zanobini
Die atmosphärische Weinbar hat nur Stehplätze.
E5 Via Sant'Antonino 47R
So
lelame.com
€€€

←
Teil des Kräutergartens, in dem semplici *gezogen werden, Giardino dei Semplici*

↑ *Fassade von Ognissanti, ein Beispiel für Barockarchitektur*

⑫ Ognissanti

B6 Borgo Ognissanti 42 +39 375 565 20 13 Apr–Sep: Mi–Mo 9–13, 15–20; Okt–März: Mi–Mo 9–13, 15–19:30 chiesaognissanti.it

Ognissanti war die Hauskirche der Familie Vespucci, aus der der Seefahrer Amerigo Vespucci stammte – nach ihm ist Amerika benannt. Man sieht ihn auf einem Fresko von Ghirlandaio in der zweiten Kapelle rechts. Hauptattraktion ist Giottos auf Holz gemaltes Kruzifix, das nach der Restaurierung brillante Farben zeigt.

Ognissanti ist die letzte Ruhestätte von Sandro Botticelli. Sein Fresko *Augustinus in der Studierstube* (1480) ziert die Südwand. Es korrespondiert mit Ghirlandaios *Heiligem Hieronymus* (1480) gegenüber. Zur Kirche gehören ein Kreuzgang und das Refektorium mit Ghirlandaios *Letztem Abendmahl*.

⑬ Spedale degli Innocenti

G5 Piazza della Santissima Annunziata 13 +39 055 203 71 22 tägl. 10–19 museodeglinnocenti.it

Der schönste Teil des Waisenhauses aus dem frühen 15. Jahrhundert ist die elegante Kolonnade von Brunelleschi, ein Renaissance-Meisterwerk. Die Rundbogen besitzen Terrakotta-Medaillons mit den Bildnissen von Wickelkindern, die von Andrea della Robbia hinzugefügt wurden. Links vom Portikus stößt man auf die *rota*, einen drehbaren Steinzylinder, auf dem man unerwünschte Kinder anonym ablegen konnte.

Die Einrichtung setzt sich noch immer für Kinderrechte ein. Sie besitzt auch ein Museum mit rund 80 Gemälden, darunter Arbeiten von Botticelli und Ghirlandaio, sowie eine Ausstellung zur Geschichte der Organisation. Vom Dachterrassen-Café genießt man eine schöne Sicht über die Dächer von Florenz.

⑭ Santissima Annunziata

G4 Piazza della Santissima Annunziata +39 055 26 61 81 tägl. 7–12:45, 16–17 (So auch 20:45–21:45)

Die Verkündigungskirche wurde 1250 vom Servitenorden gegründet und zwischen 1444 und 1481 nach Plänen von Michelozzo neu gestaltet. Im Arkadenhof sind Fresken manieristischer Künstler (frühes 16. Jh.) zu sehen. Leider sind viele Werke von Andrea del Sarto, Rosso Fiorentino und Jacopo Pontormo feucht geworden und haben an Farbkraft verloren. Die berühmtesten Fresken sind *Der Zug der Heiligen Drei Könige nach Bethlehem* (1511) und *Die Geburt Mariä* (1514) von Andrea del Sarto.

Die Kirche beherbergt eines der am höchsten verehrten Heiligtümer der Stadt: ein Gemälde der Muttergottes, das ein Mönch 1252 begonnen hat und von dem gläubige Florentiner behaupten, ein Engel habe es vollendet. Das Heiligtum ist von neun Kapellen umgeben. Die mittlere mit Bronzereliefs und Kruzifix enthält das Grab von Giambologna.

Durch eine Tür im nördlichen Querhaus tritt man in den Chiostro dei Morti (Kreuzgang der Toten), der so heißt, weil er einst als Friedhof diente und noch viele Grabsteine enthält. Das Deckenfresko von 1525 in der Eingangshalle stammt von Andrea del Sarto. Es zeigt die Heilige Familie bei einer Rast auf ihrer Flucht

Schon gewusst?

Viele Jungvermählte legen in Santissima Annunziata Blumen für die Jungfrau Maria ab.

→ *Grabmäler und reiche Ausstattung: das Innere von Santissima Annunziata*

↑ *François-Vase, ein etruskisches Fundstück im Museo Archeologico*

nach Ägypten. Es ist als *La Madonna del Sacco* bekannt, weil Josef an einen Sack gelehnt ist.

15

Museo Archeologico

G5 Piazza Santissima Annunziata 9B +39 055 235 75 Mo–Sa, 1. So im Monat 8:30–14 (Di, Do bis 19) 1. Jan, 25. Dez

Das Museum ist in einem Palazzo untergebracht, den Giulio Parigi 1620 für Prinzessin Maria Maddalena de' Medici errichtete. Heute birgt er etruskische, griechische, römische und altägyptische Artefakte. Zu Letzteren gehört ein kompletter Wagen aus Knochen und Holz (15. Jh. v. Chr.), der nahe Theben gefunden wurde.

Der zweite Stock zeigt griechische Vasen, deren Prunkstück, die François-Vase, in einem Etruskergrab in Fonte Rotella bei Chiusi *(siehe S. 186f)* entdeckt wurde. Das Stück von 570 v. Chr. ist mit sechs Reihen schwarzer und roter Figuren aus der griechischen Mythologie bemalt. Die Sammlung nahm bei der Flutkatastrophe von 1966 Schaden, seither wurden viele Stücke restauriert. Zwei der etruskischen Bronzen im ersten Stock des Museums verdienen besondere Beachtung: Die *Chimäre* (*siehe S. 179*; 4. Jh. v. Chr.) ist eine mythische Löwenfigur mit Ziegenkopf und Schlangenschwanz. Das geduckte Fabelwesen wurde 1553 auf einem Acker nahe Arezzo gefunden. Giorgio Vasari machte die Bronze Cosimo I. de' Medici zum Geschenk. Der *arringatore* (Redner) wurde um 1566 nicht weit vom Lago Trasimeno in Mittelitalien ausgegraben und trägt eine Inschrift mit dem Namen des etruskischen Edelmanns Aulus Metellus. Die Skulptur (1. Jh. v. Chr.) in römischer Toga ist wohl ein Redner, der sich gerade an seine Zuhörer wendet.

Es ist Amerika, nicht Kolumbien

Da die Florentiner Künstler Meister der Perspektive waren, reüssierten sie auch als Seefahrer und Kartografen. Als Kolumbus von seiner Atlantiküberquerung zurückkam, beauftragte König Ferdinand von Spanien Amerigo Vespucci, die neue Route nach Indien zu verifizieren. Auf seiner Reise erkannte Vespucci schnell, dass Kolumbus einen neuen Kontinent entdeckt hatte, und sandte die Neuigkeit nach Florenz. Seine Kollegen arbeiteten die Landmasse kartografisch auf und nannten sie Amerika – zu Ehren von Vespucci.

16

Museo Novecento

C6 Piazza Santa Maria Novella 10 +39 055 276 82 24 Fr–Mi 11–20 25. Dez museonovecento.it

Das Museum in einem früheren Konvent gegenüber der Kirche Santa Maria Novella *(siehe S. 106f)* wurde 2014 eröffnet. Mit rund 400 Werken, die in chronologischer Folge ausgestellt sind, erhalten Besucher einen guten Überblick über die Entwicklung moderner italienischer Kunst seit dem 20. Jahrhundert bis heute.

Regelmäßige Wechselausstellungen widmen sich einzelnen Künstlern oder speziellen Themen. Die Dauerausstellung präsentiert Kunstwerke von Giorgio Morandi, Giorgio de Chirico, Filippo De Pisis, Mario Sironi und Renato Guttuso sowie Porträts des Florentiners Ottone Rosai.

Angeboten werden auch Konzerte und Filmabende sowie für Kinder Workshops.

Spaziergang um San Lorenzo

Länge 1 km **Bushaltestelle** Santa Maria Maggiore
Dauer 15 Min.

Hier tritt der prägende Einfluss von Cosimo il Vecchio, Gründer der Medici-Dynastie, besonders deutlich zutage. Er ließ nicht nur den Palazzo Medici Riccardi errichten, sondern finanzierte auch den Bau von San Lorenzo. Die Kirche umgibt ein Marktplatz. Das Markttreiben erinnert daran, dass Florenz seit je eine Stadt der Kaufleute war. Viele Waren – Kleidung aus Seide, Wolle und Kaschmir sowie Lederartikel – sind echte Schnäppchen, vor allem, wenn Sie wie die Einheimischen mit den Verkäufern feilschen.

Der **Mercato Centrale** von 1874 bietet im Erdgeschoss u. a. Fisch, Fleisch und Käse, im Obergeschoss gibt es einen großen Restaurantbereich.

Billige Cafés und Imbissbuden gibt es nahe der **Markthalle** in großer Zahl. Viele bieten traditionelle toskanische Gerichte zum Mitnehmen an.

Der **Palazzo Riccardi-Manelli**, 1557 begonnen, steht an der Stelle des Hauses, in dem Giotto 1266 geboren wurde.

Die **Cappelle Medicee** gehören zu San Lorenzo. Michelangelo entwarf die Neue Sakristei und zwei Medici-Grabmäler. An den Wänden befinden sich einige Skizzen von ihm.

Biblioteca Medicea-Laurenziana

Die nicht fertiggestellte Fassade von **San Lorenzo** wird dem Innenraum, den Brunelleschi 1425–46 für die Medici gestaltete, nicht gerecht.

Schon gewusst?

Die Biblioteca Riccardiana besitzt ein Manuskript (14. Jh.) von Dantes *Göttlicher Komödie*.

←

Die unvollendete Steinfassade von San Lorenzo (15. Jh.)

Zur Orientierung
Siehe Stadtteilkarte S. 100f

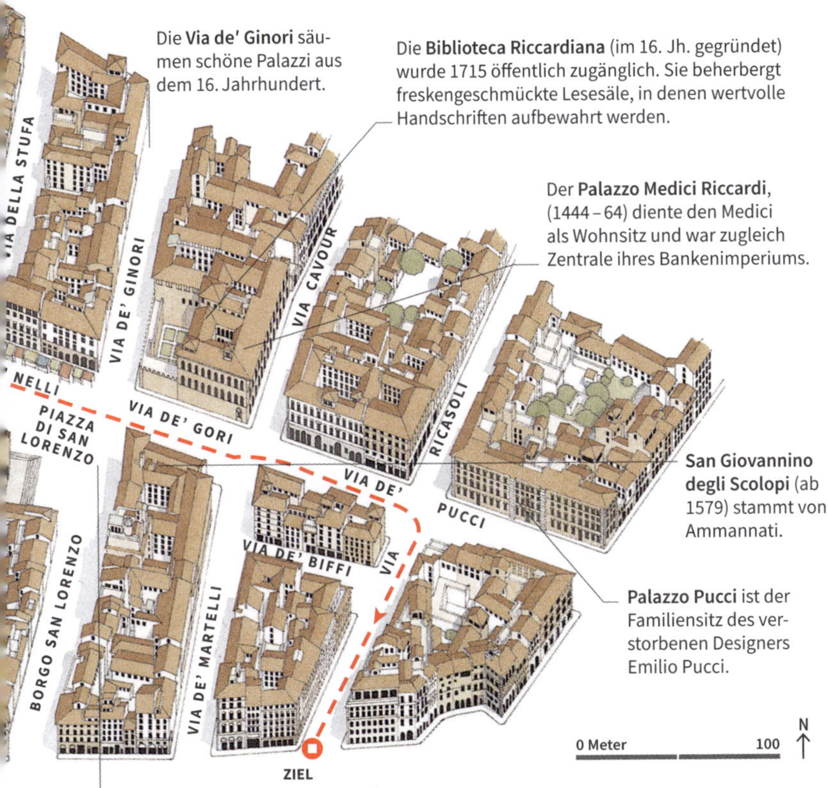

Die **Via de' Ginori** säumen schöne Palazzi aus dem 16. Jahrhundert.

Die **Biblioteca Riccardiana** (im 16. Jh. gegründet) wurde 1715 öffentlich zugänglich. Sie beherbergt freskengeschmückte Lesesäle, in denen wertvolle Handschriften aufbewahrt werden.

Der **Palazzo Medici Riccardi**, (1444 – 64) diente den Medici als Wohnsitz und war zugleich Zentrale ihres Bankenimperiums.

San Giovannino degli Scolopi (ab 1579) stammt von Ammannati.

Palazzo Pucci ist der Familiensitz des verstorbenen Designers Emilio Pucci.

Giovanni delle Bande Nere, den Vater von Großherzog Cosimo I., stellte Baccio Bandinelli 1540 in voller Kriegsrüstung dar.

→

Das schön ausgestattete Innere von San Lorenzo

Ockerfarbene Fassaden an der Costa di San Giorgio

Oltrarno

Oltrarno, wörtlich »jenseits des Arno«, wurde erst Teil der Stadt, als im Jahr 1333 die letzten Verteidigungsmauern gebaut waren. Damals war es das ärmste Viertel von Florenz, durch den Fluss vom prosperierenden Zentrum getrennt. Dies änderte sich, als die Medici Mitte des 16. Jahrhunderts in den Palazzo Pitti umzogen. Dieser war schon ein Jahrhundert früher von Luca Pitti errichtet worden, der damit ein protziges Gegenstück zu den Palazzi der Medici und Strozzi setzen wollte. Eleonora di Toledo, Gattin von Cosimo I., erwarb den Bau, da sie glaubte, die ruhige ländliche Umgebung würde ihrer angegriffenen Gesundheit guttun.

Die Medici begannen den Palazzo zu erweitern. Obwohl sie durch ihre Präsenz andere Aristokraten anzogen, behielt das Areal seinen ursprünglichen Charakter, insbesondere um Santo Spirito und den Borgo San Frediano. Hier haben noch heute zahlreiche Kunsthandwerker ihre Werkstätten, die Trattorie servieren herzhafte Hausmacherkost – ein Flair von Authentizität liegt in der Luft.

Mittlerweile ist Oltrarno dank seinem Künstlerflair und der Lage abseits der großen Touristenattraktionen zum Trendviertel geworden. Die Ausbreitung von Boutiquen, stimmungsvollen Bars und Lokalen trägt zu Beliebtheit des Stadtteils bei.

A
B
C
Lungarno Amerigo Vespucci
Ognissanti
Piazza di San Paolino
Via del Porcellana
Piazza degli Ottaviani
Borgo Ognissanti
Piazza d'Ognissanti
Arno
Ponte A. Vespucci
Pescaia di Santa Rosa
Lung. di S. Rosa
Via dei Fossi
Via del Moro
Piazza Carlo Goldoni
Via della Vigna
V. Lungo le Mura d. S. Rosa
Via Lorenzo Bartolini
Via Sant'Onofrio
Via d. Tiratoio
Lungarno Soderini
Via del Piaggione
Piazza di Cestello
San Lorenzo
Seiten 98–115
Lungarno Corsini
Palazzo Corsini
Ponte alla Carraia
Piazza del Tiratoio
Via di Cestello
8 San Frediano in Cestello
7
Piazza de' Nerli
Via dei Cardatori
Borgo San Frediano
Via San Giovanni
Piazza Nazario Sauro
Lungarno Guicciardini
Piazza degli Scarlatti
Via dell'Orto
V. dei Tessitori
Via del Drago d'Oro
Via del Leone
Piazza del Carmine
Borgo della Stella
Via de' Geppi
Via di Santo Spirito
Piazza Piattellina
Via di Camaldoli
Via Santa Monaca
Via Maffia
Piazza de' Frescobaldi
3 Cappella Brancacci
Via de' Coverelli
8
Piazza Torquato Tasso
Via d'Ardiglione
Via de' Serragli
Via Sant'Agostino
5 Santo Spirito
Via del Presto di San Martino
Piazza Santo Spirito
4
3
V. de' Michelozzi
Via Maggio
Via Sguazza
Via della Chiesa
Via del Campuccio
Via del Tegolaio
Sdrucciolo de' Pitti
Viale Francesco Petrarca
2
1
Via delle Caldaie
Via dei Preti
Via Mazzetta
V. d. Marsili
Piazza de' Pitti
Giardino Torrigiani
Borgo
Piazza di San Felice
Via Santa Maria
9
7 Museo La Specola
Via Romana
Giardino di Boboli
10
Oltrarno

Oltrarno

Highlights
1. Palazzo Pitti
2. Giardino di Boboli
3. Cappella Brancacci

Hotels
① SoprArno Suites
② Hotel AdAstra
③ Palazzo Guadagni

Sehenswürdigkeiten
4. Piazza Santo Spirito
5. Santo Spirito
6. Santa Felicita
7. Museo La Specola
8. San Frediano in Cestello

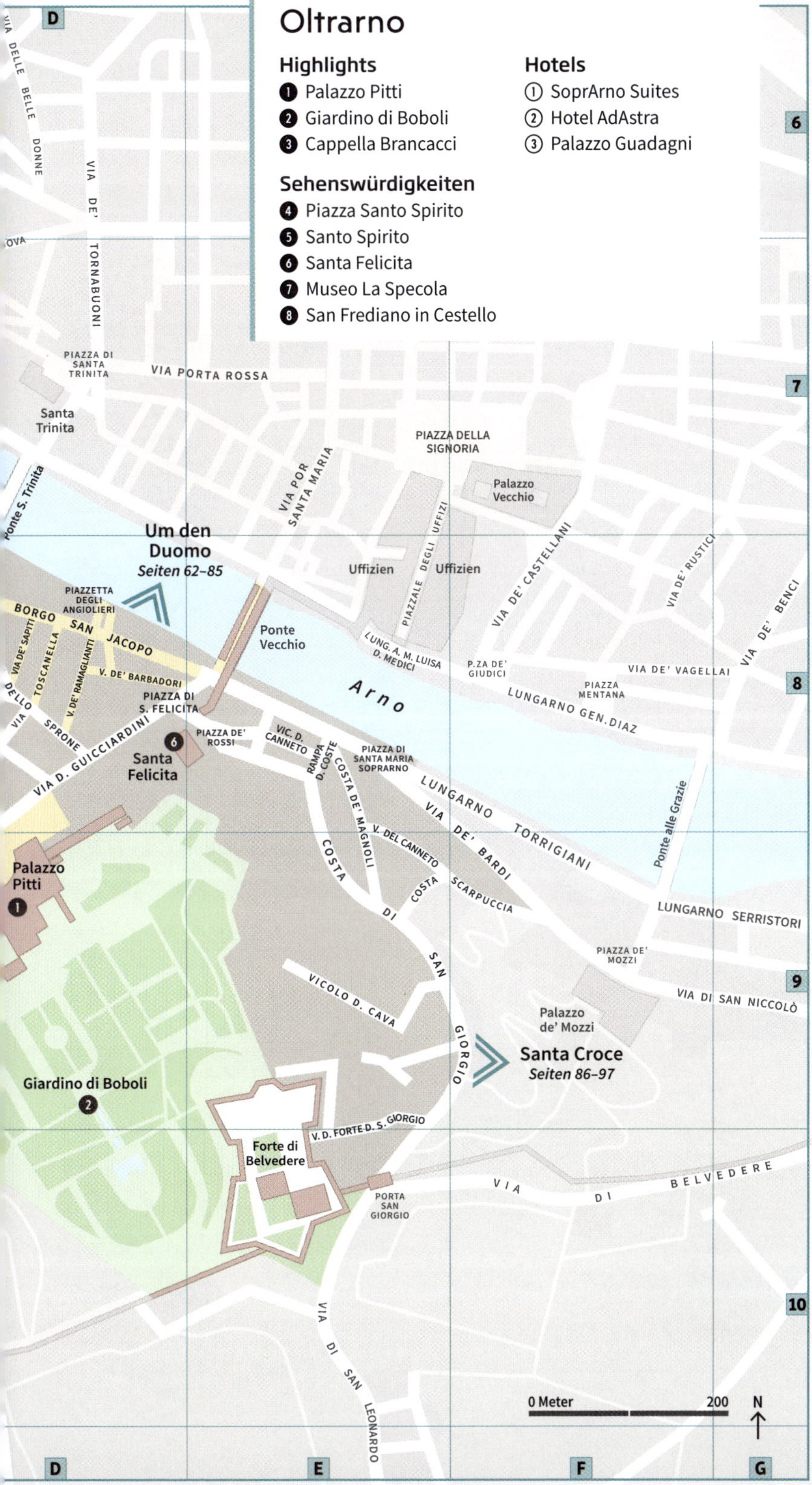

1

Palazzo Pitti

D9 Piazza de' Pitti C1, C2, C3 +39 055 29 48 83
Di – So 8:15 – 18:30 1. Jan, 25. Dez uffizi.it/palazzo-pitti

Obwohl der Palazzo noch den Namen seines früheren Besitzers trägt, ist er vor allem als Residenz der Medici bekannt. Heute beherbergt der weitläufige Renaissance-Komplex vier Museen, die eine Vielzahl von Kunstschätzen und dekorativen Kleinodien ausstellen. Star unter den Museen ist die von Pietro da Cortona mit Fresken verzierte Galleria Palatina: Sie enthält – nach den Uffizien – eine der weltweit besten Sammlungen mit Werken von Raffael und Tizian.

Der Palazzo Pitti wurde 1458 für den Bankier Luca Pitti erbaut. Seine heutige riesige Form erhielt er unter den Medici, die das Anwesen ein Jahrhundert später, nachdem die Baukosten Pittis Familie ruiniert hatten, seinen Erben abkauften. 1550 wurde der Palazzo Wohnsitz der Medici und diente drei Jahrhunderte lang als Residenz. Heute beherbergen die prächtigen Räume Schätze der Medici *(siehe S. 122)* und der Habsburg-Lothringer.

Die Galleria Palatina wurde im 17. Jahrhundert mit Stücken aus der Privatsammlung der Medici und der Habsburg-Lothringer zusammengestellt – und 1833 öffentlich zugänglich. Weitere Attraktionen sind die prunkvollen Gemächer, der Tesoro dei Granduchi mit Preziosen der Medici, die Galerie für moderne Kunst sowie die Sammlung italienischer Gewänder der letzten drei Jahrhunderte.

↑ *Besucher auf dem Kopfsteinpflaster vor dem Palazzo Pitti*

↑ *Luxuriös möblierter Raum in den Appartamenti Imperiali e Reali*

Schon gewusst?

Napoléon nutzte den Palazzo während seiner Regierungszeit in Italien als Wohnsitz.

Die Fassade des Palazzo Pitti – möglicherweise das Werk Brunelleschis ↑

Highlight

Expertentipp
Kunst per Audio

Die Kunstwerke in der Galleria Palatina hängen so, als ob die Familie Medici hier noch leben würde. Die Größe der Sammlung ist überwältigend – empfehlenswert ist ein Audioguide.

Grandios vergoldete Freskendecke im Palazzo Pitti ↑

Kristalllüster in der Sala Bianca (Weißer Saal) des Palazzo Pitti ↑

Galleria Palatina

Eine exquisite Sammlung von Arbeiten aus Renaissance und Barock ist in der Palastgalerie zu bestaunen. Die Bilder hängen so, wie die Herzöge es seinerzeit wünschten – rein nach dekorativer Wirkung, ohne Rücksicht auf Themen oder Chronologie. Die Decken der Säle 4 bis 8 weisen barocke Fresken auf. Sie zeigen in allegorischer Darstellung die fürstliche Erziehung durch die Götter. Die anderen Räume waren früher Privatgemächer und sind unterschiedlich ausgestattet. Das Spektrum reicht von üppiger Opulenz bis hin zu schlichter Strenge.

Obwohl sich ein Teil der Medici-Sammlung heute in den Uffizien befindet, ist die Galleria Palatina reich an Meisterwerken von Botticelli, Perugino, Tizian, Andrea del Sarto, Pontormo, Tintoretto, Veronese, Caravaggio, Rubens, van Dyck u. a. Die rund 1000 Gemälde bieten einen Überblick über die europäische Malerei des 16. und 17. Jahrhunderts.

In jeder Ecke der Galleria Palatina stößt man auf beeindruckende Kunstwerke ↑

Highlight

Weitere Sammlungen

Appartamenti Reali

▷ Die königlichen Gemächer im ersten Stock des Südflügels wurden im 17. Jahrhundert erbaut. Sie sind mit Fresken von Florentiner Künstlern ausgestattet und enthalten Porträts der Medici-Herrscher, die Justus Sustermans während seiner Zeit am Hof (1619–81) anfertigte. Als die Lothringer die Medici ablösten und die Herrschaft übernahmen *(siehe S. 54f)*, ließen sie die Räume klassizistisch umbauen.

Die Gemächer sind mit üppig vergoldeten Stuckdecken geschmückt und prunkvoll dekoriert. Die Einflüsse der diversen Besitzer lassen sich in den Räumen deutlich nachvollziehen.

Tesoro dei Granduchi

Das Museum im Erd- und Zwischengeschoss unter der Galleria Palatina liegt in der einstigen Sommerwohnung der Medici. Es zeigt den ungeheuren Reichtum der Dynastie: Die Sammlung umfasst antike Stücke aus Glas, Elfenbein, Kristall und Bernstein sowie Goldschmiedearbeiten aus Florenz und Deutschland. Grandios sind die 16 *Pietredure*-Vasen in der Sala Buia. Sie gehörten Lorenzo il Magnifico und sind römisch-byzantinischen Ursprungs.

Der pompöse Geschmack der Familie kommt auch in den Ebenholzmöbeln mit Intarsien aus Halbedelsteinen und Marmor zum Ausdruck. Überall hängen Bildnisse der Medici. Sehenswert sind die Großherzoginnen und das Porträt Cosimos I. mit Familie als Onyx-Kamee.

Galleria d'Arte Moderna

Hier findet man Gemälde aus den Jahren 1784 bis 1924, viele wurden von den lothringischen Herzögen angehäuft. Die Galerie zeigt klassizistische, romantische und sakrale Werke aus Staatsbesitz und von privaten Sammlern. Die wohl bedeutendste Kollektion ist die der toskanischen Schule der *Macchiaioli* (»Kleckser«), die an die Impressionisten erinnern. Diese Sammlung, zu der auch Gemälde von Giovanni Fattori und Giovanni Boldini zählen, war eine Schenkung (1897) des Kunstkritikers Diego Martelli. Im selben Raum hängen zwei Bilder von Camille Pissarro.

Museo della Moda e del Costume

◁ 1983 wurde das Museum im Erdgeschoss des Palazzo Meridiana, den Gaspare Maria Paoletti 1776 entwarf, eröffnet. Es beherbergt über 6000 Exponate höfischer Mode vom späten 18. Jahrhundert bis 1920. Es gibt auch einige neuere Haute-Couture-Modelle von Größen wie Valentino, Armani, Versace und Saint Laurent.

La Velata

Raffael malte viele Porträts, meist Madonnen. Einige seiner besten sind in den Sammlungen zu sehen. *La Velata* (1516) gehört zu den Highlights. Hier zeigt sich seine hohe Kunst in Bezug auf Farbe, Licht und Form. Modell stand wohl La Fornarina, seine römische Geliebte. Weitere Werke sind *Porträt der Maddalena Strozzi* und *Madonna della Sedia*.

2

Giardino di Boboli

D9 Piazza de' Pitti D, 11, 36, 37 Zeiten der Website entnehmen 1. und letzter Mo im Monat; 25. Dez uffizi.it/giardino-boboli

Der Boboli-Garten erstreckt sich in Hanglage hinter dem Palazzo Pitti und nimmt jeden Besucher durch seine üppig grüne Szenerie gefangen. Nehmen Sie sich ein paar Stunden Zeit, um die elegante Anlage, das Amphitheater und die versteckten Grotten dieses gepflegten Gartens aus dem 16. Jahrhundert zu erkunden.

Die Parkanlage ließen die Medici 1550 anlegen, ein Jahr, nachdem sie den Palazzo Pitti gekauft hatten. 1766 wurde der Garten öffentlich zugänglich. Die dem Palast am nächsten gelegenen Teile des Parks sind von Hecken unterteilt, die zu symmetrischen Figuren gestutzt wurden. Mit wachsender Entfernung vom Palazzo gehen sie in Steineichen- und Zypressenbestände über, die den Kontrast zwischen Kunst und Natur betonen. Überall sieht man Statuen verschiedener Epochen. Aussichtspunkte bieten einen schönen Blick über Florenz. 2017 spendete das Modehaus Gucci zwei Millionen Euro für die Restaurierung der Anlage.

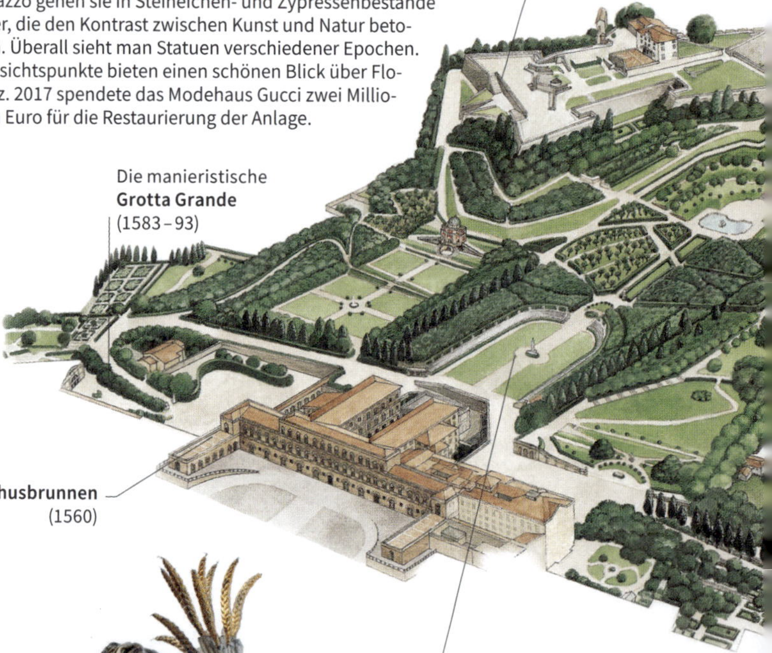

←
Der Überfluss, *eine der vielen Statuen im Garten*

Entdeckertipp
Kaffeehaus

Der hellgrüne Pavillon im Rokoko-Stil stammt von 1774. Er wurde unter den Lothringern als Ort für Spaziergänge errichtet. Das heutige Café ist im Sommer geöffnet und bietet von seiner Terrasse schöne Ausblicke.

1 *Die Wände der Grotta Grande sind spektakulär mit Perlmutt, Muschelschalen und künstlichen Stalaktiten verziert.*

2 *Die Anlage ist übersät von klassizistischen Statuen.*

3 Tindaro Screpolato *(1998) – die Bronze des polnischen Künstlers Igor Mitoraj steht in starkem Kontrast zu den älteren Kunstwerken.*

Die sorgfältig angelegten Bereiche des Boboli-Gartens ↑

Schon gewusst?

In Dan Browns Roman *Inferno* (2013) flieht einer der Protagonisten über den Boboli-Garten.

3

Cappella Brancacci

B8 · Piazza del Carmine · D · +39 055 276 82 24
Mo, Fr, Sa 10 –17, So 13 –17 (Reservierung erforderlich)
Feiertage · ticketsmuseums.comune.fi.it

Die Kirche Santa Maria del Carmine wurde im 15. Jahrhundert errichtet, doch durch einen Brand 1771 nahezu zerstört. Glücklicherweise bleiben die Fresken der Kapelle erhalten. Heute sind sie der Hauptanziehungspunkt.

Zu den schönsten Fresken in der Brancacci-Kapelle, die der Kaufmann Felice Brancacci um 1424 in Auftrag gab, zählt der Zyklus *Szenen aus dem Leben Petri*. Masolino begann 1425 mit der Arbeit, doch viele Szenen stammen von seinem Schüler Masaccio, der allerdings vor der Fertigstellung starb. Erst 50 Jahre später, im Jahr 1480, vollendete Filippino Lippi das Werk. Masaccios Beherrschung der Perspektive in *Der Zinsgroschen* oder die realistische Figurendarstellung in *Die Vertreibung aus dem Paradies* waren richtungweisend für die Malerei der Renaissance. Auch Michelangelo kam her, um die Meisterwerke anzusehen.

→ *Fassade von Santa Maria del Carmine mit der berühmten Kapelle im Inneren*

1 Der Sündenfall *präsentiert Adam und Eva realistisch als zwei nackte junge Menschen.*

2 *In* Petrus erweckt den Sohn des Kaisers; thronender Petrus *(Ausschnitt) sieht man die Situation nach der Auferstehung.*

3 Petrus heilt den Kranken (Detail) *zeigt Kranke, die durch den Schatten des vorbeigehenden Petrus geheilt werden.*

Highlight

Expertentipp
Heranzoomen

Für Kunstliebhaber ist es möglicherweise sinnvoll, ein Fernglas mitzunehmen. Einige der Fresken in der Kapelle sind relativ weit entfernt. Durch ein Fernglas erkennen Sie die Details besser.

↑ *Das herrliche Renaissance-Interieur der Brancacci-Kapelle*

SEHENSWÜRDIGKEITEN

4

Piazza Santo Spirito

C8

Am besten erkunden Sie diesen Teil von Florenz bei einem Bummel über die Piazza und den Markt mit seinen vielen Restaurierungswerkstätten und mittelalterlichen Palazzi und legen in einer der Bars oder einem der Cafés eine Pause ein.

Der größte Bau an der Ecke Via Mazzetta ist der Palazzo Guadagni (1505). Das oberste Stockwerk (heute Hotel) hat eine große offene Loggia. Es war die erste ihrer Art in Florenz. Die Idee gefiel – viele adlige Florentiner ließen ihre Palazzi entsprechend umbauen.

5

Santo Spirito

C8 Piazza Santo Spirito +39 055 21 00 30 Mo–Sa 10–13, 15–18, So, Feiertage 11:30–13:30, 15–18

Die Gründung der Augustinerkirche geht auf das Jahr 1250 zurück. Der heutige Bau, den Brunelleschi 1435 entwarf, wurde erst Ende des 15. Jahrhunderts, lange nach seinem Tod, fertiggestellt. Die unvollendete Fassade (18. Jh.) dominiert das nördliche Ende der Piazza Santo Spirito.

Die harmonischen Proportionen im Inneren leiden etwas unter dem barocken Baldachinaltar (1607) von Giovanni Caccini. Die Kirche hat 38 Seitenaltäre, die mit Renaissance-Kunstwerken (15./16. Jh.) von Cosimo Rosselli, Domenico Ghirlandaio, Filippino Lippi u. a. geschmückt sind.

Vom nördlichen Seitenschiff führt eine Tür unterhalb der Orgel in ein Vestibül mit herrlichem kassettiertem Gewölbe (1491). Es stammt von Simone del Pollaiolo, besser bekannt als Cronaca.

Vom Kloster neben der Kirche ist nur das Refektorium, **Cenacolo di Santo Spirito**, erhalten, heute ein Museum. Die Stirnwand bemalten Schüler von Andrea Orcagna und dessen Bruder Nardo di Cione 1360–65 mit Fresken der *Kreuzigung* und des *Abendmahls*. In einer Stadt, die so überreich mit Renaissance-Gemälden gesegnet ist, ist dies ein seltenes Beispiel hochgotischer Sakralkunst.

Fiesole

Sieben Kilometer von Florenz liegt das attraktive Fiesole – ideal für einen Tagesausflug. Die einstige Etruskersiedlung ist dank ihrer Hanglage ein beliebter Rückzugsort der Florentiner. Hier weht immer ein Lüftchen, und man genießt einen Panoramablick über Florenz und das Flusstal. Bus Nr. 7 fährt von der Piazza San Marco in 20 Minuten dreimal pro Stunde nach Fiesole.

Cenacolo di Santo Spirito

+39 055 28 70 43 Mo–Sa 10–13, 15–18, So, Feiertage 11:30–13:30, 15–18 1. Jan, Ostern, 1. Mai, 15. Aug, 25. Dez

6

Santa Felicita

D8 Piazza di Santa Felicita +39 055 21 30 18 Mo–Sa 9:30–12:30, 15:30–17:30

Schon im 4. Jahrhundert stand hier eine Kirche. Der heutige Bau stammt aus dem 11. Jahrhundert und wurde 1736–39 von Ferdinando Ruggieri umgestaltet. Einige gotische Elemente und die Vorhalle mit dem Laufgang (1564) von Vasari blieben erhalten.

Die Kapelle der Familie Capponi enthält zwei Werke des Manieristen Jacopo da Pontormo: eine Darstellung

← *Brunelleschis gewölbter Innenraum von Santo Spirito mit Seitenaltären*

↑ *Die Kuppel San Fredianos erhebt sich über den Dächern der Häuser*

der Kreuzabnahme und das Fresko *Verkündigung*. Die Fresken (1525–28) sind in lebhaften Farben wie Hellgrün, Lachs, Apricot und Gold gehalten. Pontormos Medaillons in den Kuppelzwickeln zeigen die vier Evangelisten.

7

Museo La Specola

C9 Via Romana 17
+39 055 275 64 44
Di–So 9–17 Feiertage
sma.unifi.it

Das ungewöhnliche Museum ist im Palazzo Torrigiani (1775) untergebracht, der heute zur naturwissenschaftlichen Fakultät der Universität Florenz gehört. Der Name »La Specola« bezieht sich auf das Observatorium, das Großherzog Pietro Leopoldo Ende des 18. Jahrhunderts auf dem Dach bauen ließ. Heute gibt es hier ein Museum mit zoologischer Abteilung voller ausgestopfter Tiere sowie eine anatomische Abteilung mit bizarren Wachsmodellen (18. Jh.) zur menschlichen Physiologie.

Schon gewusst?

Elizabeth und Robert Browning lebten in Oltrarno, nachdem sie 1847 heimlich durchgebrannt waren.

8

San Frediano in Cestello

B7 Piazza di Cestello
+39 055 21 58 16
tägl. 9–11:30, 16:30–18

Das Viertel San Frediano mit seinen kleinen niedrigen Häusern steht schon lange in enger Beziehung zur Woll- und Lederverarbeitung. Die Pfarrkirche San Frediano in Cestello blickt über den Arno. Über ihren schmucklosen Wänden erhebt sich eine große Kuppel, die als Wahrzeichen des Viertels gilt. Die Kirche entstand 1680–89. Architekt war Antonio Maria Ferri (1651–1716). Die Fresken und Stuckarbeiten im Inneren sind typisch für den Stil des späten 17./frühen 18. Jahrhunderts.

Hotels

SoprArno Suites
Vintage-Möbel, originale Fresken und Holzböden sind für das stilvolle kleine Hotel charakteristisch. Freundliches Personal.

C9 Via Maggio 35
soprarnosuites.com

€€€

Hotel AdAstra
Ruhig und voller Charakter – mit einer großen Terrasse samt Blick auf den Garten. Jedes der 16 Zimmer ist individuell dekoriert.

B9 Via del Campuccio 53
adastraflorence.it

€€€

Palazzo Guadagni
Der Palazzo (1505) im Zentrum von Oltrarno bietet komfortabel ausgestattete Zimmer. Die Loggia im obersten Stock ist ideal, um bei einem Drink zu entspannen.

C8 Piazza Santo Spirito 9
palazzoguadagni.com

€€€

Spaziergang in Oltrarno

Länge 1,2 km **Bushaltestelle** Frescobaldi
Dauer 20 Min.

Oltrarno besteht großteils aus kleinen Wohnhäusern, stillen Plätzen und Läden, die Antiquitäten, Nippes und Lebensmittel verkaufen. Eine Ausnahme bildet die Via Maggio, die Hauptverkehrsader. Schlendern Sie also lieber durch die Seitenstraßen. Die meisten Lokale bieten Traditionelles zu vernünftigen Preisen, oft kann man einen Blick in die Werkstätten werfen, wo alte Möbel restauriert werden. Sehenswert sind Santo Spirito und der Palazzo Pitti – seine Kunstsammlung wird nur von derjenigen der Uffizien übertroffen.

Den **Brunnen** mit Wasserspeier auf der **Piazza de' Frescobaldi** entwarf Buontalenti im 16. Jahrhundert, ebenso wie die Fassade (1593/94) der nahen Santa Trinita.

Schlichter als **Santo Spirito** geht es kaum. Brunelleschis letzte Kirche wurde erst nach seinem Tod 1446 vollendet.

Im ehemaligen Refektorium **Cenacolo di Santo Spirito** gibt es ein grandioses Fresko (um 1360), das Orcagna zugeschrieben wird.

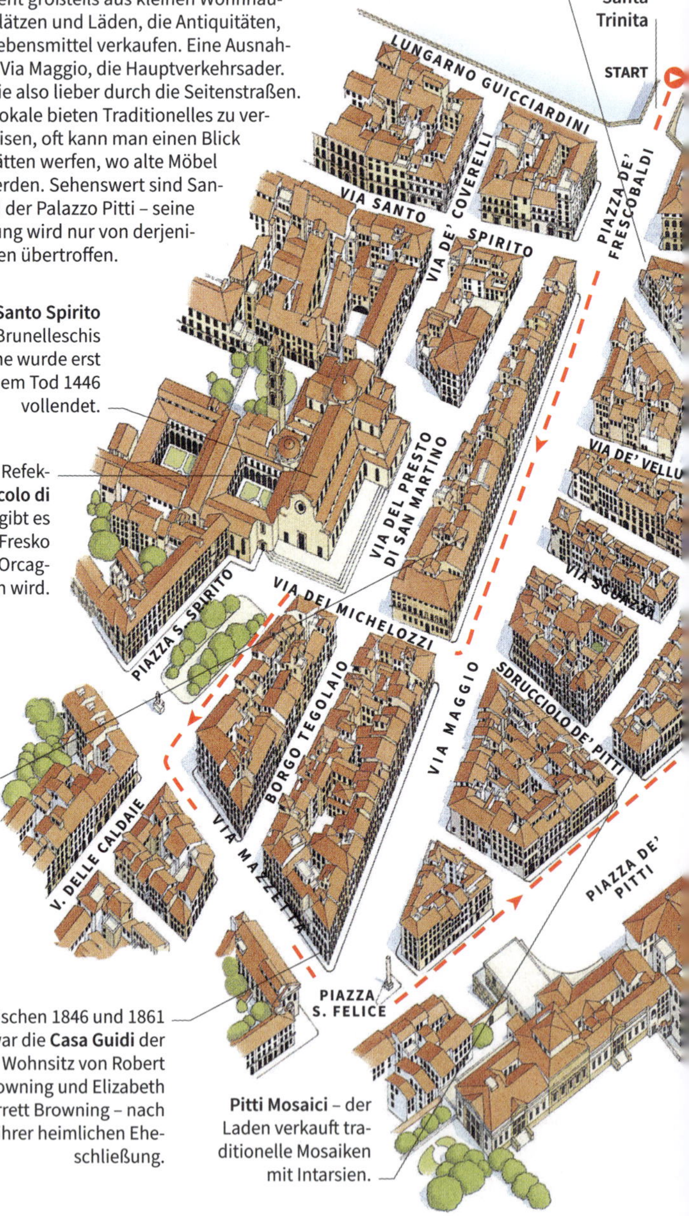

Der **Palazzo di Bianca Cappello** (1579) besitzt prachtvolles Sgraffito.

Zwischen 1846 und 1861 war die **Casa Guidi** der Wohnsitz von Robert Browning und Elizabeth Barrett Browning – nach ihrer heimlichen Eheschließung.

Pitti Mosaici – der Laden verkauft traditionelle Mosaiken mit Intarsien.

↑ *Brunnen mit Wasserspeier an einer Ecke der Piazza de' Frescobaldi*

Zur Orientierung
Siehe Stadtteilkarte S. 118f

Schon gewusst?

Das nahe Viertel San Niccolò besitzt viele preisgünstige Bars und Restaurants.

Ponte Vecchio
(siehe S. 74f)

Im **Palazzo Guicciardini** wurde der Historiker Francesco Guicciardini geboren, ein Freund von Niccolò Machiavelli.

Im **Palazzo Pitti** *(siehe S. 120–123)* gibt es vier Museen, darunter die grandiose Galleria Palatina.

→ *Fassade des Palazzo Pitti – vom Giardino di Boboli aus gesehen*

DIE TOSKANA
ERLEBEN

Blick auf Siena

DIE REGIONEN DER TOSKANA

Sanfte Hügel und bezaubernde Dörfer, köstliche Küche und feine Weine, Städte voller Kunstschätze und farbenfrohen Traditionen, eine abwechslungsreiche Küste mit hübschen Inseln – die Toskana hat fantastisch viel zu bieten, sogar schöne ruhige Ecken jenseits von Pisa, Siena und anderen »Weltstars«.

Seiten 138–151

Nordöstliche Toskana

Den Nordosten prägen bäuerliche Landschaften in den Ebenen und zeitlose Hügel mit dichten Wäldern, in denen sich religiöse Orden in die Einsamkeit zurückzogen. In Prato, Pistoia und anderen geschäftigen Städten überraschen unerwartete Kunstschätze. Auf dem Land stößt man mitten in den weiten Feldern auf perfekt proportionierte Renaissance-Villen – ein Erbe der Familie Medici, die aus der Region stammte. Etwas abseits der üblichen Reiserouten und -ziele bietet der ruhige Nordosten Erholung von den touristischen Hotspots der Toskana.

Entdecken
Wanderwege in den Hügeln, Kastanien und unbekanntere Städte und Dörfer

Sehenswert
Mugello

Genießen
Wanderreiten im bergigen Mugello

Seiten 152–167

Zentrale Toskana

Vom hektischen Florenz gleich um die Ecke lässt man sich in den sanften Hügeln des lieblichen Chianti nicht aus der Ruhe bringen. Hier grüßt man sich auf der Straße beim Namen und nimmt sich Zeit für einen Schwatz, in den properen Dörfern pflegt man in den Läden und Lokalen kulinarische Traditionen. In das für seinen Wein und sein traumschönes historisches Zentrum berühmte San Gimignano zieht es Künstler aus aller Welt, um zu zeichnen und zu malen. Nicht wenige eröffnen sogar ein Atelier und lassen sich in der gastfreundlichen Region nieder.

Entdecken
Weinverkostungen und traditionelle Restaurants

Sehenswert
Chianti, Volterra, San Gimignano

Genießen
Radtouren durch die Weinberge

Seiten 168–191

Südöstliche Toskana

Natur und Architektur verschmelzen in dieser Region. In Siena ist die Stimmung beim lauten bunten Palio auf dem Höhepunkt. In dieser Zeit ist es wichtiger als alles andere, welcher *contrada* (Viertel) man angehört. Der Südosten zeigt sich authentisch, offen und bodenständig – und dabei zugleich tatkräftig und entspannt. Die charaktervolle Mischung verbindet sich auch in den Aromen der weltberühmten Weine der Region, Brunello di Montalcino und Vino Nobile di Montepulciano.

Entdecken
Zeitlose Landschaften

Sehenswert
Siena, Arezzo, Cortona

Genießen
Frische Trüffeln rund um Siena

→

Seiten 192–219

Nordwestliche Toskana

Obwohl die Rivalität der Lokalmatadore Pisa und Livorno heute nicht weniger ausgeprägt ist als zu Zeiten der Medici-Herrschaft, so ist der Nordwesten doch wie einst die progressivste Region der Toskana. Die geschäftige Hafenstadt Livorno bestach schon immer durch eine weltoffene kulturelle Vielfalt, Pisa besitzt eine der größten Universitäten Italiens, die zudem für ein buntes Nachtleben sorgt. Weiter nördlich spielt der Marmor, aus dem Michelangelo und andere Bildhauer Meisterwerke meißelten, auch heute eine wichtige Rolle in Wirtschaft und Kunst.

Entdecken
Oper und Bildhauerkunst

Sehenswert
Pisa, Lucca

Genießen
Eine Tour durch die Marmorsteinbrüche

Seiten 220 – 233

Südwestliche Toskana

Der Südwesten bietet eine ungewöhnliche Mischung aus todschick und urig. Hier liegen hochexklusive Urlaubsorte wie Monte Argentario, wo Yachtbesitzer die Nobelboutiquen und -restaurants in Porto Ercole und Porto Santo Stefano bevölkern. Nur wenige Kilometer entfernt liegen die ursprünglichen Landschaften der Maremma und beeindruckende Wildnisgebiete wie das Vogelschutzgebiet bei Orbetello. Bei Tauchern beliebt sind Elba und die anderen Inseln des Toskanischen Archipels, deren besonderer Reiz auch auf ihrer betonten Eigenständigkeit basiert.

Entdecken
Unberührte Natur und antike etruskische Relikte

Sehenswert
Toskanischer Archipel

Genießen
Eine Bootstour mit Blick auf die spektakuläre Küste

Mountainbiker auf dem Weg zu den Monti della Calvana im Mugello (siehe S. 142f)

Nordöstliche Toskana

Es verwundert nicht, dass diese schöne Gegend mit den Wäldern und Bergen des Mugello und Casentino so viele hervorragende Künstler hervorgebracht hat – von Giotto und Fra Angelico (beide aus Vicchio) bis zu Piero della Francesca (San Sepolcro) und Michelangelo (Caprese Michelangelo). Im Mittelalter zog die Region religiöse Einsiedler an. Es gibt einige beeindruckende Klöster und Konvente. Das Bergkloster La Verna soll der Ort gewesen sein, wo der heilige Franziskus seine Stigmata erhielt.

Seit dem Spätmittelalter gehörten den Medici bereits große Ländereien im Mugello – lange bevor das Großherzogtum Toskana entstand. Überall verteilt stehen ihre eleganten Villen. Sie gründeten die Orte Firenzuola (1332) und Scarperia (1306), letzterer entwickelte sich zu einem Zentrum der Messerherstellung – und ist es noch heute. Auch die Textilindustrie in Prato begann im Mittelalter. Die Stadt produziert noch immer Textilien, allerdings haben nun großteils chinesische Unternehmen die italienischen Stofffabriken übernommen.

Nordöstliche Toskana

Highlight

1 Mugello

Sehenswürdigkeiten

2 Borgo San Lorenzo
3 Vicchio
4 Scarperia
5 Palazzuolo sul Senio
6 Marradi
7 Parco Mediceo di Pratolino
8 Prato
9 Casentino
10 Kloster Camaldoli
11 Kloster La Verna
12 Abtei Vallombrosa
13 Poppi
14 Caprese Michelangelo
15 Sansepolcro
16 Anghiari

Faenza
Forlì
Cesenatico
Nordöstliche Toskana
La Strada
Modigliana
Dovadola
Predappio
Medola
Tredozio
Borello
Galeata
San Benedetto in Alpe
Premilcuore
EMILIA-ROMAGNA
Mercato Saraceno
Santa Sofia
Spinello
Pennabilli
Campigna
San Piero in Bagno
Ca' Renicci
Sant'Agata Feltria
Badia Tedalda
10 Kloster Camaldoli
Stia
Verghereto
Badia Prataglia
Balze
Marecchia
Kloster La Verna 11
Poppi 13
Pratomagno
Sestino
Bibbiena
Chiusi della Verna
Montalone
Badia Tedalda
Arno
CASENTINO
Pieve Santo Stefano
Borgo Pace
Chitignano
Viamaggio
9
Poggio Masserecci 1548 m
Rassina
14 Caprese Michelangelo
Alpe di Catenaia
Lago di Montedoglio
Val Tiberina
Loro Ciuffenna
Talla
Sansepolcro 15
Subbiano
Anghiari 16
San Giustino
Zentrale Toskana
Seiten 152–167
Südöstliche Toskana
Seiten 168–191
Arezzo
Monterchi
Val di Chiana
Città di Castello
Palazzo del Pero
Monte Favalto 1082 m
Rigutino
Morra
Trestina
Monte San Savino
Castiglion Fiorentino
Monte Colombine 2215 m
Cortona
Kilometer 10
N

Malerische Hügelland-schaft im Mugello ↑

❶

Mugello

S2 Piazzale Lavacchini 1, Borgo San Lorenzo
+39 055 845 62 30 mugellotoscana.it

Die bewaldeten Hänge des Mugello bilden ein natürliches Eintrittstor von Florenz und der Toskana über den Apennin nach Norditalien.

Seit der Zeit der Etrusker hat das Mugello dank seiner Lage an der Via degli Dei – der antiken Route von Florenz durch die Berge in die Emilia-Romagna – Reisende angezogen. Obwohl der Weg bei Wanderern und Radfahrern immer noch beliebt ist, blieb die Gegend vom Massentourismus verschont und hat sich alte ländliche Traditionen bewahrt. Die Landwirtschaft war hier immer wichtig, das Mugello ist für seine wohlschmeckenden Spezialitäten bekannt.

Pietra Serena, der graue Stein im Mugello, wurde schon von den Architekten und Bildhauern der Renaissance geschätzt. Die Dörfer der Region bestehen alle daraus, ebenso das Pflaster in Florenz. Steve Jobs war von dem Sandstein so beeindruckt, dass er die Böden seiner Apple Stores damit auslegen ließ.

Die Medici im Mugello

Die Medici stammten aus dem Mugello und besaßen hier viel Land, was andere Florentiner Familien inspirierte, es ihnen gleichzutun. Die Villen in Trebbio und Cafaggiolo wurden von Michelozzo für Cosimo il Vecchio entworfen, die Fortezza San Martino für Cosimo I.

Schon gewusst?

Auf der Rennstrecke von Mugello fand 2020 erstmals ein Formel-1-Rennen statt – der Große Preis der Toskana.

Highlight

Restaurants

Viele verlassen die Autobahn, um im Mugello essen zu gehen. Die Gegend ist für ihre Spezialitäten bekannt: Hier einige gute Restaurants.

Badia di Moscheta
Via di Moscheta 898, Firenzuola · Jan, Feb, Mo, Di
badiadimoscheta.it
€€€

La Selva di Frena
Via Frena 1422, Firenzuola · Mo, Di
agriturismoselvadi.wixsite.com/la-selva-di-frena
€€€

Il Paiolo
Via Cornocchio 1F, Barberino di Mugello
ilpaiolo.eu
€€€

1

2

3

1 *Die Medici-Villa in Cafaggiolo wurde für Cosimo il Vecchio errichtet und war der Lieblingsort von Lorenzo il Magnifico.*

2 *Das Dorf Dicomano liegt am Fuß eines der sanfteren Hügel des Mugello.*

3 *Auf dem Mugello Circuit nahe Borgo San Lorenzo finden Motorradrennen statt.*

SEHENSWÜRDIGKEITEN

2 Borgo San Lorenzo

S3 18 500 FS
Piazzale Lavacchini 1
+39 055 845 62 30 Di
comune.borgo-san-lorenzo.fi.it

Die größte Stadt des Mugello wurde nach einem Erdbeben 1919 wiederaufgebaut. Die Pfarrkirche **Pieve di San Lorenzo** hat einen romanischen Campanile mit rundem Grundriss im unteren und sechseckigem Grundriss im oberen Teil. Die Wandgemälde (1906) in der Apsis stammen von dem Jugendstil-Maler Galileo Chini.

Die **Villa Pecori Giraldi** besitzt Jugendstil-Dekors von der Familie Chini. Der Bau beherbergt das Museo Chini mit einer Sammlung von Vasen und anderen dekorativen Dingen aus der Werkstatt der Familie. Zudem gibt es ein interaktives Museum für Kinder mit Räumen zu Musik, Wissenschaft, Kunst und Forschung. Im Westen liegt das Castello del Trebbio mit schönen Gärten.

Pieve di San Lorenzo
Via Cocchi 4
tägl.

Villa Pecori Giraldi
Piazzale Lavacchini 1
+39 055 845 62 30
Museo Chini: Apr – Okt: Do – So 9 –13, 15 –19; Nov – März: Sa, So 10 –13, 15 –19 Feiertage
chinimuseo.it

3 Vicchio

S3 8000 FS Via Garibaldi 1 +39 055 843 92 20

Im Städtchen Vicchio wurde im Jahr 1267 Giotto geboren, der Maler, der den byzantinischen Stil mit naturalistischen Darstellungen aufbrach. Sein Geburtshaus, die **Casa di Giotto**, liegt idyllisch etwas außerhalb. Es zeigt Exponate zum Künstler sowie lokale Kunst.

In der Nähe steht die Kirche San Martino (13. Jh.). Der Sentiero dei Pittori verbindet das Zentrum mit der Brücke, wo, nach Vasari, der Künstler Cimabue den jungen Giotto getroffen haben soll, als dieser ein Schaf malte, er wurde der Mentor des Hirtenjungen.

Expertentipp
Barberino Outlet
Mit 120 Läden, darunter einigen Top-Marken, ist das Outlet ideal für einen Tagesausflug zum Shoppen. Es gibt einen Shuttlebus-Service von Florenz, der in 30 Minuten hinfährt.

Auch Beato (Fra) Angelico wurde in Vicchio geboren. Das **Museo di Arte Sacra Beato Angelico** zeigt religiöse Kunst, die aus den Kirchen der Umgebung stammt. Es gibt ein Kombiticket für die Casa di Giotto und das Museum.

Casa di Giotto
Colle di Vespignano
+39 055 84 47 82
Do, Fr 15 –19, Sa, So 9 – 13, 15 –19

Museo di Arte Sacra Beato Angelico
Piazza Don Milani 7
+39 055 844 82 51
Do, Fr 15 –19, Sa, So 9 – 13, 15 –19

↓ *Castello del Trebbio – die Medici-Villa von Cosimo il Vecchio*

←
Der Palazzo dei Capitani (frühes 14. Jh.) in Palazzuolo sul Senio

Durch das hübsche Palazzuolo sul Senio mit seinen Häusern aus grauem Stein und den umliegenden bewaldeten Hügeln fließt der Senio.

4 Scarperia

S2 12 000
Piazza dei Vicari 1
prolocoscarperia.it

Der Ort ist seit dem 16. Jahrhundert ein Zentrum der Messerherstellung. Einige Handwerker (etwa Giglio in der Via dell'Oche 48) praktizieren diese Kunst noch und fabrizieren wundervolle Messer aller Art sowie Besteck. Das interaktive **Museo dei Ferri Taglienti** spürt der Geschichte dieses (Kunst-) Handwerks nach. Es liegt im Palazzo dei Vicari an der zentralen Piazza. Das stattliche Gebäude (14. Jh.) besitzt eine imposante Fassade mit den Wappen früherer Regenten (darunter Terrakotta-Plaketten aus der Schule von della Robbia), Fresken im Inneren und einen Glockenturm von Brunelleschi.

Museo dei Ferri Taglienti
Piazza dei Vicari
Mi–Mo 10–13, 14:30–18:30 museoferri taglientiscarperia.it

5 Palazzuolo sul Senio

S2 1100 Piazza Ettore Alpi 2 +39 055 804 61 25

Durch das hübsche Dorf mit seinen Häusern aus grauem Stein und den umliegenden bewaldeten Hügeln fließt der Senio – die Umgebung des Flusses ist ein wahres Eldorado für Wanderer und Mountainbiker, die hier viele Routen finden. Im **Palazzo dei Capitani** (14. Jh.) liegen das Museo delle Genti di Montagna, das dem Bergleben gewidmet ist, und das Museo Archeologico Alto Mugello mit archäologischen Funden.

Santo Stefano besitzt Dekor der Chini-Schule, die Kirche Santi Antonio da Padova e Carlo Borromeo eine bewundernswerte *Via Crucis* von Tito Chini.

Palazzo dei Capitani
Piazza E. Alpi 4 +39 055 804 60 08 Zeiten telefonisch erfragen

→
Der Eingang des Palazzo dei Vicari in Scarperia mit Renaissance-Fresken

6 Marradi

S2 3000 FS
Via Castelnaudary 5

Marradi liegt am Fluss Lamone und besitzt einen eleganteren Charakter als die meisten anderen Städtchen und Dörfer im Apennin. Dies verdankt es den Adelsfamilien, die großartige Palazzi bauten, etwa den Palazzo Torriani (16. Jh.), heute ein Hotel, der Dekorarbeiten von Galileo Chini besitzt.

Das von Wäldern umgebene Marradi ist für seine guten Kastanien bekannt – im Oktober wird ein Kastanienfest gefeiert – und für das exzellente Essen in den traditionellen Trattorie. Es ist zudem eine gute Ausgangsbasis für Wanderer. Unter den Wegen ist die relativ leichte Route vom Zentrum zu den Ruinen einer Burg (6. Jh.), der auf einer Hügelkuppe liegenden Rocca di Castiglionchio mit grandioser Aussicht.

Expertentipp
Lago di Bilancino
Der See liegt zehn Minuten Fahrt vom Parco Mediceo di Pratolino entfernt und bietet im Sommer Erfrischung. Im Naturreservat kann man Vögel beobachten. Das Bahia Café mit Pizzeria hat Liegen – ideal bei Sonnenuntergang.

7 Parco Mediceo di Pratolino

S3 9000 Via Fiorentina 276, Pratolino
+39 055 408 07 41
Apr – Okt: Fr – So 10 – 20; Nov – März: Mo – Fr 9 – 14 (nur mit Reservierung)

Im 19. Jh. ließ Großherzog Ferdinand III. die verfallene Medici-Villa, die 1568 für Francesco I. errichtet worden war, abreißen. Er ließ den riesigen Besitz in einen Landschaftspark umgestalten – mit einem Netz an Wegen, die sich an Brunnen, künstlichen Höhlen und Waldareal vorbeischlängeln. Die Kapelle von Bernardo Buontalenti und die gigantische *Apennin*-Statue von Giambologna (man kann sie von innen besteigen) gehören noch zu den Überbleibseln aus dem 16. Jahrhundert. Die Stallgebäude beherbergen heute eine Ausstellung mit Theaterkulissen der Medici.

Hotels

Locanda Senio
Das komfortable Hotel im Landhausstil bietet zudem ein traditionelles Restaurant, eine kleine Wellness-Suite sowie einen Pool.
S2 Via Borgo dell'Ore 1, Palazzuolo sul Senio
locandasenio.com
€€€

Castello di Nipozzano
Der Burg (11. Jh.) mit Weingut (Frescobaldi) wurden vier exklusive Gästezimmer hinzugefügt.
S3 Via di Nipozzano, Pelago
frescobaldi.com
€€€

Monsignor della Casa
Luxuriöses Anwesen mit einer Renaissance-Villa, einem großen Garten, Pools und einem Wellness-Center.
S2 Via di Mucciano 7, Borgo San Lorenzo
monsignordellacasa.com
€€€

←

Der Lamone fließt am für seine Kastanien berühmten Marradi vorbei

8

Prato

R3 193 000 Piazza del Comune (Palazzo Pretorio) +39 0574 183 78 59 pratoturismo.it

Prato war seit dem 13. Jahrhundert einer der wichtigsten Standorte der Textilindustrie in Italien. Es verfügt zudem über eine Reliquie, den »Mariengürtel« im **Duomo**, der Pilger aus ganz Italien anzieht. Die Außenkanzel des Gürtels schmiegt sich rechts an die Fassade, ihr Fries mit Engeln stammt von Donatello (1438). Die erste Kapelle im linken Seitenschiff enthält den Mariengürtel, der an Feiertagen von der Außenkanzel gezeigt wird. Agnolo Gaddis Fresken in der Kapelle (1392–95) schildern seine Geschichte: Maria übergab vor ihrer Himmelfahrt ihren Gürtel dem Apostel Thomas, dieser vermachte ihn einer Palästinerin, die 1141 einen Prateser Kaufmann heiratete.

Donatellos Originalreliefs der Außenkanzel sind im Museo dell'Opera del Duomo zu sehen, ebenso ein Schrein von 1446 für den Mariengürtel, ein Werk von Maso di Bartolomeo, sowie *Die heilige Lucia* von Filippino Lippi.

Nahe der Piazza del Comune zeigt das **Museo Civico** das Altarbild *Die Legende der Gürtelspende* von Bernardo Daddi (1312–1358) und die *Madonna del Ceppo* von Fra Filippo Lippi (ca. 1452/53).

Pratos zweitwichtigste Kirche **Santa Maria delle Carceri** steht an der Stelle eines ehemaligen Gefängnisses *(carceri)*, an dessen Mauer 1484 ein Marienbild erschienen sein soll. Der überkuppelte Bau mit den harmonischen Proportionen ist ein Werk von Giuliano da Sangallo (um 1445–1516). Die Terrakottastatuen der Evangelisten schuf Andrea della Robbia 1490. Rechts der Kirche liegt das Castello dell'Imperatore (1237), das der deutsche Kaiser Friedrich II. bauen ließ.

Die Geschichte der Textilindustrie wird im **Museo del Tessuto** am südlichen Stadtrand erzählt. Gezeigt werden historische Webstühle und Stoffarten wie Brokat aus der Renaissance, Samt, Spitzen und Damast.

Nahe der Autobahnausfahrt bietet das moderne **Centro per l'Arte Contemporanea Luigi Pecci** Wechselausstellungen zeitgenössischer Kunst, Konzerte und Filmvorführungen.

Duomo
Piazza del Duomo +39 0574 293 39 Duomo: tägl.; Museo dell'Opera del Duomo: Di–Sa 10–17, So 13–17

Schon gewusst?

Aus Prato kommen die *cantucci*. Das Mandelgebäck wird gern in süßen Vin Santo getaucht.

Museo Civico
Palazzo Pretorio, Piazza del Comune +39 0574 183 78 60 Mi–Mo 10:30–18

Santa Maria delle Carceri
Piazza delle Carceri tägl. 6:45–12, 16–19

Museo del Tessuto
Via Puccetti 3 Di–Do 10–15, Fr, Sa 10–19, So 15–19 museodeltessuto.it

Centro per l'Arte Contemporanea Luigi Pecci
Viale della Repubblica 277 Zeiten siehe Website centropecci.it

→

Pratos Duomo, die Cattedrale di Santo Stefano

9
Casentino
S3

Das weite Land des Casentino mit seinen winzigen Dörfern und bewaldeten Hügeln liegt nördlich von Arezzo. Hier, am Monte Falterona, entspringt der Arno. Zahlreiche Gebirgsbäche fließen teils in Wasserfällen die Täler hinab und speisen den Fluss.

Eine weitere Attraktion sind die historischen Klöster, etwa Camaldoli und La Verna, wo die Orden Reisende gastfreundlich empfangen und Klosterprodukte verkaufen. Die Anlagen sind ein gutes Ziel von Waldspaziergängen, vor allem im Herbst: Die Region ist nämlich für ihre reichen Pilzvorkommen bekannt.

→ *Das befestigte Poppi lag strategisch günstig für den Casentino*

10
Kloster Camaldoli
S3 Apotheke: tägl. 9–12:30, 14–18 camaldoli.it

Dieses Casentino-Kloster wurde 1046 gegründet und beherbergt heute 40 Kamaldulensermönche. Ein Spaziergang zum zweieinhalb Kilometer oberhalb des Klosters gelegenen *eremo* (Einsiedelei) lohnt sich: Die Serpentinenstraße führt durch einen dichten Wald, der zu den ökologisch wertvollsten in Europa zählt und 1991 zum Nationalpark erklärt wurde. Die Mönche kümmern sich um die Buchen- und Kastanien und setzen so die 1000-jährige Tradition ihrer Vorgänger fort.

Die Einsiedelei stammt von 1012, als San Romualdo mit einigen Getreuen hierherkam, um in völliger Abgeschiedenheit im Wald zu leben. Heute sind die Mönche etwas geselliger. Im Kloster führen sie ein kleines Café, in der Apotheke verkaufen sie Seifen, Kosmetik und Liköre aus eigener Produktion.

↓ *Das abgelegene Kloster Camaldoli inmitten alten Waldbestands*

Schon gewusst?

Der Dichter William Wordsworth und die Autorin Mary Shelley besuchten Vallombrosa.

11
Kloster La Verna
T3 +39 0575 53 41 Zeiten der Website entnehmen laverna.it

Der Felsen, auf dem das von Wald umgebene Kloster errichtet wurde, soll der Legende nach zum Zeitpunkt der Kreuzigung durch ein Erdbeben gespalten worden sein. Der Conte Orlando Cattani machte das Areal 1213 dem heiligen Franziskus zum Geschenk, dem hier 1224 das Wunder der Stigmatisation widerfuhr.

Heute ist der Komplex mit Kirchen, Kapellen und Museum sowohl ein touristischer als auch ein religiöser Anziehungspunkt. Sowohl für Pilger als auch für Reisende gibt es Unterkünfte. Im Refektorium wird das ganze Jahr über Essen serviert. Die Mönche produzieren Kosmetik, Naturmedizin und Liköre für den Verkauf.

12 Abtei Vallombrosa

S3 · W monaci.org

Ebenso wie die Casentino-Klöster liegt die nahe Abtei im Wald mit Spazierwegen und Picknickpätzen. Der Vallombrosanerorden wurde 1038 von Giovanni Gualberto Visdomini gegründet, der Adlige überzeugen wollte, auf ihren Reichtum zu verzichten und stattdessen in völliger Enthaltsamkeit zu leben. Doch entgegen diesen hehren Idealen wurde der Orden im 16. und 17. Jahrhundert reich und mächtig. Aus dieser Zeit stammt auch das festungsähnliche Kloster.

Die heutigen Mönche pflegen einen bescheideneren Lebensstil, kultivieren Arboretum und Kräutergarten und stellen Likör, Gin, Schinken, Honig und Kosmetik her, den sie in der Antica Farmacia verkaufen. Der Laden und die öffentlichen Bereiche sind täglich geöffnet, darunter die mit Fresken verzierte Kirche und ein Museum. Besichtigungen der Mönchszellen und der herrlichen Bibliothek kann man über Touranbieter oder bei der Abtei buchen.

Wanderwege und Mountainbike-Routen

Sowohl Mugello als auch Casentino bieten Wege und Routen aller Art, inklusive alter Pflasterstraßen durch Waldgebiet. Beide Areale haben viele steile Berghänge, es gibt aber auch zahllose Möglichkeiten für leichtere Touren. Die Gegend ist vor allem bei Mountainbikern beliebt (www.mugellotoscana.it).

13 Poppi

S3 · 6000

Via Cesare Battisti 13

+39 3488 84 02 99

Der alte Ortsteil von Poppi liegt ein Stück oberhalb des Bahnhofs und Busbahnhofs. Das imposante **Castello di Poppi** kann man aus fünf Kilometern Entfernung sehen. Südlich des Orts befindet sich der **Parco Zoo di Poppi**, der sich der Erhaltung bedrohter Arten wie Apennin-Wolf und Luchs widmet.

Fährt man in nordwestlicher Richtung das Arnotal hinauf, kommt man zu dem von Poppi aus sichtbaren Castello di Romena (11. Jh.), in dem Dante zu Beginn des 14. Jahrhunderts als Gast der hiesigen Fürsten weilte. Die Pieve von Romena (1152) ist eine typische romanische Dorfkirche.

Hotel

Il Borro

Il Borro bietet komfortable Übernachtungen – sowohl in charmanten Steinhäusern als auch in einer imposanten mittelalterlichen Villa. Auf dem Areal gibt es zudem Häuser für Selbstversorger. Auch wer nicht Hotelgast ist, kann hier in den Kunsthandwerksläden einkaufen oder an einer Weinprobe teilnehmen. Mehrere Lokale, Spa, zwei Pools, Pferdeausritte und Golfplatz.

S4 · Località Borro 1, San Giustino Valdarno · W ilborro.it

€€€

Castello di Poppi

+39 0575 52 05 16

Apr – Okt: tägl.; Nov – März: Fr – So

Parco Zoo di Poppi

Via del Parco Zoo 16

tägl. 10 – 19

parcozoopoppi.it

↑ *Piero della Francescas* Auferstehung *im Museo Civico in Sansepolcro*

14 Caprese Michelangelo

T4 · 1400 · Via Capoluogo 1 · +39 0575 79 37 76

Michelangelo Buonarroti wurde am 6. März 1475 in Caprese geboren, wo sein Vater *podestà* (Bürgermeister, Magistrat und Polizeichef zugleich) war. In seinem Geburtshaus, dem **Museo Casa Natale Michelangelo**, sind zahlreiche Fotos und Kopien seiner Werke ausgestellt. An der Stadtmauer von Caprese sind stellenweise moderne Skulpturen zu sehen, auf ihr blickt man auf die umliegenden Berge. Michelangelo schrieb seinen wachen Geist der gesunden Bergluft zu, die er hier als Kind atmete.

Expertentipp
Palio della Balestra

Das farbenfrohe Festival in Sansepolcro mit einem Armbrustschützen-Wettbewerb zwischen den Einwohnern und Gegnern aus der umbrischen Stadt Gubbio geht auf die Zeit der Renaissance zurück. Es findet am zweiten Sonntag im September auf der Piazza Torre di Berta statt.

Museo Casa Natale Michelangelo
Via Capoluogo 1 · siehe Website · facebook.com/museocasanatalemichelangelo

15 Sansepolcro

T4 · 16 000 · Via Matteotti 10

Sansepolcro ist der Geburtsort von Piero della Francesca (1410–1492). Sein Geburtshaus in der Via Aggiunti beherbergt eine kleine Stiftung, die seinem Werk gewidmet ist. Leider konnte sie nicht verhindern, dass sein Fresko *Herkules* im ersten Stockwerk Anfang des 20. Jahrhunderts nach Boston ging. Das **Museo Civico** im Palazzo Comunale (14. Jh.) präsentiert jedoch einige seiner Werke. Das wohl berühmteste Fresko ist die *Auferstehung* (1463). Es zeigt einen majestätisch aus dem Grab emporsteigenden Christus. Die schlafenden Wächter in Renaissance-Lederpanzern zu seinen Füßen scheinen versunken, während sich der Gottessohn vor einer zeitlosen Landschaft erhebt. Der Soldat in Braun (zweiter von links) soll ein Selbstporträt Pieros sein. Im selben Raum sind weitere seiner Werke ausgestellt, u. a. *Madonna della Misericordia* (1462).

Sansepolcro hat noch andere Kunstwerke zu bieten, insbesondere Luca Signorellis *Kreuzigung* (1502) – ebenfalls im Museo Civico – und Rosso Fiorentinos manieristi-

Schon gewusst?

Obwohl Tausende in der Schlacht von Anghiari kämpften, wurde nur ein Soldat getötet.

→ *Lichter bei Einbruch der Dunkelheit in der mittelalterlichen Stadt Anghiari*

sche *Kreuzabnahme* (1521) in San Lorenzo in der Via Santa Croce.

Museo Civico
Via Aggiunti 65
+39 0575 73 22 18
tägl. 10–13, 14:30–18
1. Jan, 25. Dez
museocivicosansepolcro.it

16
Anghiari

T4 5500 Via Matteotti 103 +39 0575 74 92 79 Mi

Die ummauerte mittelalterliche Stadt ist ein imposanter Anblick. Im Zentrum gibt es viele Kunsthandwerker. Anghiari kam 1440 nach einer Schlacht gegen die Mailänder unter Florentiner Herrschaft. Die Schlacht war Sujet eines verlorenen Freskos von Leonardo da Vinci im Palazzo Vecchio in Florenz.

Mehrere bedeutende Werken, darunter Jacopo della Quercias hölzerne *Madonna* (1420), sind im **Museo Statale di Palazzo Taglieschi** ausgestellt. Auch Möbel und Spielzeug sind hier zu sehen.

Santa Maria delle Grazie (18. Jh.), die Hauptkirche der Stadt, birgt einen Hochaltar und einen Tabernakel aus della Robbias Werkstatt sowie ein Gemälde der *Madonna mit Kind* (15. Jh.) von Matteo di Giovanni.

Die Misericordia, eine karitative Organisation, wurde im 13. Jahrhundert gegründet, um sich um kranke Rom-Pilger zu kümmern. Heute sieht man ihre Krankenwagen überall in der Toskana. Das **Museo della Misericordia** erzählt ihre Geschichte.

Museo Statale di Palazzo Taglieschi
Piazza G. Mameli 16
+39 0575 78 80 01
Zeiten tel. erfragen

Santa Maria delle Grazie
Via Propositura tägl.

Museo della Misericordia
Via Francesco Nenci 13
+39 0575 78 70 23 Mo–Fr nach Anmeldung, Sa 15–18, So 9:30–12:30, 15–18

Monterchi

Nach zehn Minuten Autofahrt erreicht man südöstlich von Anghiari das Dorf Monterchi. Seine Friedhofskapelle enthielt Piero della Francescas *Madonna del Parto* (schwangere Madonna) von 1460 – möglicherweise, weil seine Mutter hier beerdigt wurde. Das restaurierte Fresko mit der müden nachdenklichen Muttergottes befindet sich nun im Museo Madonna del Parto in der Via della Reglia. Schwangere Frauen zahlen keinen Eintritt.

Sonnenaufgang in San Gimignano (siehe S. 164f)

Zentrale Toskana

Die zentrale Toskana erstreckt sich zwischen Florenz und Siena, einen Großteil nehmen die Olivenhaine und Weinberge des Gebiets ein, in dem der Chianti Classico produziert wird. Wein wurde hier schon unter den Etruskern angebaut, etwa zur gleichen Zeit entstand in Volterra die Alabasterverarbeitung.

Im Mittelalter entwickelte sich die Weinproduktion zu einem stabilen Wirtschaftszweig – einige der damals gegründeten Kellereien, darunter Ricasoli und Antinori, sind nach wie vor in Betrieb. Auch befestigte Städte wie San Gimignano und Monteriggioni standen in wirtschaftlicher Blüte dank ihrer Lage an der Via Francigena, einem im westlichen Teil der Region verlaufenden Pilgerweg von Canterbury nach Rom.

Das Gebiet zwischen Florenz und Siena lag im Zentrum jahrhundertelanger Fehden zwischen beiden Städten. Die Hügel sind mit zahllosen Burgen und Villen bedeckt, die noch von diesen Konflikten zeugen. In den letzten Jahren wurden viele davon in Weingüter oder edle Ferienunterkünfte umgewandelt.

Zentrale Toskana

Highlights

1 Chianti
2 Volterra
3 San Gimignano

Sehenswürdigkeiten

4 San Giovanni Valdarno
5 Colle di Val d'Elsa
6 Monteriggioni
7 Empoli
8 Vinci

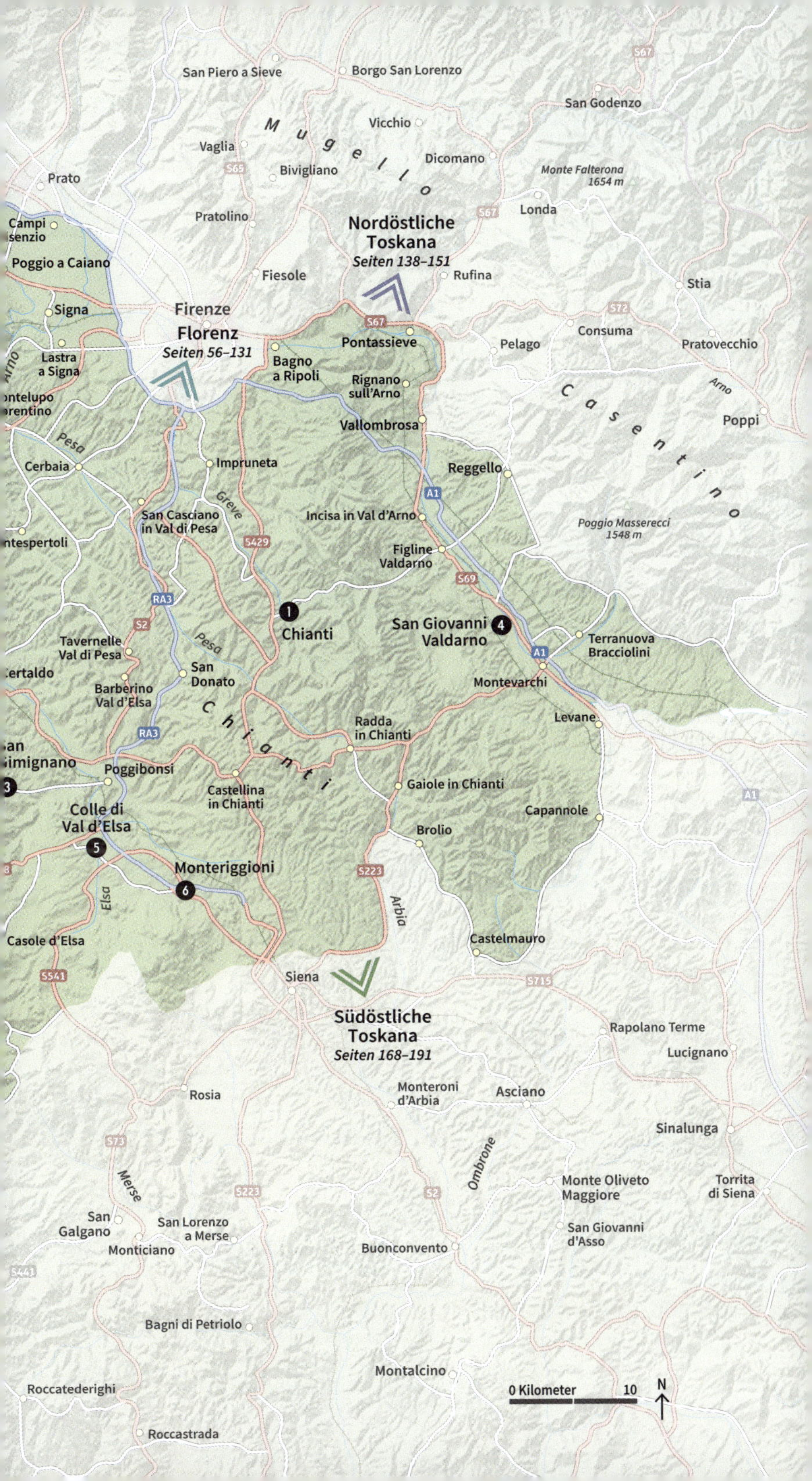
San Piero a Sieve
Borgo San Lorenzo
San Godenzo
Vicchio
Mugello
Vaglia
Dicomano
Bivigliano
Monte Falterona
1654 m
Prato
Pratolino
Londa
Campi
Bisenzio
Nordöstliche Toskana
Seiten 138–151
Poggio a Caiano
Fiesole
Rufina
Stia
Signa
Firenze
Florenz
Seiten 56–131
Consuma
Pontassieve
Pelago
Pratovecchio
Lastra a Signa
Bagno a Ripoli
Rignano sull'Arno
Arno
Casentino
Montelupo Fiorentino
Vallombrosa
Poppi
Pesa
Cerbaia
Impruneta
Reggello
Greve
San Casciano in Val di Pesa
Incisa in Val d'Arno
Poggio Masserecci
1548 m
Montespertoli
Figline Valdarno
Chianti
San Giovanni Valdarno
Tavernelle Val di Pesa
Terranuova Bracciolini
Certaldo
San Donato
Barberino Val d'Elsa
Montevarchi
Levane
San Gimignano
Radda in Chianti
Poggibonsi
Castellina in Chianti
Gaiole in Chianti
Colle di Val d'Elsa
Capannole
Brolio
Monteriggioni
Elsa
Arbia
Casole d'Elsa
Castelmauro
Siena
Südöstliche Toskana
Seiten 168–191
Rapolano Terme
Lucignano
Rosia
Monteroni d'Arbia
Asciano
Sinalunga
Merse
Ombrone
Monte Oliveto Maggiore
Torrita di Siena
San Galgano
San Lorenzo a Merse
San Giovanni d'Asso
Monticiano
Buonconvento
Bagni di Petriolo
Montalcino
0 Kilometer 10
N
Roccatederighi
Roccastrada

1

Chianti

S4 visitchianti.net

Das Chianti-Gebiet gehört zu den bekanntesten Weinbauregionen der Toskana. Der Medici-Großherzog Cosimo III. legte 1716 per Erlass ein genau begrenztes Areal für die Produktion von Chianti fest.

Die sanften Hügel und das weite Gebiet südlich von Florenz gehen in bergigeres Terrain über, wenn man Richtung Siena kommt. Hier sind gewundene Straßen und Dörfer mit Häusern aus honigfarbenem Stein typisch. Man stößt auf alte Abteien und Burgen auf Hügeln, die heute oft Weinkellereien sind und Führungen, Verkostungen sowie Übernachtungen anbieten. Wein ist seit Jahrhunderten für die Region Chianti von enormer Bedeutung. Das exzellente Besucherzentrum Casa del Chianti Classico in Radda ist der perfekte Ort, mehr zu erfahren.

Weinführer Chianti

In vielen Gegenden der Toskana wird regulär Chianti produziert – so in Pisa, Arezzo oder Pistoia. Doch seit 1932 gilt der Zusatz »Classico« nur für Wein aus dem Chianti-Classico-Gebiet. Diese Weine müssen zu mindestens 80 Prozent aus Sangiovese bestehen. Ein Chianti Classico Riserva muss 24 Monate lagern, ein Gran Selezione besteht ebenfalls aus den Sangiovese-Trauben des Gebiets und reift 30 Monate.

Sonnenaufgang über der sanft hügeligen Kulturlandschaft des Chianti ↑

Schon gewusst?

Jährlich werden rund 35 Millionen Flaschen Chianti Classico produziert.

1 *Die Chianti-Weinkeller sind mit großen Fässern ausgestattet, in denen der berühmte Wein lagert.*

2 *L'Eroica ist ein historisches Radrennen durch das Chianti-Gebiet.*

3 *Die akkurat angeordneten Weinreihen in Panzano baden in der Sonne.*

①

Greve in Chianti

14000 Piazza Giacomo Matteotti 10
+39 0558 54 62 99

Obwohl Greve, das nach dem Fluss in seinem Ortskern benannt ist, größer ist als die anderen Orte im Chianti-Gebiet, ist es nicht weniger ansprechend. Greve erstreckt sich um eine ungewöhnliche dreieckige Piazza mit Laubengängen, die schöne Lokale, Läden und Bars beherbergen. Eine Panoramastraße führt zum nahen befestigten Bergdorf Montefioralle. Im September findet eine Weinmesse statt.

②

Panzano in Chianti

panzano.com

Das ruhige Bergdorf gehört zu Greve. Ein Fußweg führt zu San Pietro alle Stinche. Die Kirche liegt versteckt unter Bäumen und gehörte einst zu einer mittelalterlichen Burg. Dario Cecchinis Fleischerei in der Via XX Luglio 11 lohnt einen Besuch.

Restaurants

Die drei folgenden Lokale mit Metzgerei gehören zu den besten Lokalen dieses Typs im Chianti-Gebiet.

Antica Macelleria Cecchini

Via XX Luglio 11, Panzano in Chianti tägl. 9–16 dariocecchini.com

€€€

Antica Macelleria Falorni

Piazza G. Matteotti 71, Greve in Chianti Mo–Fr 8:30–13, 14–17:30 falorni.it

€€€

Macelleria Stiaccini

Via Ferrucio 33, Castellina in Chianti Mo–Fr 8:30–14:30, 17–19:30 (Mi nur vorm.), Sa 8:30–18:30 +39 0577 74 05 58

€€€

③

Castellina in Chianti

2900 Via Ferruccio 40 +39 0577 74 13 92

Castellina in Chianti erreicht man über eine Panoramastraße, die sich durch die toskanischen Hügel schlängelt. Das attraktive Zentrum liegt um eine Burg aus dem 15. Jahrhundert. Ihren ungewöhnlichen Turm sieht man schon aus der Ferne, wenn man sich Castellina nähert. Der Ort aus der Zeit der Etrusker gehört zu den größten im Chianti- Gebiet. Es gibt noch eine Handvoll antiker Überreste. In der Nähe der atmosphärischen Via della Volte, dem Tunnelgang entlang der Stadtmauer, finden sich viele Möglichkeiten zum Shoppen, Essen und Trinken.

④

Radda in Chianti

1600 Piazza Castello 6 +39 0577 73 84 94

Das auf einem Hügel gelegene Radda im Herzen der Chianti-Region bietet schöne Ansichten und schmale Seitenstraßen mit vielen traditionellen Restaurants und Bars. Darunter befindet sich die Casa Porciatti, ein gutes Restaurant mit Fleischerei, das von der Familie Porciatti geführt wird. 1384 war Radda das Machtzentrum der Region. Der Palazzo della Podestà mit den Wappen der Herrscherfamilien an der Fassade (15. Jh.) beherbergt noch immer die Gemeindeverwaltung.

Gallo Nero

Der schwarze Hahn des Chianti Classico ist seit dem 13. Jahrhundert das Emblem für Weine aus dem Gebiet zwischen Florenz und Siena. Für die Grenzfestlegung brachen zwei Reiter aus beiden Städten – beim ersten Hahnenschrei – auf. Der ausgehungerte schwarze Hahn von Florenz krähte allerdings früher. Der Florentiner Reiter war schon bis vor Castellina gelangt, als er auf seinen Gegner traf.

↑ *Badia a Passignano, eine Abtei aus dem 11. Jahrhundert im Chianti*

Schon gewusst?

Schon im 17. Jahrhundert wurde aus dem Chianti-Gebiet Wein nach England exportiert.

⑤

Gaiole in Chianti

2800 Via A. Casabianca 25 +39 0577 74 94 11

Durch das Zentrum des hübschen Dorfs verläuft ein Fluss. Unter den zahlreichen Burgen bei Gaiole befindet sich auch Brolio, die größte Weinkellerei im Gebiet des Chianti Classico. Sie wurde 1041 errichtet, verdankt allerdings ihr heutiges neogotisches Aussehen dem Einfluss der Winzerfamilie Ricasoli im 19. Jahrhundert. Leicht erreichbar sind auch das Castello di Meleto (13. Jh.) – es gibt Führungen durch die freskenverzierten Räume und die Weinkeller – und die Badia a Coltibuono mit über 800 Hektar voller Weinstöcke, Olivenbäume und Wald, der sich ideal für Spaziergänge eignet.

⑥

Abtei Badia a Passignano

Badia a Passignano

Der beeindruckende Komplex der Abtei (11. Jh.) umfasst Erweiterungen aus den folgenden Jahrhunderten, darunter Kreuzgang und Türme aus dem 15. Jahrhundert. Die Abtei liegt an der Straße zwischen Greve in Chianti und Sambuca, ein weiteres Städtchen der Region. Die Innenräume bergen einige schöne Fresken, darunter ein *Letztes Abendmahl* von den Brüdern Ghirlandaio im Refektorium.

⑦

Sant'Andrea in Percussina

Der Weiler gehört zur Bergstadt San Casciano in Val di Pesa. Hier schrieb der aus Florenz verbannte Niccolò Machiavelli seine Abhandlung *Der Fürst* (1513). Das Weingut, das Machiavelli und seine Familie besaßen, die 500 Jahre alte Villa Machiavelli, keltert immer noch Chianti Classico. Haus und Garten kann man bei Führungen besichtigen.

Highlight

TOP 3 Weingüter im Chianti

Badia a Coltibuono
Gaiole in Chianti
Bio-Weingut in einer Abtei (11. Jh.).

Antinori
San Casciano in Val di Pesa
Führende Kellerei.

Castello di Volpaia
Radda in Chianti
Seit 1172 wird hier Wein produziert.

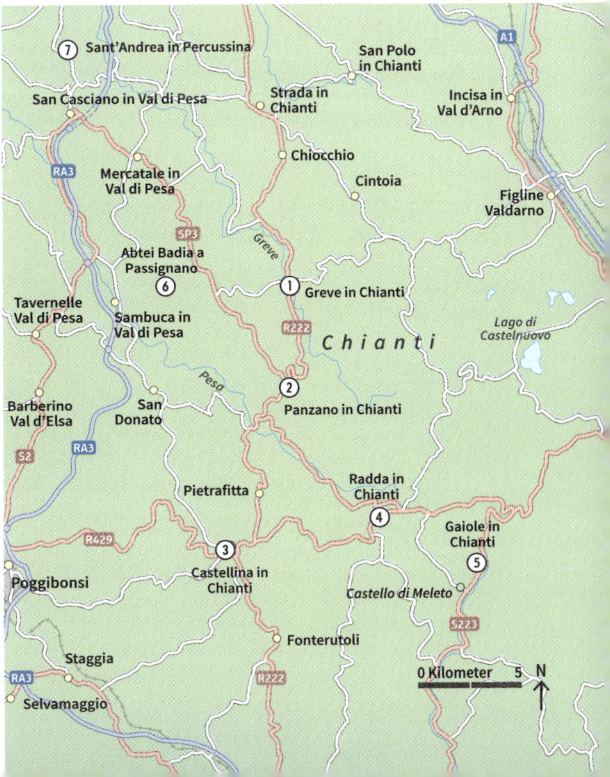

↑ *Blick über Volterra: dicht bebaute Straßen und ein Meer an roten Ziegeldächern*

❷

Volterra

R4 10 000 Piazza dei Priori 19/20 +39 0588 860 99 Di Astiludio (1. So im Sep) volterratur.it

Wie viele toskanische Städte liegt Volterra auf einem Hochplateau und bietet eine herrliche Aussicht auf das Umland. An vielen Stellen ist die etruskische Stadtmauer noch erhalten. Das berühmte Museo Etrusco Guarnacci besitzt eine der besten Sammlungen etruskischer Kunst in Italien. Viele Exponate stammen aus Gräbern der Umgebung. Berühmt ist Volterra auch für die antike Handwerkskunst der Alabasterverarbeitung, ein noch heute florierender Geschäftszweig.

①

Palazzo dei Priori

Piazza dei Priori 1
volterratur.it/poi/palazzo-dei-priori

Der Palazzo (1208–57), der die Piazza dei Priori dominiert, ähnelt dem Palazzo Vecchio in Florenz *(siehe S. 68f)*. Er ist das älteste kommunale Bauwerk der Toskana und beherbergt noch heute die Stadtverwaltung von Volterra. Ein Teil der Innenräume ist öffentlich zugänglich. Unter den Fresken im ersten Stock findet sich eine *Verkündigung* (1383) in der Sala del Consiglio. Der Ausblick vom Glockenturm ist eindrucksvoll.

②

Teatro Romano

Piazza Caduti nei Lager Nazisti Mitte März–Okt: tägl. 10–17:30; Nov–Mitte März: Sa, So 10–16:30 (1. Jan: 12–16:30) 25. Dez

Das Römische Theater für etwa 2000 Personen (1. Jh. v. Chr.) ist eines der besterhaltenen in Italien. Viele Teile des Bauwerks (darunter 19 Sitzreihen in einem natürlichen Rund) haben die Jahrhunderte so gut überstanden, dass sich das Theater beinahe vollständig rekonstruieren ließ. Wenn es stark regnet, ist die Anlage geschlossen.

③

Pinacoteca e Museo Civico

Via dei Sarti 1 +39 0588 875 80 Mitte März–Okt: tägl. 9–19; Nov–Mitte März: tägl. 10–16:30 (1. Jan: 12–18) 25. Dez

Volterras ausgezeichnete Gemäldegalerie ist im Palazzo Minucci-Solaini (15. Jh.) untergebracht. Die wertvollsten Bilder sind Werke florentinischer Künstler: Ghirlandaios *Christus* (1492)

↑ *Rosso Fiorientinos* Kreuzabnahme *(1521), Pinacoteca e Museo Civico*

zeigt den Heiland über einer idealisierten toskanischen Landschaft schwebend. Das Kloster San Giusto, für das das Gemälde angefertigt worden war, wurde nach einem Erdrutsch, wie er auf dem Bild zu sehen ist, aufgegeben. Luca Signorellis *Madonna mit Kind und Heiligen* (1491) zeigt, wie sehr der Maler der Antike verbunden war. Seine *Verkündigung* stammt ebenfalls von 1491 und ist eine ausgewogene Komposition.

Das wertvollste Exponat ist Rosso Fiorentinos *Kreuzabnahme* (1521), ein manieristisches Gemälde, das die Aufmerksamkeit des Betrachters auf die gramgebeugten Figuren im Vordergrund und auf den bleichen Leichnam von Christus lenkt.

Tickets für die Pinacoteca e Museo Civico gelten auch für das Ecomuseo dell'Alabastro *(siehe S. 163)*.

Schon gewusst?

Beim Fahnenschwingerfest in Volterra kämpfen die Teilnehmer um einen Preis aus Alabaster.

④

Museo d'Arte Sacra

Chiesa di Sant'Agostino
+39 0588 877 33 Do–Mo 10–13, 14–18 museodiocesanovolterra.com

Das sehenswerte Museum, das 2017 in die Kirche Sant'Agostino umzog, präsentiert eindrucksvolle bildhauerische und architektonische Fragmente aus dem Duomo *(siehe S. 162)* und anderen Kirchen.

Wertvollstes Exponat der Sammlung ist della Robbias Terrakottabüste des heiligen Linus (15. Jh.), des Schutzheiligen der Stadt. Zu sehen sind darüber hinaus einige Kirchenglocken (11.–15. Jh.), silbernes Kirchengerät und illustrierte Handschriften.

Highlight

Volterras Alabaster

Die hiesigen Alabasterbrüche sind für ihren weichen, fast durchsichtigen Stein bekannt. Der »Götterstein« wurde seit der Zeit der Etrusker in Volterra bearbeitet. Noch heute gibt es Werkstätten, die Alabasterarbeiten verkaufen, darunter Alab'Arte (Via Don Minzoni 18). Volterra feiert an drei Tagen im Oktober ein Alabasterfest mit Ausstellungen und Musik.

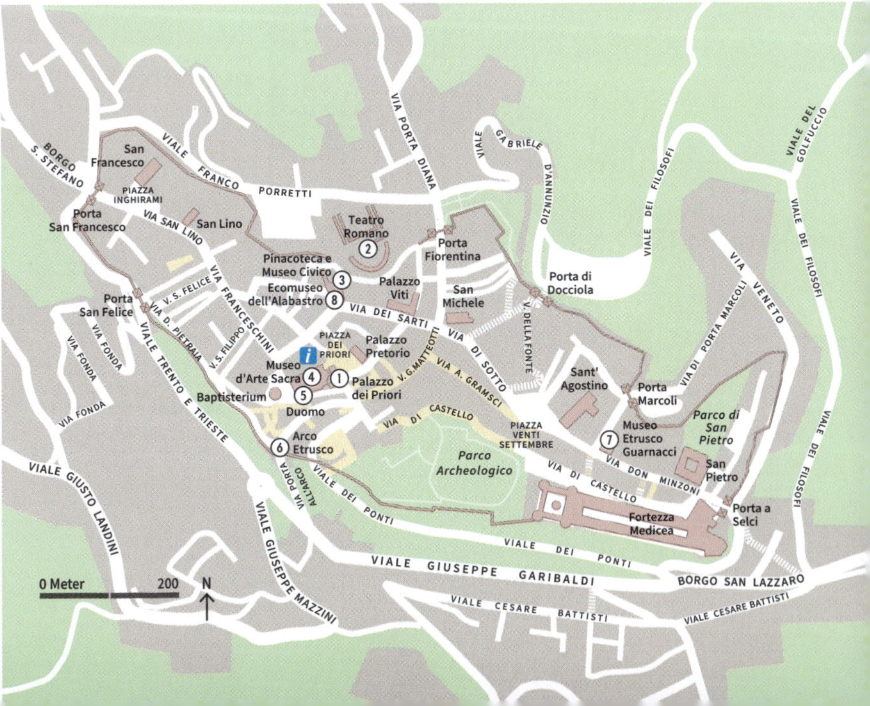

⑤
Duomo

Piazza San Giovanni
tägl.

Der Bau der Kathedrale begann 1120 an der Stelle eines Vorgängerbaus und dauerte mit Unterbrechungen ungefähr 200 Jahre.

Im Inneren steht rechts vom Hochaltar eine romanische Holzfigurengruppe der *Kreuzabnahme* (1228). Den Altar selbst flankieren zwei Marmorengel (1471) von Mino da Fiesole. Sie blicken auf den Tabernakel, den derselbe Künstler mit Allegorien von Glaube, Hoffnung und Liebe schmückte.

Das 1581 umgebaute Langhaus besitzt eine Kassettendecke mit Stuckfiguren von Heiligen und Bischöfen. Die Kanzel im Hauptschiff ist von 1584, sie enthält Reliefarbeiten aus dem späten 12. und frühen 13. Jahrhundert. Das *Letzte Abendmahl*, das dem Pisaner Künstler Guglielmo Pisano zugeschrieben wird, weist amüsante Details auf.

Schöne Aussicht
Römische Ruinen

Die beste Sicht auf Volterras Thermen (4. Jh.) und das Teatro Romano hat man nahe der Via Guarnacci. Die antike Stätte war im Mittelalter mit Erde bedeckt worden. Erst in den 1950er Jahren begann man mit Ausgrabungen.

So schnappt ein Ungeheuer nach Judas' Fersen. Nicht weit davon, im nördlichen Querhaus, hängt Fra Bartolomeos *Verkündigung* (1497) über dem Altar einer Seitenkapelle.

Weitere Skulpturen finden sich hinter dem nördlichen Seitenschiff unweit vom Haupteingang. Beachtung verdient *Das Dreikönigsfest*, das durch eine Glasscheibe gesichert ist. Die lebensecht wirkenden Terrakottafiguren der Maria mit Kind im Vordergrund sollen vom einheimischen Bildhauer Zaccaria da Volterra (1473–1544) stammen.

⑥
Arco Etrusco

Wenn man vom Zentrum Volterras der Via Porta all'Arco folgt, stößt man auf den Arco Etrusco, einst Teil der Stadtmauern. Der »et-

Schon gewusst?

Das Etruskische ist bis heute nur bruchstückhaft entschlüsselt, einige Texte sind nicht lesbar.

←
Besucher vor der romanischen Fassade des Duomo von Volterra

Highlight

→ *Etruskische Artefakte: Exponate im Museo Etrusco Guarnacci*

ruskische« Bogen ist tatsächlich teils römischen Ursprungs. Vom Originalbauwerk (6. Jh. v. Chr.) sind nur die Säulen und die verwitterten Basaltköpfe etruskischer Gottheiten erhalten. Ihre Gesichtszüge sind kaum mehr erkennbar. Niemand kann sagen, wen oder was sie darstellen sollen.

7 Museo Etrusco Guarnacci

Via Don Minzoni 15 · +39 0588 863 47 · tägl. 9–19 (Nov–Mitte März: 10–16:30) · 25. Dez

Ganzer Stolz des Guarnacci-Museums ist die Sammlung 600 etruskischer Aschenurnen, die einzigartigen Einblick in die Kultur und Sitten der Etrusker bieten. Die beiden bedeutendsten Ausstellungsstücke finden Sie im ersten Stock: in Raum 20 die Terrakotta-Urne *Bäuerliches Ehepaar*. Die beiden älteren Leute sind sehr realistisch dargestellt, mit harten, von Sorge gezeichneten Gesichtern. Raum 22 enthält die lang gestreckte Statuette *Ombra della Sera* (Abendschatten). Der Name geht auf den Schriftsteller Gabriele D'Annunzio zurück, den die Bronzefigur an den langen Schatten, den ein Mensch in der Abendsonne werfe, erinnerte. Es handelt sich wohl um ein Werk aus dem 3. Jahrhundert v. Chr., doch das ist ungewiss, denn die Figur wurde ohne jeglichen Schmuck gefunden, der einen Hinweis auf ihre gesellschaftliche Stellung o. Ä. geben könnte. Sie konnte nur durch einen Zufall gerettet werden: Ein Bauer entdeckte sie im Jahr 1879 bei der Feldarbeit und benutzte sie als Schürhaken, bis jemand ihren wahren Wert erkannte.

8 Ecomuseo dell'Alabastro

Via dei Sarti · +39 0588 875 80 · wie Museo Etrusco Guarnacci

Das Museum ist in der Torre Minucci (13. Jh.) untergebracht, die an die Pinacoteca *(siehe S. 160f)* grenzt. Es erzählt die Geschichte der Alabastergewinnung um Volterra – von der Zeit der Etrusker bis heute. Erläutert werden Techniken, Material, Stile sowie die sozialen und wirtschaftlichen Bedingungen für die Arbeiter. Das interessanteste Exponat ist eine etruskische Aschenurne aus Alabaster.

Die Etrusker

Die Toskana ist nach den Etruskern (Tusci) benannt, die ab dem 8. Jahrhundert v. Chr. das nördliche Latium bis zum umbrischen Apennin besiedelten. Über sie ist nur wenig bekannt, meist aus römischen Quellen und durch einige Artefakte, überwiegend Grabbeigaben. Eine Theorie besagt, dass sie aus Kleinasien einwanderten (und die Zypresse mitbrachten). Sie hatten eine hoch entwickelte Kultur, Frauen und Männer waren gleichgestellt. Zudem waren sie exzellente Ingenieure – den Römern brachten sie bei, wie man Land trockenlegt. Einige Aspekte der römischen Religion gehen wohl auf die Etrusker zurück, etwa Tieropfer und Wahrsagerei. Nach vielen Kämpfen und Kriegen fielen die Etrusker unter römische Herrschaft und wurden assimiliert.

San Gimignanos Skyline mit den mittelalterlichen Geschlechtertürmen ↑

3

San Gimignano

R4 7800 Porta San Giovanni Piazza del Duomo 1 +39 0577 94 00 08
Do Ferie delle Messi (3. Wochenende im Juni) sangimignano.com

Die »Stadt der schönen Türme« – sie entstanden im 13. Jahrhundert sowohl als Symbol für Wohlstand als auch zum Schutz – gehört zu den am besten erhaltenen mittelalterlichen Städten der Toskana. Ihr Hauptplatz ist von Palazzi aus dem 13. und 14. Jahrhundert umgeben. In der Via San Matteo und Via San Giovanni spürt man noch mittelalterliches Flair.

①

Duomo

Piazza del Duomo
unterschiedl. Öffnungszeiten (siehe Website)
duomosangimignano.it

Die einfache Fassade der romanischen Kirche (12. Jh.) täuscht über das Innere – sie besitzt den reichsten Freskenschmuck Italiens. Kunstwerke des Duomo findet man im Museo d'Arte Sacra (Piazza Pecori).

②

Rocca di Montestaffoli

Via della Rocca 6
tägl.

Die Rocca, eine Festung aus dem 14. Jahrhundert, besitzt nach ihrer Zerstörung durch Cosimo I. de' Medici im 16. Jahrhundert nur noch einen Turm. Sehr hübsch gestaltet ist der Garten, in dem zahlreiche Oliven- und Feigenbäume gedeihen.

③

Museo Civico

Palazzo Comunale
+39 0577 28 63 00
tägl. 11–17

Das Museum liegt im Palazzo del Popolo (Rathaus). Der Rathausturm (1311) ist mit 54 Metern der höchste der Stadt. Er ist öffentlich zugänglich und bietet eine schöne Aussicht. Im ersten Raum, der Sala di Dante, erinnert eine Inschrift an die Bitte des Dichters von 1300, der Stadtrat möge die von den Florentinern geführte Guelfen-Allianz (pro Papst) unterstützen. Im ersten Stock gibt es eine kleine Kunstsammlung mit Werken von Pinturicchio und Memmo di Filippucci.

④

Sant'Agostino

Piazza Sant'Agostino
+39 0577 90 43 13
Zeiten telefonisch erfragen

Die einfache Fassade der 1298 geweihten Kirche kontrastiert mit dem Rokoko-Interieur (um 1740). Die Cappella di San Bartolo besitzt einen exquisiten Marmoraltar, der 1495 von Benedetto da Maiano vollendet wurde.

Highlight

Weinmuseum

Vernaccia di San Gimignano Wine Experience
Kosten Sie den berühmten Weißwein von San Gimignano (und auch die weniger bekannten Roten, Rosés und den Vin Santo) in diesem Museum. In der Multimedia-Ausstellung erfährt man alles zur Geschichte des Weinbaus.

Via della Rocca 1
wineexperience.vernacciasangimignano.it

Der Turm des **Palazzo Vecchio del Podestà** an der Ecke der Piazza del Duomo ist wohl der älteste.

Im **Palazzo Comunale** (1288–1323) gibt es eine große *Maestà* (1317) von Lippo Memmi.

Piazza della Cisterna, das Herz der Altstadt, heißt nach dem Brunnen im Zentrum.

Ghirlandaios *Verkündigung* (1482) findet man im Innenhof an der Collegiata.

Via San Giovanni mit Läden für lokale Produkte

Das historische Zentrum von San Gimignano ↑

SEHENSWÜRDIGKEITEN

4 San Giovanni Valdarno

S4 · 17 000 · FS · Piazza Cavour 3 · +39 055 912 62 68

Der Arno ist Namensgeber der Region Valdarno, und San Giovanni war die wichtigste Stadtgründung der Florentiner Ende des 13. Jahrhunderts. Der imposante Palazzo d'Arnolfo aus der Gründungszeit beherbergt das Museo delle Terre Nuove, das den Planstädten des Mittelalters gewidmet ist. Della Robbias Terrakotta-Plaketten von Herrschern zieren den Bau.

Der Renaissance-Pionier Masaccio wurde 1401 hier geboren. Sein Geburtshaus, die Casa Masaccio, ist heute ein Zentrum für zeitgenössische Kunst. Die Basilica di Santa Maria delle Grazie (15. Jh.) enthält verschiedene Gemälde, darunter eine *Verkündigung* von Fra Angelico. Im Atrium befindet sich eine weitere Terrakotta-Plakette von della Robbia.

5 Colle di Val d'Elsa

R4 · 22 000 · FS · Via del Castello 33 · +39 0577 92 27 91 · Fr

Colle di Val d'Elsa besitzt eine Ober- und Unterstadt. Der manieristische Palazzo Campana (1539) auf einem Viadukt bildet das Eingangstor zur Colle Alta, der mittelalterlichen Oberstadt. In der modernen Unterstadt kann man Kristallwaren aus der Region kaufen. Seit dem 14. Jahrhundert ist dies ein Zentrum der Glasherstellung. 98 Prozent des italienischen Kristallglases (15 % weltweit) werden hier produziert. Das Museo del Cristallo (Glasmuseum) in einer ehemaligen Kristallfabrik präsentiert Objekte aus vorindustrieller Zeit. In der Via del Castello steht die romanische Santa Maria mit Glockenturm sowie einer Steinfassade mit Ziegeleinlagen. Ein Tabernakel von Pier Francesco Fiorentino zeigt Szenen aus dem Leben der Jungfrau mit Jesus. An einem hübschen Platz in der Nähe steht der Duomo.

Die Via Gracco del Secco wird an ihrem Ostende von der Porta Nova dominiert. Die große Renaissance-Festung mit den zwei Türmen wurde im 15. Jahrhundert errichtet, um Angriffe von der Straße nach Volterra abzuwehren. Hier befindet sich auch der Klosterkomplex San Pietro. Das Museo San Pietro besitzt Malereien der Sieneser Schule und interessante Etrusker-Keramik. Ebenfalls zu sehen: Jagdszenen (14. Jh.) von Bartolo di Fredi und ein frühes Holzkreuz von Marco Romano.

Expertentipp
Geschichte live

Zeitreise im Archeodromo di Poggibonsi: Das rekonstruierte Dorf (9. Jh.) erwacht jeden Sonntagnachmittag zum Leben – mit kostümierten »Bewohnern«, die Vergangenes nachstellen (www.archeodromopoggibonsi.it).

↑ *Die hübsche Oberstadt von Colle di Val d'Elsa mit dem Glockenturm von Santa Maria*

↑ *Essen im Freien auf dem ruhigen Hauptplatz von Monteriggioni*

6
Monteriggioni

R4 10 000
Piazza Dante Alighieri 23
+39 0577 30 48 34
monteriggioniturismo.it

Monteriggioni ist ein mittelalterliches Kleinod auf einer Hügelkuppe. Der Ort war Garnison und ist von einer Mauer mit 14 massiven Wehrtürmen umgeben. Er diente als nördlicher Vorposten Sienas gegen Florenz.

Einen guten Blick auf die Ringmauern hat man von der Straße nach Colle di Val d'Elsa. Sehenswert sind die Piazza, die romanische Kirche, Kunsthandwerksläden, Restaurants und Weinhandlungen, in denen man den exzellenten Castello di Monteriggioni kaufen kann.

7
Empoli

R3 49 000 Via C. Ridolfi 70 +39 0571 767 14 Do visitempoli.it

Das **Museo della Collegiata** der Industriestadt besitzt eine Sammlung von Renaissance-Gemälden und -Skulpturen. Interessant sind Masolinos *Pietà*-Fresko (1425) und ein Marmortaufbecken (1447) von Rossellino.

An der mit Arkaden gesäumten Piazza Farinata degli Uberti stehen Bauten aus dem 12. Jahrhundert. Imposant ist die schwarzweiße Marmorfassade von Sant'Andrea. Den Brunnen (1827) mit Nymphen und Löwen schuf Luigi Pampaloni. Im Magazzino del Sale, einem Salzlager (14. Jh.) in der Via Ridolfi, erzählt das Museo del Vetro die Geschichte der hiesigen Glasherstellung. Zu sehen ist auch das spezielle grüne Glas von Empoli.

Museo della Collegiata
Piazza della Propositura 3 +39 0571 75 70 67 Di–So 10–18

8
Vinci

R3 15 000 Mi
vinciturismo.com

In dem malerischen Ort wurde Leonardo da Vinci (1452–1519) geboren. Um ihn zu ehren, hat man 1952 die Burg (13. Jh.) im Zentrum zum **Museo Leonardiano** umgebaut. Hier sieht man Holzmodelle von Leonardos Erfindungen, die auf Zeichnungen aus seinen Notizbüchern (Kopien) basieren, u. a. ein Auto, einen Panzer und sogar eine Art Maschinengewehr. Ein Paar Skier, mit denen man über Wasser gehen sollte, zeigen jedoch, dass sich Leonardo auch irrte.

Nahebei steht Santo Stefano mit dem Taufbecken, in dem Leonardo getauft wurde. Sein Geburtshaus **Casa di Leonardo** liegt in Anchiano, zwei Kilometer außerhalb. In dem Bauernhaus gibt es wenig zu sehen, doch ein Spaziergang durch die Felder lohnt sich.

Museo Leonardiano
Castello dei Conti Guidi +39 0571 93 32 51 tägl. 10–19
museoleonardiano.it

Casa di Leonardo
Anchiano +39 0571 93 32 48 tägl.

Renaissance-Villen

Die Villa Medicea di Poggio a Caiano, die 1480 für Lorenzo de' Medici errichtet wurde, war Italiens erste Renaissance-Villa. Heute ist hier das Museo della Natura Morta.

Die nahe Villa di Artimino (1549) von Buontalenti ist wegen der vielen Rauchfänge auf dem Dach als »Villa der 100 Schornsteine « bekannt. Nun dient sie als Hotel mit Weinverkostungen.

↓ *Fahrradmodell aus Holz nach Entwürfen von Leonardo da Vinci*

Zypressen an einer Straße bei Pienza (siehe S. 191)

Südöstliche Toskana

Der Sage nach soll Siena vom Sohn des Remus (zusammen mit seinem Bruder Romulus Gründer von Rom) errichtet worden sein. Tatsächlich war der Hügel zunächst von Etruskern besiedelt – ebenso wie Arezzo, Cortona und Chiusi, eines der Machtzentren des antiken Etruriens –, bevor er in der Römerzeit zur Militärkolonie wurde. Im Mittelalter spielte Siena eine immer wichtigere Rolle, dank seiner Lage an der Via Francigena, einer alten Pilgerroute nach Rom, und wegen seiner Geldhäuser: Die 1472 gegründete Monte dei Paschi di Siena ist die älteste Bank der Welt. Lange Zeit war Siena eine freie Stadtrepublik, 1555 wurde sie von Florenz belagert und besiegt.

Lorenzo il Magnifico war von diesem Teil der Toskana besonders angetan. Er schätzte den Pecorino aus Pienza und das Thermalwasser des Val d'Orcia. Lange Zeit war die Gegend sehr ländlich, die Weinproduktion befand sich auf einem niedrigen Level. Das sollte sich 1880 ändern, als ein Wein mit der Bezeichnung Brunello nach langer Lagerung erstmals in Flaschen abgefüllt wurde. Heute gehört der Brunello di Montalcino zu den berühmtesten Weinen Italiens.

Greve in Chianti
Terranuova Bracciolini
Certaldo
Barberino Val d'Elsa
San Donato
Montevarchi
Chianti
S408
A1
S429
RA3
Radda in Chianti
S429
Levane
Pergine Valdarno
Castellina in Chianti
Capannole
Colle di Val d'Elsa
Zentrale Toskana
Seiten 152–167
Brolio
S68
Castel San Gimignano
Monteriggioni
Arbia
Monte San Savino
Castelmauro
S715
Siena
1
S28
S541
Rapolano Terme
S438
Lucignano
4
Le Crete
Rosia
Monteroni d'Arbia
5
Asciano
Sinalunga
Ombrone
S73
S223
S35A
Le Cornate 1060 m
Monte Oliveto Maggiore
S2
Merse
S451
San Galgano
6
Montieri
Monticiano
San Lorenzo a Merse
Buonconvento
San Giovanni d'Asso
S441
S146
Pienza
12
S103
Bagni di Petriolo
San Quirico d'Orcia
Montalcino
Monticchiello
10
7
S19
Roccatederighi
S157
8
Bagno Vignoni
Sant' Antimo
Roccastrada
Sant'Angelo in Colle Scalo
Montemassi
Civitella Marittima
Castiglione d'Orcia
S31
Orcia
Campiglia d'Orcia
S157
Paganico
S64
Seggiano
Sticciano Scalo
S1
Cinigiano
Castel del Piano
Abbadia San Salvatore
S17
Campagnatico
Arcidosso
Monte Amiata 1738 m
Piancastagnaio
Südwestliche Toskana
Seiten 220–233
Santa Fiora
Roccalbegna
S160
Monte Civitella 1107 m
Südöstliche Toskana
Sorano
S74
Pomonte
S159
Montemerano
Pitigliano

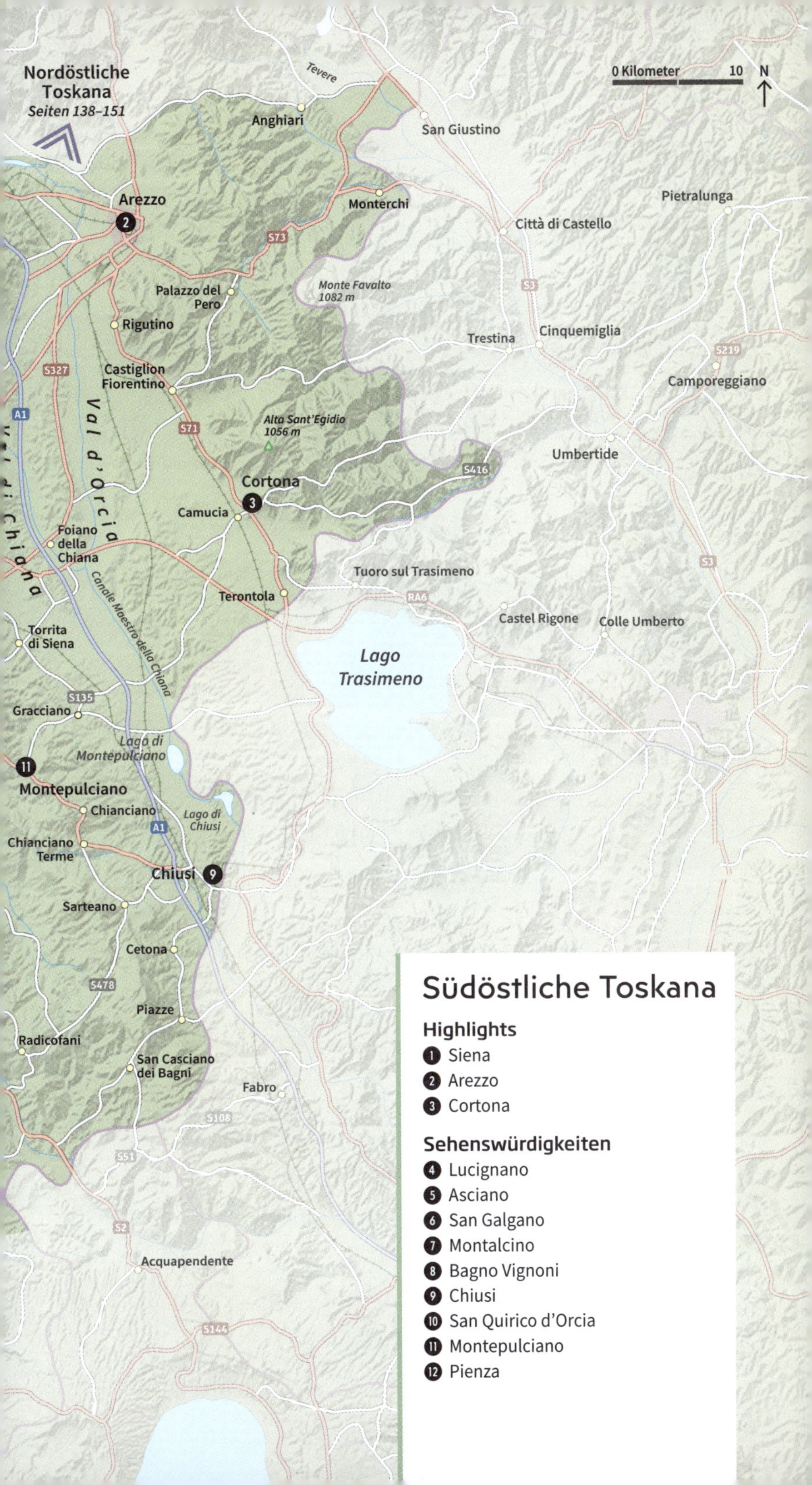

Südöstliche Toskana

Highlights

1. Siena
2. Arezzo
3. Cortona

Sehenswürdigkeiten

4. Lucignano
5. Asciano
6. San Galgano
7. Montalcino
8. Bagno Vignoni
9. Chiusi
10. San Quirico d'Orcia
11. Montepulciano
12. Pienza

❶

Siena

R4 · 54 000 · Piazzale Rosselli · Piazza Gramsci
Il Campo 7 · +39 0577 29 22 22 · Mi
Palio (2. Juli, 16. Aug) · visitsienaofficial.it

Enge mittelalterliche Gassen prägen Sienas Stadtbild in der Umgebung der Piazza del Campo. Die Gebäude um den Platz entstanden während der Blütezeit der Stadt zwischen 1260 und 1348. Sienas Verfall begann 1348 mit der Pest: Ein Drittel der Bevölkerung starb. Noch mehr Einwohner verloren 200 Jahre später bei der Belagerung durch die Florentiner ihr Leben. Deren Sieg hatte die Unterdrückung jeglicher Stadtentwicklung zur Folge. So blieb Siena bis heute eine mittelalterliche Stadt mit zahlreichen originalgetreu restaurierten Bauwerken.

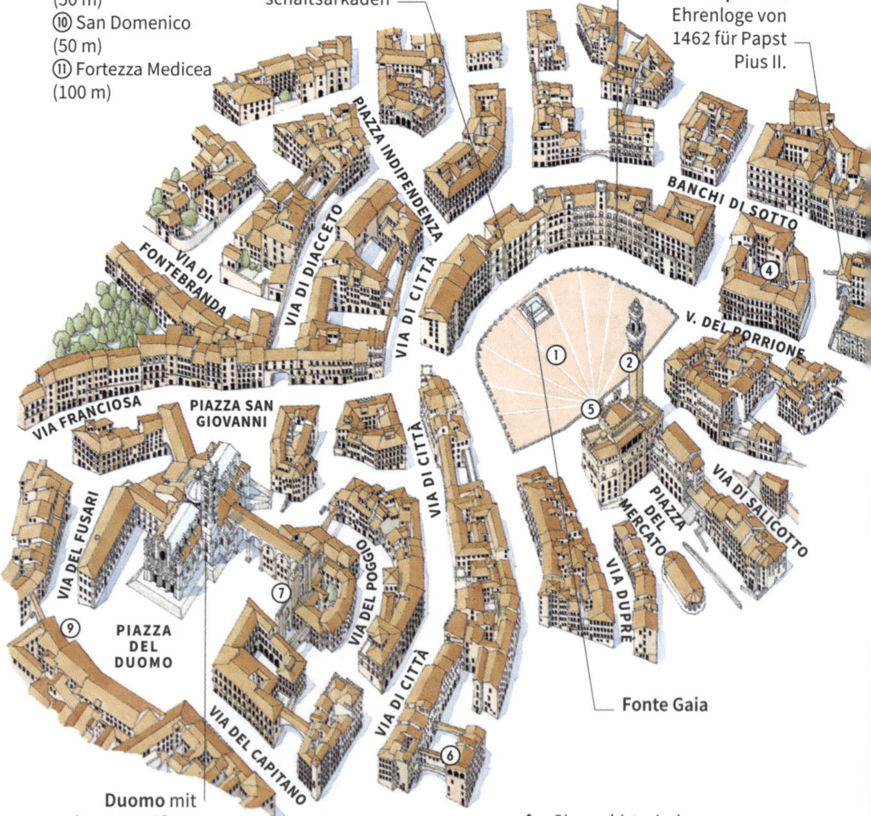

↑ *Sienas historischer Kern um die Piazza del Campo*

Highlight

Sienas mittelalterliche Häuser auf den sanften Hängen der Stadt

①
Piazza del Campo

Die von eleganten Palazzi eingerahmte muschelförmige Piazza del Campo stammt aus dem 12. Jahrhundert. Der Fonte Gaia, eine Brunnenanlage mit statuenverziertem Marmorbecken, ist Blickpunkt des Platzes. Im 19. Jahrhundert wurde das 1409–19 vom Bildhauer Jacopo della Quercia geschaffene Original durch eine Kopie ersetzt, um es vor der Witterung zu schützen. Die Reliefs zeigen Adam und Eva, eine Madonna mit Kind sowie die Tugenden. Der Brunnen wird aus einem etwa 25 Kilometer langen Aquädukt gespeist, der die Stadt bereits seit dem 14. Jahrhundert mit frischem Wasser versorgt.

②
Torre del Mangia

Piazza del Campo +39 0577 29 23 42 tägl. 10–19 (Mitte Okt–Feb: bis 16)

Der Glockenturm links vom Palazzo Pubblico ist mit 102 Metern der zweithöchste Italiens. Die Brüder Muccio und Francesco di Rinaldo erbauten ihn 1338–48. Seinen Namen verdankt er dem ersten Glöckner, der wegen seiner Faulheit scherzhaft Mangiaguadagni (wörtlich »Gewinnvertilger«) genannt wurde (Aufgabe des Glöckners war es, die Abendglocke zu läuten und die Bewohner vor drohender Gefahr zu warnen). Zur Turmspitze führen 505 Stufen, oben bietet sich ein schöner Ausblick über die südöstliche Toskana.

③
Pinacoteca Nazionale

Via San Pietro 29 +39 0577 28 11 61 Di–Sa 9–19, Mo, So 9–13:30 pinacotecanazionalesiena.it

Die Galerie im Palazzo Buonsignori (14. Jh.) widmet sich Werken der Sieneser Schule. Lorenzettis *Zwei Ansichten* (14. Jh.) sind frühe Beispiele für die Landschaftsmalerei. Pietro da Domenicos *Anbetung der Hirten* (1510) belegt, wie lange man sich in Siena noch der Stilisierung verschrieb, als das übrige Europa längst unter dem Einfluss der Renaissance stand. Eindrucksvoll ist Sodomas *Kreuzabnahme* (1502).

Hotels

Palazzo Borghesi
Die freskenverzierten Zimmer liegen in einem Palazzo (15. Jh.).
Via San Pietro 3 palazzoborghesesiena.it
€€€

La Villa di STR
Die Villa bietet raffinierte luftige Zimmer.
Viale Vittorio Veneto 11 lavilladistr.it
€€€

Hotel Santa Caterina
Das komfortable Hotel besitzt einen Garten.
Via E. S. Piccolomini 7 hotelsantacaterinasiena.com
€€€

Castel di Pugna
Agriturismo in einer alten Villa. Unweit von Sienas Zentrum.
Strada Valdipugna 12/14 casteldipugna.it
€€€

④

Palazzo Piccolomini

Via Banchi di Sotto 52
+39 0577 28 63 00
Mo – Sa 11, 12 nach Voranmeldung So, Feiertage

Rossellino errichtete den Bau um 1460 für die vermögende Familie Piccolomini. Er beherbergt die *Tavolette di Biccherna*, Gesetzbücher aus dem 13. Jahrhundert, deren Einbände von Sano di Pietro, Ambrogio Lorenzetti und Domenico Beccafumi gestaltet wurden.

⑤

Palazzo Pubblico

Piazza del Campo 1
+39 0577 29 22 32

Der Palazzo Pubblico fungiert noch immer als Rathaus, seine Prunkräume sind als Teil des Museo Civico öffentlich zugänglich. Der Hauptsaal des Rats, die Sala del Mappamondo, ist nach einer im frühen 14. Jahrhundert von Ambrogio Lorenzetti gemalten Weltkarte benannt. Die linke Wand ziert eine *Maestà* (1315) von Simone Martini. Gegenüber ist Martinis Fresko des Feldherrn Guidoriccio da Fogliano (1330) zu sehen. Taddeo di Bartolo schuf die Fresken (1407) in der angrenzenden Kapelle. Das Chorgestühl (1428) besticht durch Holzintarsien mit Bibelszenen.

Die Sala della Pace zeigt die *Allegorie des guten und des schlechten Regiments* (1338), zwei Fresken von Ambrogio Lorenzetti. In der Sala del Risorgimento symbolisieren imposante Fresken vom Ende des 19. Jahrhunderts Ereignisse, die zur Einigung Italiens führten.

⑥

Accademia Musicale Chigiana

Palazzo Chigi Saracini, Via di Città 89 für Konzerte und Ausstellungen (siehe Website)
chigiana.org

Herzog Guido Chigi Saracini gründete 1932 die Musikakademie in einem der schönsten Gebäude Sienas. Dazu gehören eine Kunstsammlung, ein Museum für Musikinstrumente und eine Bibliothek.

⑦

Museo dell'Opera Metropolitana

Piazza del Duomo 8
+39 0577 28 63 00
März – Okt: tägl. 9:30 – 19:30; Nov – Feb: tägl. 10:30 –17:30 (26. Dez – 6. Jan: bis 19) 1. Jan, 25. Dez operaduomo.siena.it

Das Museum im Seitenschiff des Neuen Doms von Siena *(siehe S. 176f)* zeigt von der Domfassade entfernte Skulpturen, u. a. Figuren von Giovanni Pisano (1250 – 1314). Die *Maestà* Duccios gilt als eines der schönsten Werke der Sieneser Schule. Sie dominiert einen Raum im ersten Stock und zeigt eine Madonna mit Kind und Szenen aus dem Leben Christi.

Schöne Aussicht
Aus der Vogelperspektive

Der kleine Balkon des San Paolo Pub (Vicolo San Paolo 2), der direkt gegenüber der Torre del Mangia liegt, bietet die beste Aussicht über den Campo.

Der Palio von Siena

Der Palio ist das berühmteste Ereignis der Toskana. Das Rennen auf ungesattelten Pferden, das erstmals 1283 erwähnt wurde, findet jedes Jahr am 2. Juli und am 16. August um 19 Uhr auf der Piazza del Campo statt. Die Jockeys vertreten zehn der 17 *contrade* (Stadtteile). Die Pferde werden ausgelost. In den Tagen vorher gibt es historische Umzüge und eifriges Wetten. Die Rennen selbst dauern nur etwa 90 Sekunden. Der Gewinner erhält einen Seiden-*palio* (Banner), die Siegesfeiern können wochenlang andauern.

⑧

Santuario e Casa di Santa Caterina

Costa di Sant'Antonio
+39 0577 28 81 75
Zeiten tel. erfragen

Sienas Schutzpatronin, Caterina Benincasa (1347–1380), die Tochter eines Kaufmanns, ging mit acht Jahren ins Kloster. Sie hatte bereits als Sechsjährige ihre erste Vision, weitere Erscheinungen folgten. Später empfing sie die Wundmale Jesu. 1376 überzeugte sie Papst Gregor XI. davon, den Papstsitz nach 67-jährigem Exil in Avignon wieder nach Rom zu verlegen. Sie starb in Rom und wurde 1461 heiliggesprochen.

Das Geburtshaus der heiligen Katharina ist heute von Kapellen und Säulengängen umgeben. Mehrere Maler – darunter ihre Zeitgenossen Francesco Vanni und Pietro Sorri – schmückten es mit Szenen aus ihrem Leben.

←
Sienas Palazzo Pubblico an der Piazza del Campo

⑨

Santa Maria della Scala

Piazza del Duomo
siehe Website **W santamariadellascala.com**

Das Krankenhaus ist heute ein Museum, das Gemälde und Skulpturen präsentiert. In der Sala del Pellegrinaio zeigen Fresken (1440er Jahre) von Domenico di Bartolo Szenen der Krankenpflege.

⑩

San Domenico

Piazza San Domenico
tägl.

Der Bau der gotischen Kirche wurde 1226 begonnen, ihr Glockenturm entstand erst 1340. Eine Kapelle ist der heiligen Katharina geweiht. Sie wurde 1460 erbaut, um dort in einem vergoldeten Reliquienschrein den mumifizierten Kopf der Heiligen aufzubewahren.

Katharina hatte viele ihrer Visionen in der Cappella delle Volte am westlichen Ende der Kirche. Dort befindet sich auch ein Porträt der Heiligen (um 1380) von Andrea Vanni.

⑪

Fortezza Medicea

Piazza Caduti delle Forze Armate **Fortezza: tägl.; Theater: Nov – Apr bei Vorstellungen**

Baldassare Lanci schuf die massive Festung aus rotem Ziegelstein 1560 für Cosimo I., nachdem die Florentiner Siena 1554/55 erobert hatten. Heute beherbergt sie ein Freilichttheater. Von den Eckbasteien bietet sich ein schöner Blick.

Restaurants

La Taverna di San Giuseppe
Neben gutem Essen gibt es hier einen etruskischen Weinkeller, der aus dem Fels geschlagen wurde.
Via G. Duprè 132
W tavernasangiuseppe.it
€€€

La Grotta Santa Caterina da Bagoga
Die charmante Trattoria wird von einem ehemaligen Palio-Jockey geführt.
Via della Galluzza 26
Mo
W ristorantebagoga.it
€€€

Eine Kapelle von San Domenico ist der heiligen Katharina geweiht. Dort wird in einem vergoldeten Reliquienschrein der mumifizierte Kopf der Heiligen aufbewahrt.

(12)

Siena: Duomo

Piazza del Duomo · Pollicino · tägl., unterschiedl. Öffnungszeiten (siehe Website) · operaduomo.siena.it

Der massige Duomo Sienas ist ein Schmuckstück mit spätgotischen Skulpturen, frühen Renaissance-Gemälde und barocker Ausstattung. Die damaligen Architekten versahen die Kathedrale mit einem auffälligen romanischen Streifendekor, die architektonische Form ist allerdings gotisch. Die Innenausstattung ist Ehrfurcht gebietend – von Nicola Pisanos Kanzel bis zu den herrlichen Fresken der Piccolomini-Bibliothek, das Werk Pinturicchios und seiner Schüler.

Der Dom von Siena (1186–1382) ist eine der eindrucksvollsten Kirchen Italiens und eines der wenigen rein gotischen Gotteshäuser südlich der Alpen. Einmalig ist der Mosaikboden, Vasari hielt ihn für den schönsten und größten Intarsienboden überhaupt. Viele einfache Bürger halfen mit, die schwarzen und weißen Quader aus Steinbrüchen der Umgebung herbeizuschaffen. 1339 begann man, auf der Südseite ein neues Kirchenschiff zu bauen – die Kathedrale sollte die größte der Christenheit werden. Das ehrgeizige Vorhaben endete, als bald darauf die Pest die Einwohner Sienas dahinraffte. Heute birgt der unvollendete Bau ein Skulpturenmuseum.

↑ *Kassettiertes Gewölbe in der Kuppel des Duomo*

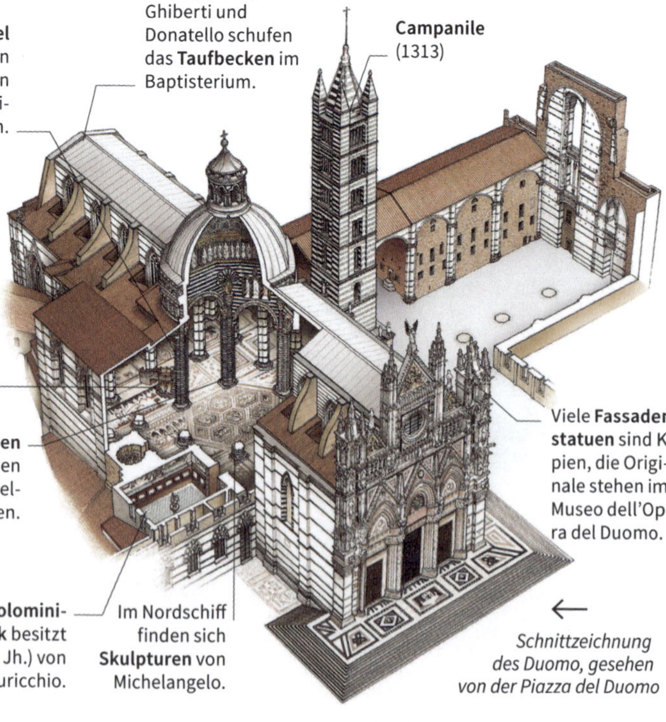

← *Schnittzeichnung des Duomo, gesehen von der Piazza del Duomo*

Campanile und Kuppel des Duomo bei Sonnenaufgang, im Hintergrund die Dächer der Stadt ↑

Der gut besuchte Antiquitätenmarkt Arezzos auf der Piazza Grande

2

Arezzo

T4 100 000 FS Piazza della Repubblica
Via Giorgio Vasari 13 +39 0575 37 74 68 Sa
Giostra del Saracino (3. So im Juni, 1. So im Sep)
discoverarezzo.com

Arezzo, eine der reichsten Städte der Toskana, beliefert ganz Europa mit Goldschmuck. Berühmt sind Piero della Francescas Fresken und der Antiquitätenmarkt.

①

Casa del Vasari

Via XX Settembre 55
+39 0575 169 62 58
Mi–Mo 8:30–19:30 (So bis 13:30)

Giorgio Vasari (1512–1574) baute sich 1540 dieses Haus und schmückte die Decken und Wände mit Porträts seiner Kollegen, Freunde und Mentoren. Vasari, der selbst zahllose Gemälde und Bauwerke schuf, ist vor allem wegen seiner Biografien der berühmtesten Maler, Bildhauer und Architekten (1550) bekannt. Damit wurde er – trotz des teilweise großzügigen Umgangs mit der Wahrheit – zum ersten Kunsthistoriker.

②

Museo Nazionale d'Arte Medioevale e Moderna

Via di San Lorentino 8
siehe Website
discoverarezzo.com

Im Hof des Museums im Palazzo Bruni Ciocchi (15. Jh.) stehen architektonische Fragmente und Skulpturen aus dem 10. bis 17. Jahrhundert. Die Sammlung enthält darüber hinaus Terrakotta-Arbeiten von Andrea della Robbia und eine Reihe schöner Majoliken.

③

Duomo

Piazza del Duomo
tägl.

Der 1278 begonnene Dom blieb bis 1510 unvollendet. Der große Bau besitzt gotisches Interieur und eine Fensterrose (16. Jh.).

Links vom Hochaltar (15. Jh.) befindet sich das Grabmal des Guido Tarlati, der von 1312 bis 1327 Fürstbischof von Arezzo war.

Darstellung des heiligen Franziskus im Museo Statale d'Arte Medioevale e Moderna

Schon gewusst?

Der Brunnen mit der Chimäre am Bahnhof zeigt die Kopie einer etruskischen Bronze (380 v. Chr.).

④

Museo Diocesano di Arte Sacra

Piazzetta del Duomo 1
+39 0575 402 72 68
Apr–Okt: Mi–Mo 10–13:30, 14–18; Nov–März: Fr–So 10–13:30, 14–17

Früher wurden im Duomo drei Holzkruzifixe aus dem 12. und 13. Jahrhundert aufbewahrt. Das älteste wurde 1264 von Margaritone di Arezzo bemalt. Interessant sind Bernardo Rossellinos Terrakotta-Flachrelief (*Verkündigung*, 1434) sowie Arbeiten von Vasari und Spinello Aretino.

⑤

Piazza Grande

Der Platz ist für seinen regelmäßig abgehaltenen Antiquitätenmarkt bekannt. Die Fassade des Palazzo della Fraternità dei Laici an der Westseite wird von einem Madonnenrelief (1434) von Bernardo Rossellino geziert. Das Erdgeschoss stammt aus dem Jahr 1377, Campanile und Uhrturm datieren hingegen von 1552.

An der Nordseite begrenzen Vasaris kunstvolle Arkaden (1573) den Platz.

⑥

Anfiteatro Romano e Museo Archeologico

Via Margaritone 10
+39 0575 169 62 66
Zeiten der Website entnehmen **discoverarezzo.com**

Südlich des Stadtzentrums befinden sich die Ruinen des Amphitheaters sowie das Museo Archeologico. Das für seine Sammlung von *vasi aretini* – darunter auch ein Stück des griechischen Töpfers und Vasenmalers Euphronios – berühmte Museum dokumentiert, wie die rotfigurigen Gefäße im 1. Jahrhundert v. Chr. gefertigt und von hier aus in nahezu alle Winkel des Römischen Reichs verschickt wurden.

Highlight

⑦

Pieve di Santa Maria

Corso Italia 7 **+39 0575 226 29** **tägl. 8–19**

Arezzos Hauptgeschäftsstraße, der Corso Italia, führt hinauf zur Pieve di Santa Maria mit ihrer schönen romanischen Fassade. Der Campanile (1330) der ältesten Kirche der Stadt wird wegen der weitgehenden Öffnung der Wandflächen durch Biforien »Turm der hundert Löcher« genannt.

⑧

Fortezza Medicea e Parco il Prato

Parco il Prato **+39 0575 37 74 37** **Mo, Mi–Fr 13–17, Sa, So 10–17**

Die Festung (16. Jh.) von Antonio da Sangallo wurde für Cosimo I. errichtet. Nach der teilweisen Zerstörung im 18. Jahrhundert blieb nur die Festungsmauer intakt. Die Aussicht auf das Arnotal lädt zum Picknick ein.

⑨

San Francesco

Piazza San Francesco +39 0575 169 62 56 (Tickets) Mo, Di, Do – Sa 9 – 18, So 13 – 17:30 (10:30 – 11 Gottesdienst, keine Besichtigung) Mi, 1. Jan, 25. Dez museiarezzo.it/affreschi-di-piero-della-francesca

Die Kirche San Francesco (13. Jh.) beherbergt Piero della Francescas *Leggenda della Croce* (1462 – 66), einen der schönsten Freskenzyklen Italiens. Nach langer Restaurierung kann er nun wieder besichtigt werden. Illustriert wird die Auffindung des »Wahren Kreuzes« durch Kaiserin Helena unweit von Jerusalem. Deren Sohn Konstantin zieht im Zeichen des Kreuzes in den Krieg. Besuche der Kapelle (mit einem Zeitfenster von 30 Minuten) muss man im Voraus buchen (Online-Buchung möglich).

Della Francesca schildert die Legende vom »Wahren Kreuz« in dramatischen Bildern. Die Erzählung beginnt an der Wand rechter Hand mit einer Szene, in der ein Zweig vom Baum der Erkenntis auf Adams Grab gepflanzt wird. Die Königin von Saba besucht Salomo und prophezeit, dass aus diesem heiligen Holz das Kreuz des künftigen Erlösers werden wird. Salomo lässt das Holz vergraben. Es folgen Mariä Verkündigung und im Zentrum des Zyklus der gekreuzigte Jesus. Jahrhunderte später erscheint Kaiser Konstantin das Kreuz im Traum mit der Weissagung: »Unter diesem Zeichen wirst du siegen.« Konstantin besiegt in der Folge Maxentius. Judas Kyriakos hilft Konstantins Mutter Helena bei der Kreuzauffindung. Unter den drei auf Golgatha ausgegrabenen Kreuzen erkennt Helena das »Wahre Kreuz«. Der Perserkönig Chosrau stiehlt es, wird allerdings besiegt. Das Kreuz kehrt nach Jerusalem zurück.

↑ *Fassade der Kirche San Francesco in Arezzo*

1

2

3

1 *Kaiser Konstantin siegt im Zeichen des Kreuzes.*

2 *Konstantins Mutter Helena sieht zu, wie das Kreuz ausgegraben wird. Jerusalem, die Stadt im Hintergrund, ähnelt Arezzo im 15. Jahrhundert.*

3 *Die Königin von Saba erkennt das heilige Holz auf dem Weg zu Salomo.*

Highlight

Der wunderschöne Innenraum von San Francesco mit dem Kruzifix aus dem 13. Jahrhundert, das im Mittelpunkt des Freskenzyklus steht ↑

Die hübschen pastellfarbenen Häuser Cortonas bieten Ausblick auf die umgebende Landschaft ↑

3

Cortona

T5 · 22 000 · FS Camucia, 5 km südöstl. · Piazza Garibaldi · Piazza Luca Signorelli 9 · +39 0575 63 72 52 · Sa · Sagra della Bistecca (14./15. Aug)

Cortona gehört zu den ältesten Städten der Toskana. Die Siedlung wurde bereits von den Etruskern gegründet, wovon die Fundamente der Stadtmauern noch heute zeugen. Cortona konnte sich im Mittelalter zwar behaupten, unterlag 1409 jedoch Neapel, um schließlich an Florenz zu fallen.

①

Museo Diocesano

Piazza del Duomo 1
+39 0577 28 63 00
Zeiten siehe Website
cortonatuseibellezza.it

Das Museum in der Chiesa del Gesù (16. Jh.) besitzt bedeutende Werke, darunter eine *Verkündigung* (1428–30) von Fra Angelico, eine *Kreuzigung* von Pietro Lorenzetti (um 1280–1348), eine *Kreuzabnahme* von Luca Signorelli (1441–1523) sowie einen von Donatello und Brunelleschi bewunderten römischen Sarkophag, der kunstvoll mit Lapithen und Zentauren verziert ist.

Expertentipp
Eremo le Celle
Drei Kilometer von Cortona entfernt liegt die Einsiedelei, die Franz von Assisi im Jahr 1211 gegründet haben soll. Das Kloster fügt sich perfekt in die bewaldete Umgebung ein.

②

Duomo

Piazza del Duomo
tägl. 8–19:30 (im Winter bis 18:30)

Der heutige Dom wurde im 16. Jahrhundert von Giuliano da Sangallo entworfen. An der Westfassade wurden Teile der älteren romanischen Kirche integriert. Ein Seitenportal (1550) stammt von Cristofanello.

③

Museo dell'Accademia Etrusca

Piazza Signorelli 9
+39 0575 63 04 15
Apr–Okt: tägl. 10–19; Nov–März: Di–So 10–17
cortonamaec.org

Das Museum zeigt etruskische Kunstwerke, darunter einen Bronzeleuchter (4. Jh. v. Chr.), sowie einige ägyptische Kunstgegenstände. Das Fresko der Polyhymnia, der Muse des Gesangs, an der Westwand der Haupthalle hielt man für ein römisches Fresko des 1. oder 2. Jahrhunderts. De facto ist es eine Replik aus dem 18. Jahrhundert.

④

Santa Margherita

Piazza Santa Margherita

Die Via Crucis, eine lange, von Gärten gesäumte Straße, die zur Kirche Santa Margherita (19. Jh.) führt,

Highlight

wurde 1947 als Mahnmal gegen den Krieg angelegt. Gino Severini (1883–1966) schuf die futuristischen Passionsmosaiken.

Das 1856–97 im romanisch-gotischen Stil wiederaufgebaute Gotteshaus bietet schöne Ausblicke auf die Umgebung. Eine Fensterrose ist noch erhalten. Beim Altar liegen türkische Standarten, die im 18. Jahrhundert erbeutet wurden.

↑ *Der Innenraum von Santa Margherita im romanisch-gotischen Stil*

⑤
Santa Maria delle Grazie al Calcinaio

Calcinaio tägl.

Die Kirche (1485) liegt einen 15-minütigen Spaziergang vom Stadtzentrum entfernt. Sie zählt zu den wenigen erhaltenen Werken von Francesco di Giorgio Martini. Der Kustode (hinter dem Garten) öffnet auf Wunsch.

⑥
Parco Archeologico

Località Sodo di Cortona Apr–Mitte Sep: tägl. 10–19; Mitte Sep–März: Fr–So 10–14 cortonamaec.org

Der Archäologiepark gleich außerhalb von Cortona besitzt einige etruskische Gräber, darunter den Tumulo II del Sodo und die Tanella di Pitagora (von der man einst dachte, sie sei das Grab von Pythagoras). Fahrräder zur Erkundung des Geländes sind kostenlos erhältlich.

⑦
Fortezza del Girifalco

Via di Fortezza Zeiten siehe Website fortezzadelgirifalco.it

Die Medici-Festung für Cosimo I. stammt in ihrer heutigen Form von 1561. Sie thront auf dem höchsten Punkt Cortonas. Die Aussicht von den Wällen reicht bis zum Lago Trasimeno jenseits der Regionalgrenze zu Umbrien.

⑧
San Niccolò

Via San Niccolò

Die abgeschiedene Kirche (15. Jh.) besitzt einen charmanten Hofgarten. Im Inneren befinden sich auf beiden Seiten des Altars zwei ungewöhnliche Bilder von Luca Signorelli: *Kreuzabnahme* und *Madonna mit Kind und Heiligen*. Das Deckendekor stammt von 1768.

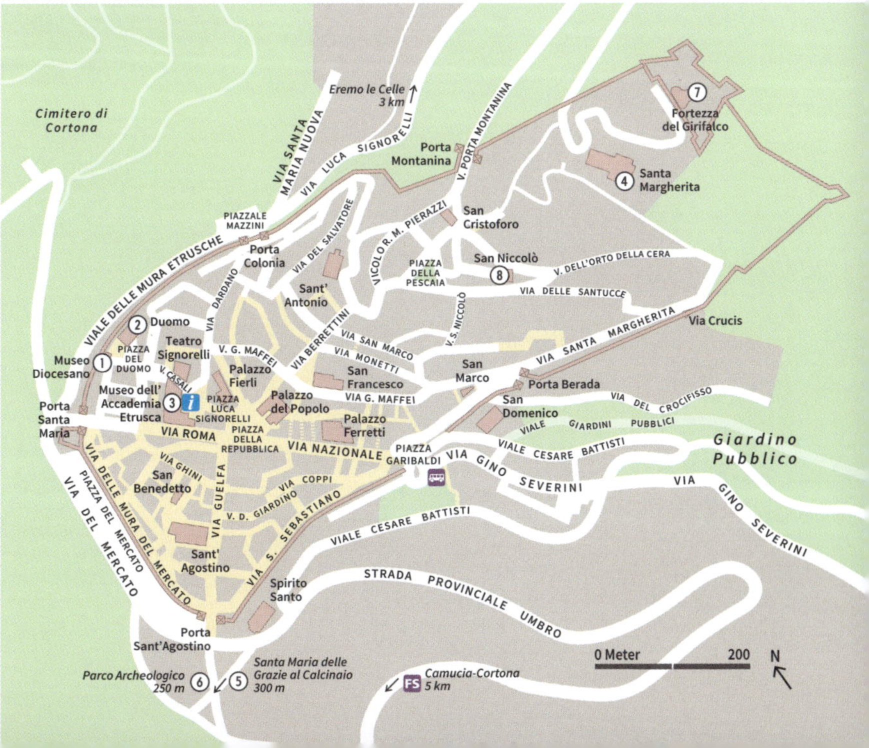

SEHENSWÜRDIGKEITEN

4 Lucignano

S5 3500 Via Giacomo Matteotti 38 +39 0575 83 77 23 Do

Häuser aus dem 14. Jahrhundert prägen das Bild der Stadt. Von hier blickt man über die Valdichiana, ein trockengelegtes Areal, das für die weißen Chianina-Rinder bekannt ist. Der Straßenverlauf ist ungewöhnlich: Vier Straßen laufen in konzentrischen Ringen um den Hügel, auf dem die Stadt mit ihrer alten Schutzmauer und vier kleinen Plätzen im Zentrum erbaut wurde.

Die zur Collegiata hinaufführenden Stufen entsprechen in ihrer kreisförmigen Anordnung dem Straßenplan. Die Kirche (1594) von Orazio Porta birgt einige vergoldete Holzengel (1706).

Der Palazzo Comunale (14. Jh.) beherbergt das **Museo Comunale**. Highlight ist ein massiver, 2,50 Meter hoher goldener Reliquienschrein (»Baum von Lucignano«), an dem mehrere Künstler von 1350 bis 1471 arbeiteten. Schön sind auch die im 14. Jahrhundert geschaffenen Werke von Luca Signorelli (*Stigmatisation des heiligen Franziskus* und eine *Madonna mit Kind*), mehrere Bilder aus der Sieneser Schule (13.–15. Jh.) und ein kleines Madonnenbild von Lippo Vanni (1341–1375).

Die Gewölbedecke der Sala del Tribunale wurde 1438 bis 1465 von Malern der Sieneser Schule mit Fresken versehen, die Szenen aus der Bibel und der antiken Mythologie zeigen.

Das Santuario della Madonna delle Querce (15. Jh.) nahe Lucignano wird Vasari zugeschrieben.

Museo Comunale
Piazza del Tribunale 22 +39 0575 83 80 01
siehe Website
museodilucignano.it

5 Asciano

S5 7000 FS
Via Amos Cassioli 2
+39 0577 71 86 66 Sa
prolocoasciano.it

Die Straße von Siena nach Asciano führt durch die bizarren Crete Senesi mit ihren fast kahlen Lehmhügeln. Asciano ist eine mittelalterliche Stadt mit einer großteils intakten Mauer. Die Hauptstraße, Corso Matteotti, säumen Boutiquen und Palazzi. Die Straße mündet in die Piazza della Basilica mit einem großen Brunnen von 1472. Gegenüber steht die Basilica di Sant'Agata (13. Jh.).

Das **Museo Civico Archeologico e d'Arte Sacra** im Palazzo Corboli zeigt Meisterwerke der Sieneser Schule, etwa Duccios *Madonna mit Kind* und Ambrogio Lorenzettis *Erzengel Michael*. Auch etruskische Funde aus Gräbern der Necropoli di Poggio Pinci (7.–4. Jh. v. Chr.) fünf Kilometer östlich von Asciano sind zu sehen.

Weißes Gold

Eines der erlesensten italienischen Gewächse sind die weißen Trüffeln der Crete Senesi. Sie wachsen an den Wurzeln von Eichen, Pappeln und Weiden. Jeden November gibt es in San Giovanni d'Asso ein Fest zur Feier der aromatischen Knollenpilze. Dort gibt es auch das Museo del Tartufo im Kellergewölbe einer Burg (13. Jh.). Sie können mit Alessandro von Siena Tartufi selbst nach Trüffeln suchen, komplett mit Hunden in den Wäldern nahe Siena. Oder Sie besuchen den winzigen Laden von Siena Tartufi bei der Piazza del Campo (sienatartufi.com).

↑ *Wanderung nach Asciano durch die Lehmhügel der Crete Senesi*

Die Ruinen der Abtei San Galgano im für die Toskana ungewöhnlichen gotischen Stil ↑

Umgebung: Etwa zehn Kilometer südlich von Asciano liegt **Monte Oliveto Maggiore**, das man auf einem Pfad durch einen Zypressenwald (mit Blick auf schroffe Felsen) erreicht. Das Kloster wurde 1313 vom Olivetanerorden gegründet, der sich die Regeln der Benediktiner zu eigen gemacht hatte. Die Klosterkirche (15. Jh.) ist ein rosa Barockbau mit einzigartigem Chorgestühl (Schnitzereien und Intarsien).

Die Wände des Kreuzgangs (1427–74) ziert der Freskenzyklus *Leben des heiligen Benedikt*. Das Werk wurde 1495 von Luca Signorelli, einem Schüler Piero della Francescas, begonnen und 1508 von Sodoma fertiggestellt. Der Zyklus gilt wegen seiner Kombination von architektonischen und naturalistischen Details als Meisterwerk.

Museo Civico Archeologico e d'Arte Sacra
Corso Matteotti 122
+39 0577 71 44 50
Apr–Okt: Mi–So; Nov–März: Sa, So, Feiertage

Monte Oliveto Maggiore
+39 0577 70 72 58
tägl. 9:30–12:20, 14:30–16:40 (Sommer: bis 17:40)

6

San Galgano

R5 (Località Chiusdino)
von Siena

Die Zisterzienserabtei entstand 1218 im gotischen Stil und ist von Wald umgeben. Die für die Toskana ungewöhnliche Architektur des heute verfallenen Baus verrät die französische Herkunft der Zisterziensermönche, die das Kloster errichteten.

Die Mönche mieden den Kontakt zur Zivilisation und führten ein zurückgezogenes Leben in Gebet und Arbeit. Sie rodeten die Hügel, um Weideland für ihre Schafe zu gewinnen. Trotz ihres Armutsgebots kamen sie durch Wollhandel zu Reichtum. Mitte des 14. Jahrhunderts geriet die Abtei in schlechte Hände – der Niedergang war vorgezeichnet.

1652 wurde das Kloster endgültig aufgelöst. Die seit Langem verlassenen Bauten werden gegenwärtig für den Nonnenorden der Olivetaner restauriert. Ein kleiner Laden verkauft Kräuter, Weine, Olivenöl und Kosmetik.

Auf einem Hügel oberhalb der Abtei wurde 1185 die Kuppelkirche von Montesiepi zu Ehren des heiligen Galgano errichtet, der dort 1181 als Einsiedler gestorben war. Im kreisrunden Oratorium sieht man das im Stein steckende Schwert von Galgano. Fresken (1344) von Ambrogio Lorenzetti bedecken die Seitenkapelle (14. Jh.). Sie zeigen Ereignisse aus dem Leben des Heiligen.

Schon gewusst?

Der heilige Galgano war Soldat. Er nahm vom Kriegsleben Abschied und stieß sein Schwert in einen Stein.

Schon gewusst?

Im Weinbaugebiet von Montalcino gibt es über 2000 Weinproduzenten.

7 Montalcino

S5 6000 Via Ricasoli 31 +39 0577 84 60 14 visitvaldorcia.it

Der berühmte Brunello von Montalcino gehört zu den großen, weltweit geschätzten Weinen Italiens. Er entsteht aus den Sangiovese-Trauben, die um den Bergort angebaut werden. Am höchsten Punkt erhebt sich die Fortezza (1361) und bietet spektakuläre Ausblicke von den Mauern, die im 16. Jahrhundert von Cosimo I. hinzugefügt wurden.

Umgebung: Die **Abbazia di Sant'Antimo** liegt zehn Kilometer südöstlich von Montalcino in Hügeln voller Olivenbäume. Die romanische Abtei aus cremefarbenem Travertin und Alabaster ist französisch beeinflusst. Die durchscheinende Qualität des Steins changiert farblich, je nach Tages- und Jahreszeit. Durch die Mauern hört man gregorianische Choräle. Das sind die derzeit dort ansässigen Augustinermönche, die täglich außer samstags zur Messe singen. Sie brauen auch Bier und stellen Honig und Kräutermedizin her, die sie in ihrer Apotheke verkaufen.

Abbazia di Sant'Antimo
Castelnuovo dell' Abate
tägl. antimo.it

8 Bagno Vignoni

S5 30 von Siena
+39 0577 89 97 28

Die von einer Handvoll Häusern umgebene Piazza des winzigen mittelalterlichen Heilbads wird von einem säulenumstandenen steinernen Schwimmbecken beherrscht, das die Medici anlegen ließen. Heißes schwefelhaltiges Wasser sprudelt aus tief liegendem Vulkangestein an die Oberfläche. Obwohl das Bassin nicht mehr benutzt werden darf, lohnt sich ein Besuch wegen der Architektur. Zum Baden sollte man am besten das Schwefelbecken des Hotels Posta Marcucci oder andere öffentlich zugängliche Pools aufsuchen.

9 Chiusi

T5 8500 FS
Via Porsenna 79 +39 0578 22 76 67 Mo, Di
prolocochiusi.it

Chiusi war eine mächtige Etruskerstadt, ihre Blütezeit lag im 7. und 6. Jahrhundert v. Chr. *(siehe S. 52)*. In der Umgebung entdeckte man viele Etruskergräber. Das Museo Archeologico besitzt Urnen, schwarzfigurige Vasen und Bucchero-Keramik, deren Oberfläche an Bronze erinnert. Beim Bau des Doms der Stadt wurden ältere römische Säulen und Kapitelle wiederverwertet. Das Museo della Cattedrale zeigt römi-

Schöne Aussicht
Landschaft des Val d'Orcia

Die bekannte, für die Toskana typische Postkartenlandschaft mit von Zypressen bestandenen sanften Hügeln findet man insbesondere im Val d'Orcia. Die malerische Kapelle der Madonna di Vitaleta gehört zu den beliebtesten Fotomotiven.

→

Die Collegiata in San Quirico d'Orcia, die einem fünf Jahre alten Märtyrer geweiht ist

sche, lombardische und mittelalterliche Skulpturen. Ein Besuch der unterirdischen Gänge, die von den Etruskern gegraben und von den Christen als Katakomben (3.–5. Jh.) benutzt wurden, kann im Museum arrangiert werden. Eine weitere Tour durch Chiusis Etruskertunnel wird vom **Museo Civico La Città Sotteranea** angeboten. Sie endet an einem See, 30 Meter unter der Erde.

Museo Civico La Città Sotteranea
Via II Ciminia 2
Di–So 10–13, 15–18
museisenesi.org

10

San Quirico d'Orcia

S5 2600 Via Dante Alighieri 33
+39 0577 89 97 28
visitsanquirico.it

An der Stadtmauer erhebt sich der Stolz von San Quirico, die **Collegiata** mit drei romanischen Portalen, die 1080 der älteren Kirche (8. Jh.) vorgebaut wurden. Sie ist dem heiligen Quiricus geweiht, der im 3. Jahrhundert im Alter von nur fünf Jahren den Märtyrertod erlitt, weil er sich vor den Römern zum Christentum bekannt hatte. Sano di Pietro schuf das Altarbild für ihn.

In der Nähe steht der Palazzo Chigi (17. Jh.), dessen freskengeschmücktes Inneres restauriert wurde. Unweit davon erstrecken sich die Horti Leonini, eine Gartenanlage aus dem 16. Jahrhundert. Ursprünglich wurde sie als Refugium für Pilger angelegt, heute dient sie im Sommer als Skulpturengarten.

Collegiata
Piazza Chigi 1 +39 0577 89 72 36 tägl.

←

Fußweg auf den Mauern der Fortezza di Montalcino mit grandioser Aussicht über die Umgebung

TOP 3

Montalcino-Weingüter

Castello di Banfi
castellobanfi.com
Das Weingut in einer Burg bietet Touren und Verkostungen.

Fattoria dei Barbi
fattoriadeibarbi.it
Hier gibt es Kellertouren, ein Weinmuseum und eine Schenke.

Podere Le Ripi
podereleripi.com
Ökologisches Weingut, das Touren durchführt.

Terme di Bagno Vignoni (siehe S. 186)

↑ *Die Kirche Madonna di San Biagio, ein Renaissance-Juwel von Giuliano da Sangallo*

11

Montepulciano

S5 · 14 000 ·
Piazza Don Minzoni 1
+39 0578 75 73 41 · **Do**
prolocomontepulciano.it

Montepulciano erhebt sich auf einem schmalen Kalksteinkamm 605 Meter über dem Meer und ist damit eine der am höchsten gelegenen Städte der Toskana. Innerhalb der Mauern und Befestigungsanlagen, die Antonio da Sangallo der Ältere 1511 für Cosimo I. baute, ist das Zentrum reich an Palazzi und Kirchen aus der Renaissance.

Il Corso mäandert hinauf zum Hauptplatz auf dem Hügel. Unter den Palazzi von Il Corso sticht der Palazzo Bucelli (1648) hervor, seine untere Fassade ist mit etruskischen Reliefs und Urnen verziert, die der Hausherr Pietro Bucelli im 18. Jahrhundert sammelte. Am Corso liegen auch die Piazza Michelozzo und die von Michelozzo erbaute Sant'Agostino (1427). Ihr schönes Portal zeigt eine Jungfrau mit Kind, flankiert von den Heiligen Johannes und Augustinus.

Der Dom auf der Piazza Grande wurde 1592–1630 nach Entwürfen von Ippolito Scalza erbaut. Die Fassade blieb unvollendet, das Innere zeigt klassische Proportionen. Zur Ausstattung gehört ein Meisterwerk der Sieneser Schule: Taddeo di Bartolos Triptychon der *Himmelfahrt Mariens* (1401), das mit brillanten Farben und Blattgold den Hochaltar ziert.

Am Dom steht der **Palazzo Comunale**. Seit Michelozzo das gotische Rathaus im 15. Jahrhundert um Turm und Fassade ergänzte, wirkt es wie der verkleinerte Palazzo Vecchio von Florenz *(siehe S. 68f)*. Enge Stufen führen zum Turm hinauf. Das nahe **Museo Civico** zeigt Gemälde aus dem 17. und 18. Jahrhundert sowie Terrakotta-Arbeiten von della Robbia und archäologische Funde.

Die Wallfahrtskirche **Madonna di San Biagio**, das Meisterwerk Sangallos aus honiggelbem Travertin, erhebt sich unterhalb der Stadtmauer auf einer Plattform. Der Bau (1518 begonnen) beschäftigte ihn bis zu seinem Tod 1534.

Im August finden zwei historische Feste statt: Der Bruscello zeigt am 14., 15. und 16. Szenen aus der Geschichte der Stadt. Am Bravio delle Botti (letzter So im Aug) gibt es einen Umzug, gefolgt von einem Wettrennen zwischen den acht *contrade* der Stadt.

Der 1976 von Hans Werner Henze gegründete Cantiere Internazionale d'Arte (Juli / Aug) ist eine Sommerakademie und ein Musikfestival, das junge Künstler fördert.

Palazzo Comunale
Piazza Grande 1
Apr–Nov: tägl. 10–18
prolocomontepulciano.it

Museo Civico
Via Ricci 10 **museocivicomontepulciano.it**

Madonna di San Biagio
Via di San Biagio 14
Zeiten siehe Website
tempiosanbiagio.it

Entdeckertipp
Die Keller von Montepulciano

Im Zentrum von Montepulciano gibt es viele Renaissance-Palazzi sowie ein faszinierendes Labyrinth von historischen Kellern. In einigen lagert der berühmte Vino Nobile di Montepulciano.

12

Pienza

S5 2100 Corso il Rossellino 30 +39 0578 74 99 05 Fr comune.pienza.si.it

Das Zentrum Pienzas wurde in der Renaissance unter Papst Pius II. vollständig umgestaltet. Enea Silvio Piccolomini, ein Humanist und Philosoph, kam 1405 hier zur Welt, als die Stadt noch Corsignano hieß. Er wurde 1458 zum Papst gewählt und beschloss, Corsignano ein neues Gesicht zu geben und sich selbst zu Ehren Pienza zu nennen. Er wollte seinen Geburtsort zu einer Musterstadt der Renaissance verändern. Allerdings erschöpfte sich das Vorhaben in den wenigen Bauten an der Piazza Pio II. Bernardo Rossellino erhielt den Auftrag, Dom, Papstpalais und Rathaus zu errichten, was er binnen dreier Jahre realisierte. Kurz darauf ertappte man ihn bei der Veruntreuung päpstlicher Gelder, doch Pius II. war von seiner Architektur so angetan, dass er ihm verzieh.

Der Dom wurde 1459 fertiggestellt. Heute ist der östliche Teil des Baus gefährdet, weil der Boden darunter nachgegeben hat: Wände und Böden sind von Rissen überzogen. Sie schmälern aber nicht die Schönheit der Renaissance-Kirche.

Käse aus Pienza

Pienza ist für seinen köstlichen Schafskäse bekannt. Laut den Herstellern erhält er seine Komplexität durch die Kräuter, die die Schafe fressen. Ein Großteil des Käses stammt aus ökologischer Schafhaltung, kranke Schafe werden teilweise homöopathisch behandelt. Testen Sie die verschiedenen Reifegrade in der Taverna del Pecorino (Via Condotti 1).

Pius II. bestellte seinerzeit die Bleiglasfenster für den Dom, um den Eindruck einer *domus vitrea* (wörtlich »Glashaus«) zu schaffen – ein Sinnbild für die intellektuelle Erleuchtung des Geistes im Zeitalter des Humanismus.

Neben dem Dom erhebt sich der **Palazzo Piccolomino**, das Papstpalais, das den Nachkommen von Pius II. bis 1968 als Wohnsitz diente. Rossellinos Entwurf orientierte sich an Albertis Palazzo Rucellai in Florenz *(siehe S. 83)*. In den zugänglichen Räumen – darunter Schlafzimmer und Bibliothek von Pius II. – sind dessen persönliche Besitztümer zu sehen. Den Innenhof umrahmt ein Säulengang, drei Loggien prägen die Gartenfront. Von dort bietet sich ein Blick auf die Hügel des Monte Amiata.

An der Via delle Fonti außerhalb von Pienza liegt die romanische Kirche Pieve di Corsignano (11. Jh.), in der Papst Pius II. getauft wurde. Sie hat einen ungewöhnlichen Rundturm und einen mit Blumenmotiven geschmückten Eingang.

Nicht weit von der Stadt liegt das Kloster von Sant' Anna in Camprena (16. Jh.) mit schönen Fresken von Sodoma. Hier gibt es Agriturismo-Übernachtungen.

Palazzo Piccolomini

Piazza Pio II Mo–So Di, Mitte–Ende Nov, Jan–Mitte Feb palazzopiccolominipienza.it

↓ *Blumenschmuck und regionale Delikatessen in den Straßen von Pienza*

Marmorbruch bei Carrara (siehe S. 213)

Nordwestliche Toskana

Das Meer hat für die Geschicke dieser Küstenregion schon seit der Antike eine bedeutende Rolle gespielt, wie die Entdeckung von 30 römischen Schiffswracks 1998 bei Pisa ans Licht brachte. Obwohl Pisa nur einen Binnenhafen besaß, stieg es zu einer der einflussreichsten Seerepubliken Italiens auf, die das westliche Mittelmeer ab dem 11. Jahrhundert dominierte. Diese Glanzzeit dauerte bis 1406, als die Florentiner Medici an die Macht kamen. Sie dämmten Pisas Einfluss ein und machten Livorno zum Haupthafen der Region.

Küstenaufwärts liegt Carrara, wo schon zur Römerzeit Marmor abgebaut wurde. Später versorgten sich die Bildhauer der Renaissance in den Marmorbrüchen mit dem begehrten Material. Michelangelo brachte zwei Jahre (1518–20) damit zu, eine Straße von Seravezza zur Küste zu planen, um Steine für die Fassade von San Lorenzo schneller nach Florenz transportieren zu können. Dann gab er dieses Projekt wieder auf.

Im frühen 19. Jahrhundert entstand Italiens erstes Seebad in Versilia. Zu den mondänen Badeorten gehört nach wie vor Forte dei Marmi.

A15
S20
Montelungo
Magra
Lunigiana
Pontremoli
Zeri
A15
S62
Mulazzo
Bagnone
Tavernelle
Lunigiana
11
Bosco di
Corniglio
Monchio delle Corti
Castelnovo ne' Monti
S63
Busana
Collagna
Case Balocchi
S12
Brugnato
S74
S63
Appennino
Fivizzano
S12
Sillano
San
Pellegrino
in Alpe
Aulla
Corfino
Padivarma
A12
S72
N445
S72
Pievepelag
4
Garfagnana
S1
Fosdinovo
Equi Terme
Piazza al Serchio
Castiglione
di Garfagnana
Lago
Santo
La Spezia
Sarzana
Monte Pisanino
1945 m
Lago
di Vagli
Alpe Tre Potenze
1940 m
Tosco
Carrara
10
Alpi Apuane
8
Parco Naturale
delle Alpi Apuane
5
Barga
Bocca di
Magra
S13
Gallicano
Coreglia
Antelminelli
Massa
S20
Marina di Carrara
Fornovolasco
Bagni
di Lucca
S1
Marina di Massa
Seravezza
Stazzema
Borgo a
Mozzano
Forte dei Marmi
9
Pietrasanta
Versilia
Serchio
Camaiore
Lido di Camaiore
A12
Massarosa
Versilia
7
Capannor
Lago di
Massaciuccoli
Torre del Lago Puccini
6
2
Lucca
A1
A11
Tenuta di
San Rossore
Migliarino
San Giuliano
Terme
Calci
Marina di Pisa
1
Pisa
14
Certosa
di Pisa
San Piero
a Grado
Aeroporto
Galileo Galilei
Cascina
Tirrenia
Calambrone
Vicarello
Collesalvetti
Torre della
Meloria
A12
Livorno
13
Ardenza
Casciana
Terme
Antignano
Santa Luce
Gabbro
Gorgona
S1
Quercianella
Castellina
Marittima
Rosignano
Marittimo
Rosignano
Solvay
Riparbella
Vada
San Pietro in Palazzi
Cecina
0 Kilometer 10
N

Nordwestliche Toskana

Highlights

1 Pisa
2 Lucca

Sehenswürdigkeiten

3 Bagni di Lucca
4 Garfagnana
5 Barga
6 Torre del Lago Puccini
7 Versilia
8 Parco Naturale delle Alpi Apuane
9 Pietrasanta
10 Carrara
11 Lunigiana
12 San Miniato
13 Livorno
14 Certosa di Pisa
15 Pistoia
16 Collodi
17 Montecatini Terme
18 Monsummano Terme
19 Pescia

Der historische Teil von Pisa mit der kleinen Brücke über den Arno ↑

❶

Pisa

Q3 · 90 000 · Galileo Galilei · FS · Pisa Centrale, Viale Gramsci · Piazza del Duomo 7 · +39 050 55 01 00 · Mi, Sa · Gioco del Ponte (letzter Sa im Juni) · turismo.pisa.it

Pisa, das für seinen Schiefen Turm und die exzellente Universität bekannt ist, hatte vom 11. bis zum 13. Jahrhundert dank seiner Flotte die Vormachtstellung im westlichen Mittelmeer. Handelsbeziehungen mit Spanien und Nordafrika führten zu einer kulturellen Umwälzung, die sich in den Bauwerken jener Zeit spiegelt: Duomo, Baptisterium und Campanile. Pisas Stern sank, als der Arno versandete. Heute trennen Salzmarschen die Stadt vom Meer.

①

Museo Nazionale di San Matteo

Lungarno Mediceo, Piazza San Matteo 1
+39 050 54 18 65
Di – Sa 9 –19, So 9 –13:30
3. Jan, 25., 27. Dez

Der mittelalterliche Konvent San Matteo liegt direkt am Arno. Viele Exponate des Museums sind schlecht beschildert, die Räume um den Kreuzgang nicht nummeriert. Dennoch lohnt das Museum einen Besuch, da es die einzigartige Gelegenheit bietet, einen Überblick über die Pisaner und Florentiner Kunst des 12. bis 17. Jahrhunderts zu gewinnen. Die meisten frühen Werke sind Madonnenbildnisse. Als wertvoll gelten Simone Martinis Polyptychon (1321) und eine Statue aus dem 14. Jahrhundert, die *Madonna del Latte*, die Nino Pisano, einem Mitglied der Bildhauerfamilie Pisano, zugeschrieben wird. Die halbhohe Statue aus vergoldetem Marmor zeigt das Jesuskind an der Mutterbrust. Beachten Sie zudem Masaccios *Heiliger Paulus* (1426), Gentile da Fabrianos *Madonna mit Kind* (15. Jh.) sowie Donatellos Büste des *San Rossore* (1424 – 27).

②

Piazza dei Cavalieri

Die Piazza dei Cavalieri liegt im Herzen des Studentenviertels. Der imposante Bau an der Nordseite, der mit hellem und dunklem *Sgraffito* (Mustern, die in den feuchten Putz geritzt werden) verziert ist, ist der Palazzo dei Cavalieri. Er beherbergt ein berühmtes Kolleg der Pisaner Universität: die Scuola Normale Superiore.

Ursprünglich stand an der Stelle das mittelalterliche Rathaus, das Cosimo I. jedoch abreißen ließ, als Pisa unter florentinische Herr-

Hotels

Palazzo Cini
Das stilvolle Hotel mit fünf geräumigen Zimmern wurde von Ivan Cini entworfen, der auch der Besitzer ist.
Via A. Manzoni 12
palazzocinilux.com
€€€

Relais I Miracoli
Ein Haus in unschlagbarer Lage: Die meisten Zimmer blicken auf den Schiefen Turm, der gleich jenseits des Platzes steht.
Via Santa Maria 187
relaisimiracoli.it
€€€

Royal Victoria
In den Zimmern des Hotels aus dem 15. Jahrhundert gibt es Fresken und Antiquitäten.
Lungarno A. Pacinotti 12 royal victoria.it
€€€

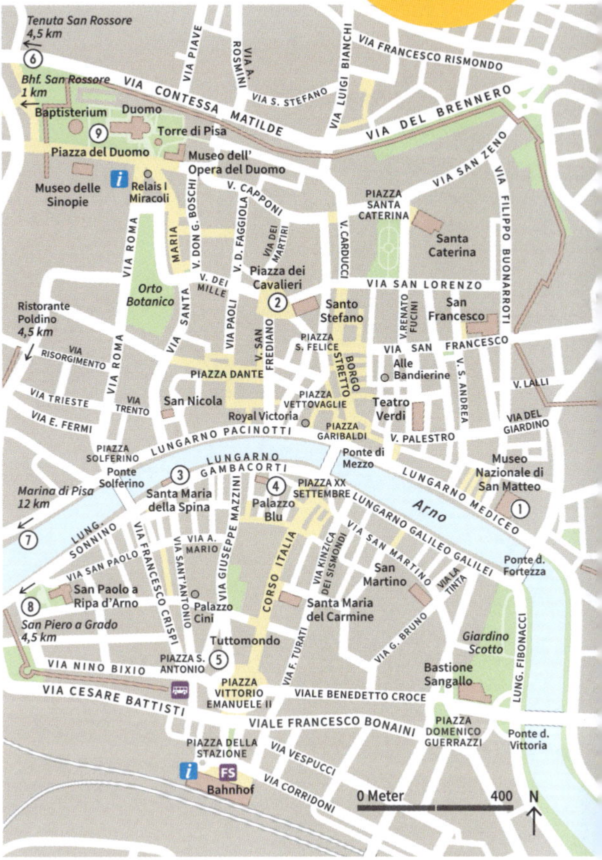

schaft fiel. Die Ratskammer wurde verschont und dient jetzt als Vortragsraum. Das heutige Gebäude entwarf Vasari 1562 als Sitz der Cavalieri di San Stefano, eines 1561 von Cosimo gegründeten Ritterordens. Die Ordenskirche stammt ebenfalls von Vasari.

Auf der anderen Seite des Platzes steht der Palazzo dell'Orologio mit dem mittelalterlichen Stadtgefängnis. Die heutige Bibliothek war Schauplatz einer unrühmlichen Episode: 1288 wurde Graf Ugolino, der Bürgermeister von Pisa, zusammen mit seinen Söhnen und Enkeln in dem Hungerturm eingemauert, in dem sie umkamen.

③
Santa Maria della Spina

Lungarno Gambacorti
+39 050 55 01 00
Mo 10–13, Di–Do 15–19, Fr–So 10–19

Das Dach des Kirchleins ist reich bestückt mit gotischen Fialen, Spitztürmen und Figuren von Aposteln und Heiligen. Die Kirche wurde als Aufbewahrungsort für eine Reliquie errichtet: einen Dorn *(spina)* der Christuskrone. Ursprünglich hieß sie Santa Maria di Pontenovo, der Name wurde aber in della Spina verändert, als das Gotteshaus 1333 die wertvolle Reliquie erhielt.

Giugno Pisano
Den ganzen Juni über feiert Pisa historische Ereignisse. Neben zahllosen Konzerten und Ausstellungen gibt es vier Hauptevents: der Gioco, die Regatta, die Luminara und (alle vier Jahre: nächster Termin 2025) die Regatta der antiken Seerepubliken.

Das bunte Graffito Tuttomondo *(1989) des amerikanischen Künstlers Keith Haring* ↑

④

Palazzo Blu

Lungarno Gambacorti 9 Mo–Fr 10–19, Sa, So 10–20 palazzoblu.it

Die himmelblaue Farbe des Palazzo Arno stammt vom Ende des 18. Jahrhunderts, einer Zeit, als sich viele Besucher aus St. Petersburg hier aufhielten. Nun ist er eine Galerie mit erstklassigen Sonderausstellungen. Die Dauerausstellung konzentriert sich auf die Sammlung pisanischer Kunst vom 14. bis zum 20. Jahrhundert. Die schön verzierten Räume enthalten Möbel der Zeit.

⑤

Tuttomondo

Piazza Vittorio Emanuele II 17

Das letzte von Keith Harings bunten Wandbildern ziert die Rückwand der Kirche Sant'Antonio Abate (14. Jh.). Der amerikanische Streetart-Künstler brauchte vier Tage, um das Bild fertigzustellen. Es zeigt 30 Figuren in diversen Stellungen, die den Weltfrieden symbolisieren. Vom Keith Art Shop Café gegenüber kann man das Werk bewundern.

⑥

Tenuta San Rossore

Località Cascine Vecchie 6 von Pisa parcosanrossore.org

Das Landgut San Rossore gleich außerhalb von Pisa ist das Zentrum eines riesigen Naturparks, der sich an der Küste von Viareggio bis Livorno erstreckt. Im Besucherzentrum in Cascine Vecchie kann man Räder mieten, auf Pferden ausreiten oder eine Tour per Pferdekutsche unternehmen. Es gibt hübsche Picknickplätze, Bars und Restaurants.

⑦

Marina di Pisa

Marina an der Küste, zwölf Kilometer westlich von Pisa, ist einstiges Salzmarschenland. Es wurde im 17. Jahrhundert trockengelegt und ist nun ein Seebad mit diversen Stränden, sowohl Sand- als auch Kiesstränden. Die nahen Ferienresorts Tirrenia (mit einem guten Neun-Loch-Platz) und Calambrone haben Sandstrände. Es gibt einen modernen Freizeithafen an der Mündung des Arno sowie einige tradi-

tionelle Fischerhütten. Der letzte Flussabschnitt zwischen Pisa und dem Meer bietet einige gute Seafood-Lokale.

⑧

San Piero a Grado

Via Vecchia di Marina 5
+39 050 96 00 65
tägl. 8–18

San Piero ist eine Kirche, die in der Amtszeit von Papst Johannes XVIII. (1004–09) dort erbaut wurde, wo der Apostel Petrus 42 n. Chr. zum ersten Mal italienischen Boden betreten haben soll. Dem Neuen Testament zufolge ging er über Stufen am Ufer des Arno an Land. Unter der Kirche, die dort steht, wo früher der Arno ins Meer mündete, gibt es Fundamente römischer Bauten. Aufgrund der Verlandung liegt die Stelle inzwischen sechs Kilometer von der Küste entfernt.

Merkwürdig an der Kirche ist die Tatsache, dass sie keinerlei Fassade besitzt, sondern stattdessen sowohl am östlichen wie auch am westlichen Ende Apsiden aufweist. Das Äußere von San Piero a Grado ist mit Blendarkaden und Keramiken im maurischen Stil verziert – ein ungewöhnlicher Schmuck, den die Kirche mit dem Dom von San Miniato *(siehe S. 214)* gemein hat.

Highlight

Museo Piaggio

Pisa-Besucher könnten sich für dieses schöne Museum in Piaggio (nur 15 Min. Zugfahrt entfernt) interessieren. In Piaggio werden seit den 1940er Jahren Vespas hergestellt. Die Sammlung zeigt Basis- und De-luxe-Modelle sowie Vespas für Wettrennen (www.museopiaggio.it).

↑ *Hübsche traditionelle Fischerhütte am Strand von Marina di Pisa*

Restaurants

Ristorante Poldino
Das Lokal liegt im Herzen der Tenuta San Rossore. Die Zutaten für die herzhaften Gerichte stammen großteils vom Landgut selbst.

Località Cascine Vecchie 13, Parco San Rossore
Mo, Di
poldino.com
€€€

Alle Bandierine
Das nur abends geöffnete familiengeführte Restaurant serviert köstliche Spaghetti-Gerichte sowie exzellentes Seafood.

Via Mercanti 4
ristorantealle bandierine.it
€€€

⑨

Piazza del Duomo

Piazza del Duomo 3, 11 +39 050 83 50 11 / 12
März, Okt: tägl. 9–19; Apr–Sep: tägl. 9–20; Nov–Feb: tägl. 9–18 (Duomo ganzjährig ab 10) opapisa.it

Der grandiose Platz mit seinen Meisterwerken romanischer Architektur ist seit 1987 UNESCO-Welterbe. Er war das größte Bauprojekt des mittelalterlichen Italien – und er ist nach wie vor ein italienisches Wahrzeichen.

Der weltberühmte Schiefe Turm ist nur einer von mehreren beeindruckenden Sakralbauten, die am Campo dei Miracoli (»Platz der Wunder«) auf den Grünflächen stehen. Der Platz nordwestlich vom Stadtzentrum umfasst neben dem Campanile den Duomo (1063 begonnen), das Baptisterium (1152–1284) und den Friedhof Camposanto (1278 angelegt). Der Schiefe Turm selbst wurde erst 1350 fertiggestellt, als man seine sieben Glocken aufgehängte. Alle Bauten weisen maurische Stilelemente auf, etwa Marmorarabesken, sowie romanische Kolonnaden, gotisches Maßwerk, Nischen und Fialen.

Museo dell'Opera del Duomo

Im ehemaligen Kapitelsaal der Kathedrale präsentiert das Museum seit 1986 Kunstwerke. Die wundervollen intarsiengeschmückten Marmorarabesken belegen, dass die Pisaner Architekten des 12. und 13. Jahrhunderts nach islamischen und römischen Vorbildern arbeiteten. Das Museum besitzt zudem Skulpturen (13. Jh.) von Nicola und Giovanni Pisano, eine Gemäldesammlung (15.–18. Jh.), altrömische und etruskische Ausgrabungsstücke sowie kostbare Kirchenschätze (12. Jh.). Vom Kreuzgang sieht man auf den Schiefen Turm.

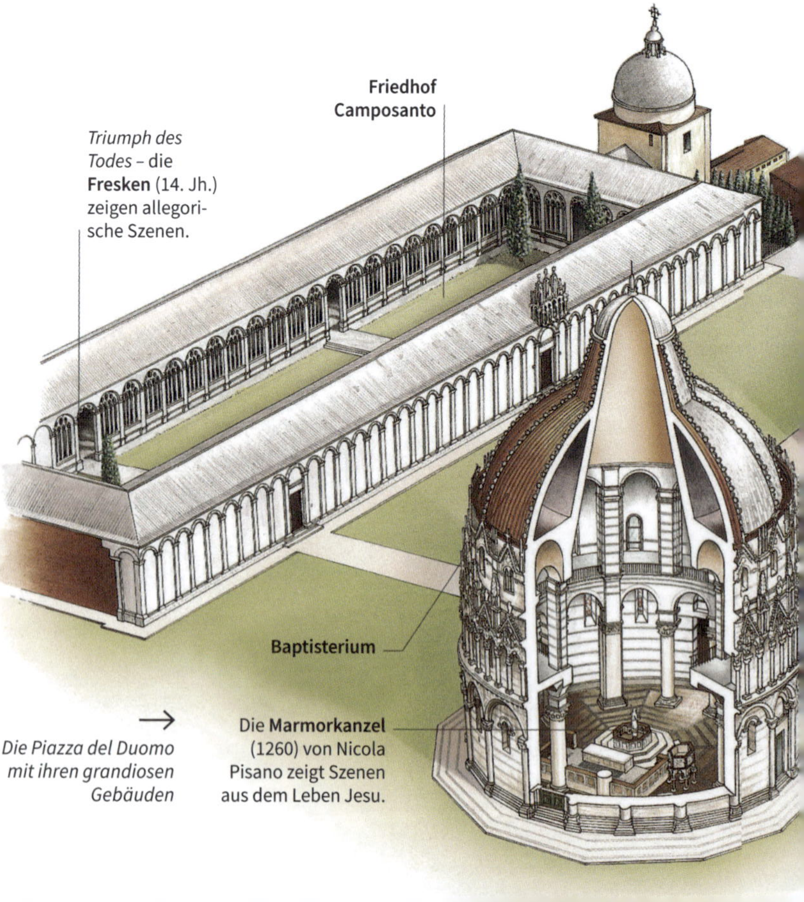

→ *Die Piazza del Duomo mit ihren grandiosen Gebäuden*

1 *Das von einer gotischen Kuppel gekrönte Baptisterium ist das größte Italiens.*

2 *Der Friedhof Camposanto enthält römische Sarkophage. Er war der Begräbnisort von Pisas Oberschicht.*

3 *Die Bogen des Baptisteriums sind mit Skulpturen geschmückt.*

Schon gewusst?

Das Portal am südlichen Querschiff ist eine Kopie. Das Original hat das Museo dell'Opera.

↑ *Der Glockenraum in der Spitze des Turms mit seinen sieben Glocken*

Schiefer Turm von Pisa

Alle Gebäude an der Piazza del Duomo sind wegen unzureichender Fundamente leicht schief, doch keines neigt sich so wie die Torre Pendente – der »Schiefe Turm«. Der 1173 begonnene Turm wich bereits von der Senkrechten ab, noch bevor das dritte Geschoss vollendet war. Dennoch baute man bis zur Fertigstellung 1350 weiter. Nach über zehn Jahren gelang es 2008, den Turm zu stabilisieren. Die nächsten 200 Jahre sollte er sicher sein.

← *Die gewundene Marmortreppe führt zur Turmspitze*

↑ *Ornament über dem Eingang zum Schiefen Turm*

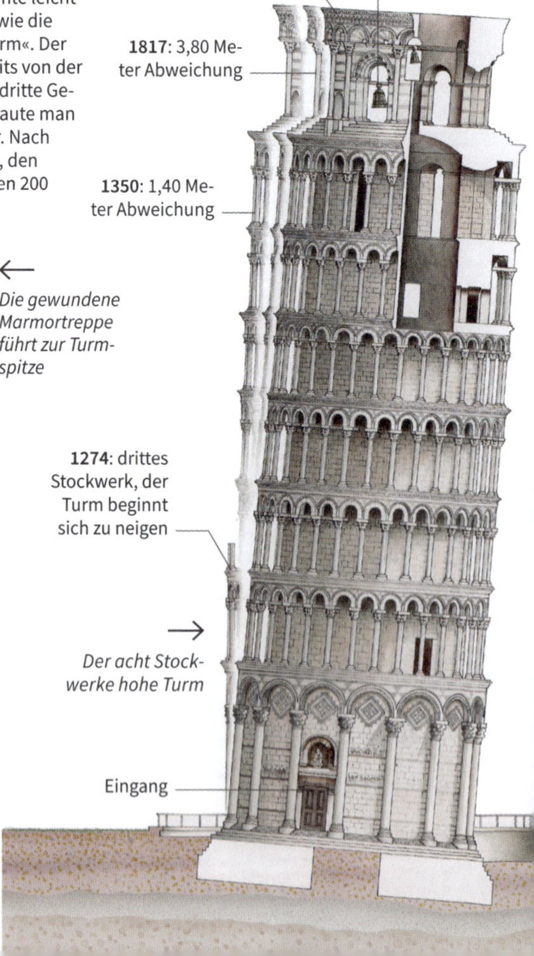

→ *Der acht Stockwerke hohe Turm*

Highlight

Schon gewusst?

Bauunterbrechungen gaben der Erde Zeit, sich zu stabilisieren – so stürzte der Turm nicht ein.

↑ *Nicht zu übersehen – die Schräglage des Schiefen Turms*

↑ *Marktstände auf der Piazza Anfiteatreo im Zentrum von Lucca*

2

Lucca

Q3 · 90 000 · Piazza Ricasoli · Piazzale Verdi · Piazza Curtatone · +39 0583 44 22 13 · Mi, Sa · Palio della Balestra (12. Juli) · comune.lucca.it

Lucca ist von einer Ringmauer umgeben, dank derer die Stadt äußeren Einflüssen weniger stark ausgesetzt war und somit ihren besonderen Charme bewahren konnte. Die 1504–1645 errichtete Mauer zählt zu den besterhaltenen Renaissance-Befestigungen Europas. Die engen Gassen verlaufen noch so wie in der Antike. Im Gegensatz zu anderen Städten der Toskana ist Lucca relativ eben: Viele Luccheser fahren mit dem Rad – ein weiterer Pluspunkt.

↑ *Die baumbestandene Torre Guinigi aus dem 14. Jahrhundert*

①

Museo Nazionale di Villa Guinigi

Via della Quarquonia 4
+39 0583 49 60 33
Di–Sa 12–19:30, 1., 3. So im Monat 9–19:30
luccamuseinazionali.it

Die Renaissance-Villa wurde für Paolo Guinigi gebaut, der Lucca von 1400 bis 1430 regierte. Im Erdgeschoss sieht man Plastiken aus Lucca und Umgebung, u. a. Reliefs aus Kirchen der Stadt.

Die Galerie im Obergeschoss präsentiert Gemälde und Chorstühle aus dem Dom. Ihre exquisiten Einlegearbeiten zeigen Ansichten der Stadt von 1529.

②

Casa Natale di Puccini

Corte San Lorenzo 9 (Via di Poggio) · +39 0583 58 40 28 · Zeiten bitte der Website entnehmen
puccinimuseum.org

Im Geburtshaus Giacomo Puccinis (1858–1924) aus dem 15. Jahrhundert werden heute Bildnisse des Komponisten, Kostümentwürfe für seine Opern sowie das Klavier aufbewahrt, auf dem Puccini seine letzte Oper, *Turandot*, komponierte. Das unvollendete Werk wurde erst nach Puccinis Tod (1924) von Franco Alfano fertiggestellt und 1926 an der Mailänder Scala uraufgeführt.

③

Torre Guinigi

Via Sant'Andrea 41
siehe Website
comune.lucca.it

Der 44 Meter hohe Geschlechterturm (14. Jh.) wurde von der Familie Guinigi errichtet. Seinerzeit gab es um die 250 solcher Türme

→

Barocke Marmorstatuen in den Gartenanlagen des Palazzo Pfanner

in Lucca. Die Steineichen, die oben auf der Turmspitze wachsen, machen ihn zur beliebten Attraktion.

④ Via Fillungo

Luccas Hauptgeschäftsstraße führt mitten durch den Stadtkern zum Anfiteatro Romano. Die Geschäfte am oberen Ende bei San Frediano verkaufen vor allem Jugendstil-Eisenarbeiten. Auf halber Strecke in der anderen Richtung kann man in der Kirche San Cristoforo (13. Jh.) Werke lokaler Künstler sehen.

Expertentipp
Santa Maria Forisportam

Außerhalb von Lucca – *Forisportam* bedeutet »außerhalb des Tors« – kann man in der Kirche aus dem 12. Jahrhundert (Santa Maria Forisportam) zwei Bilder von Guercino bewundern.

⑤ Palazzo Pfanner

Via degli Asili 33 Apr – Nov: tägl. 10 –18; Dez – März: nach Voranmeldung
palazzopfanner.it

Der imposante Palazzo Pfanner (1667) hat nach hinten einen hübschen formalen Garten, der auch von der Stadtmauer zu sehen ist. Er wurde einst von der Familie Moriconi angelegt, später von Felix Pfanner, einem österreichischen Brauer, der das Bier in Lucca bekannt machte, gemietet und wohl gekauft. Den im 18. Jahrhundert angelegten Garten prägt eine von Barockstatuen römischer Götter und Göttinnen gesäumte Mittelallee. Dazwischen stehen Zitronenbäume.

Schon gewusst?

Portrait of a Lady (1996) mit John Malkovich und Nicole Kidman wurde teils im Palazzo Pfanner gedreht.

⑥ Orto Botanico

Via del Giardino Botanico 14 +39 0583 44 24 82
Mitte März – Anfang Nov
ortobotanicodilucca.it

Der reizvolle Botanische Garten an der Stadtmauer von Lucca wurde 1820 angelegt – dank eines Vermächtnisses von Maria-Luigia von Bourbon-Parma, Herzogin von Lucca. Die Anlage ist zwei Hektar groß und bietet eine große Anzahl an toskanischen und internationalen Pflanzen.

Entdeckertipp
Montecarlo

Das hübsche mittelalterliche Wehrdorf liegt auf halbem Weg zwischen Lucca und Montecatini Terme. Hier genießt man Panoramablicke, vor allem von der Burg (14. Jh.), sowie das köstliche Olivenöl und die Weine.

⑦
San Michele in Foro

Piazza San Michele
tägl.

Wie der Name verrät, steht diese Kirche an der Stelle des antiken römischen Forums. Sie hat eine reich verzierte romanisch-pisanische Fassade, die der des Doms San Martino *(siehe S. 208f)* in nichts nachsteht. Der englische Künstler und Kunsthistoriker John Ruskin, dessen Werke in großem Maße zur Wiederentdeckung der italienischen Kunst im 19. Jahrhundert beitrugen, fertigte zahllose Zeichnungen der gedrehten Marmorsäulen und Cosmatenarbeiten (Marmorintarsien). Die Fassade (11. – 14. Jh.) ist üppig verziert. Die Marmoreinlegearbeiten zeigen keine biblischen Themen, sondern wilde Tiere und berittene Jäger. Lediglich die von zwei Engeln flankierte Statue des heiligen Michael deutet darauf hin, dass es sich hier um eine Kirche handelt. Der Campanile ist nicht minder prächtig.

Sehenswert im Inneren ist vor allem Filippino Lippis restaurierte Tafel mit vier Heiligen (Helena, Hieronymus, Sebastian und Rochus), eines seiner schönsten Werke (1457–1504).

⑧
San Frediano

Piazza San Frediano
tägl.

Ein farbenfrohes, der Schule Berlinghieris zugeschriebenes Mosaik, die *Himmelfahrt Christi* (13. Jh.), ziert die Fassade von San Frediano. Das romanische Taufbecken rechts beim Eingang kann aufgrund seiner Größe leicht mit einem Brunnen verwechselt werden. Der Skulpturenzyklus am Rand des Beckens zeigt Szenen aus dem Leben Christi und dem von Moses, z. B. den Zug durch das Rote Meer: Moses und seine Getreuen (dargestellt in Lederpanzern des 12. Jh.) durchqueren mit ihren Kamelen das geteilte Rote Meer.

Amico Aspertinis Fresken (1508 / 09) in der zweiten Kapelle des linken Seitenschiffs schildern die Geschichte des *Volto Santo (siehe S. 208)*, Luccas bedeutenden Schatzes, und geben zugleich einen Eindruck vom Stadtbild Anfang des 16. Jahrhunderts.

Die Kirche birgt auch eine bemalte Holzstatue der Jungfrau

Schon gewusst?

Der »unbeschädigte« Körper von Santa Zita, der Schutzheiligen Luccas, ist in San Frediano zu sehen.

↑ *Imposante Fassade der romanischen Kirche San Michele in Foro*

↑ *Farbenfrohes Mosaik an der Fassade von San Frediano*

Maria von Matteo Civitali und in der Cappella Trenta ein Marmorretabel in Form eines Polyptychons mit fünf gotisch inspirierten Nischen von Jacopo della Quercia.

⑨

Museo Nazionale di Palazzo Mansi

Via Galli Tassi 43
+39 0583 555 70
Di, Do, 1., 3.So im Monat 9–19:30, Mi, Fr, Sa 12–19:30

Die Luccheser Gemäldegalerie im Palazzo Mansi (17. Jh.) umfasst Gemälde und Möbel aus dem 17. Jahrhundert, als allmählich Barock und Rokoko an die Stelle des Manierismus traten. Zu sehen sind auch Werke von Bronzino, Pontormo, Sodoma, Andrea del Sarto, Tintoretto und Salvator Rosa.

⑩

Stadtmauer

Die 1504–1645 errichtete Stadtmauer ist begehbar, der komplette Rundgang ist etwa vier Kilometer lang. Maria-Luigia von Bourbon-Parma ließ sie Anfang des 19. Jahrhunderts in eine öffentliche Grünanlage mit einer doppelten Allee umwandeln. Von hier hat man eine herrliche Aussicht auf Lucca.

Innerhalb der historischen Stadtmauern haben Besucher die Gelegenheit sich auf einen Rundgang im Kulturkomplex **Via Francigena Entry Point** zu begeben, der unweit der Porta Elisa liegt. Seit dem Mittelalter war Lucca eine Etappe auf dem alten Pilgerweg, der von Canterbury in England nach Rom führte. In den Galerien und Räumen erfährt man viel Wissenswertes über Pilgerreisen. Eine Multimedia-Ausstellung befindet sich in der Casa del Boia, dem einstigen Wohnhaus des Henkers.

Via Francigena Entry Point
Via Bacchettoni 8
Fr 15–18, Sa, So 10:30–13, 15–18

⑪

Piazza Napoleone und Piazza del Giglio

Die Piazza Napoleone wurde 1806 angelegt, als Napoléons Schwester Elisa Baciocchi Fürstin von Lucca war. Die Statue auf dem Platz zeigt ihre Nachfolgerin Maria-Luigia von Bourbon-Parma. Sie blickt über den Palazzo Ducale mit seiner eleganten Kolonnade von Ammannati (1578). Hinter ihr liegt die Piazza del Giglio mit dem Teatro del Giglio (1817) an der Südseite. Heute ist das Haus vor allem für seine Opernaufführungen des in Lucca geborenen Puccini bekannt.

Luccas Geschichte

Lucca wurde von den Römern gegründet und ist Ort des Triumvirats von Caesar, Pompeius und Crassus. Der Legende nach soll Paulinus, der Schüler von Petrus, das Christentum nach Lucca gebracht haben. Die Stadt unterstand lokalen Herrschern – außer einer kurzen Übernahme durch Pisa (14. Jh.). Ansonsten war sie unabhängig von Florenz, bis Napoléon 1805 seine Schwester Elisa als Regentin einsetzte.

12

San Martino

Piazza Antelminelli +39 0583 49 05 30 Museum und Baptisterium: Mo–Fr 10–17 (Sa, So bis 18); Campanile: Mo–Fr 10–17 (Sa, So bis 18); Kathedrale: Mo–Fr 9:30–17, Sa 9:30–18, So 12–18 museocattedralelucca.it

Die romanische Kathedrale erhebt sich an der Piazza San Martino. Das Kultbild *Volto Santo* ist Hauptanziehungspunkt für Pilger.

Die Kathedrale von Lucca mit ihrer imposanten Fassade, an die sich der Campanile anschließt, ist dem heiligen Martin geweiht. Sein Reiterstandbild an der Fassade wurde einem römischen Soldaten nachgebildet, der sein Gewand mit dem Schwert durchtrennt, um es mit einem Bettler zu teilen. Diese und andere Szenen aus dem Leben des Heiligen gehören zur reichen Verzierung der Fassade (13. Jh.). Reliefs mit bunten Marmorintarsien zeigen die Monate und ihre typischen Arbeiten, Jagdszenen, Pfauen und Blumen.

Schon gewusst?

Pilger glaubten einst, dass Nikodemus, Zeuge der Kreuzigung, das *Volto Santo* geschnitzt hätte.

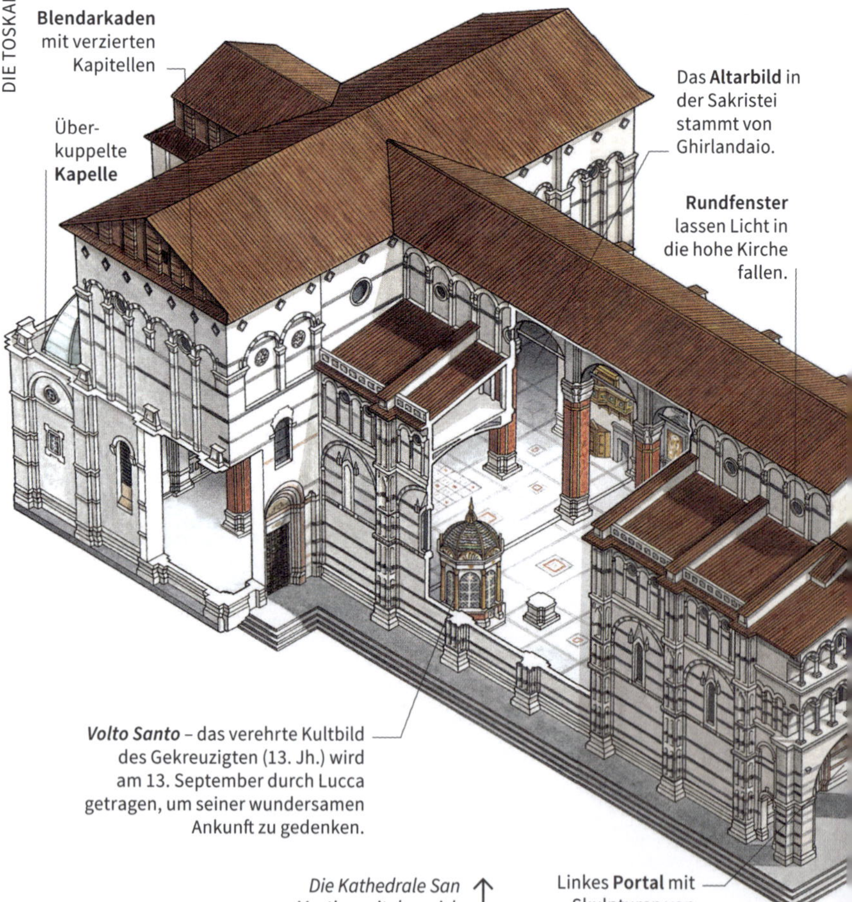

Die Kathedrale San Martino mit dem sich anschließenden Campanile ↑

1 *San Martinos äußere Inkongruenz stammt von 1261, als die Kathedrale an den schon existierenden Campanile angebaut und Letzterer um zwei Stockwerke erhöht wurde.*

2 *Die Fassadenskulptur zeigt den heiligen Martin, der seinen Mantel mit einem Bettler teilt.*

3 *Im Inneren des Gotteshauses finden sich schöne Säulenarkaden.*

1

3

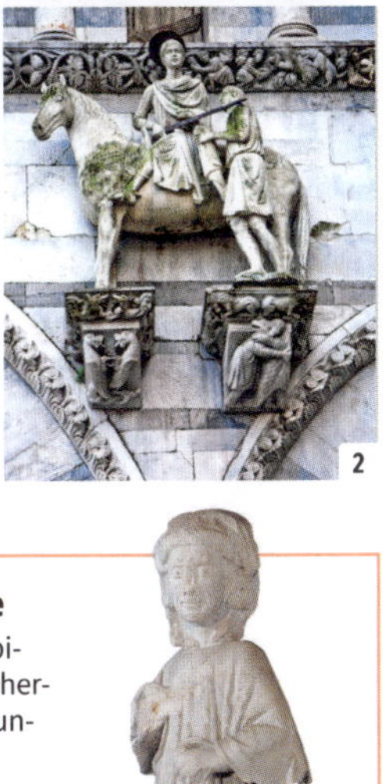

2

Der **Campanile** entstand 1060, die zwei oberen Stockwerke wurden 1261 angefügt.

Marmorintarsien

Die **Architravskulpturen** zeigen die Enthauptung des heiligen Regulus sowie die Arbeiten im Jahresverlauf.

Museo della Cattedrale

Das Museum im früheren erzbischöflichen Palais (14. Jh.) beherbergt den Kirchenschatz, darunter das steinerne Haupt eines Königs von der ursprünglichen Fassade (11. Jh.) sowie eine Skulptur (14. Jh.) des Grafen Fazio, der die Rekonstruktion der Kathedrale mitfinanzierte. Zu sehen ist auch eine emaillierte Kassette aus Limoges (12. Jh.), die wohl die Reliquien des heiligen Thomas Becket enthielt. Das *Croce dei Pisani* (1411) von Vincenzo di Michele ist ein Meisterwerk.

Statue des Grafen Fazio

↑ *Gefährlich nah am Wasser: traditionelle Häuser auf der alten Brücke in Bagni di Lucca*

SEHENSWÜRDIGKEITEN

3

Bagni di Lucca

Q2 6000 Viale Umberto I +39 0583 80 57 45 bagnidilucca.info

Hauptattraktion sind die schwefelhaltigen Thermalquellen, die die Stadt im 19. Jahrhundert zu einem der mondänsten Kurorte Europas machten *(siehe S. 218)*. Hier erhielt 1837 das erste Casino Europas seine Lizenz. Aus jener Zeit stammen auch die neogotische Englische Kirche (1839), der Palazzo del Circolo dei Forestieri (ein Restaurant) und der Cimitero Anglicano (Anglikanischer Friedhof). Von Bagni di Lucca bieten sich Ausflüge in die Hügellandschaft an. Man kann zu Fuß nach Montefegatesi, einem Dorf in den Alpi Apuane, gehen, von dort aus zur Schlucht Orrido di Botri.

Die gotische Steinbrücke Ponte della Maddalena führt am Ortsausgang von Borgo a Mozzano über den Serchio. Sie wird Ponte del Diavolo (Teufelsbrücke) genannt, weil hier der Teufel versprochen haben soll, eine Brücke zu errichten, wenn er die Seele des ersten Überquerenden bekäme. Die Bewohner willigten ein und schickten als Ersten einen Hund hinüber.

Expertentipp
Thermalwasser

Wenn Sie Geld sparen wollen, können Sie kostenlos im Thermalwasser von Equi Terme im Herzen der Lunigiana *(siehe S. 213)* baden. In der südlichen Toskana gibt es fantastische Naturbecken bei Saturnia *(siehe S. 230)*.

4

Garfagnana

Q2 Castelnuovo di Garfagnana Piazza dell'Erbe, Castelnuovo di Garfagnana +39 0583 64 10 07 castelnuovo garfagnana.org

Die Bergregion mit dem Parco Naturale delle Alpi Apuane *(siehe S. 212)* kann man von ihrer inoffiziellen Hauptstadt Castelnuovo di Garfagnana aus erkunden. Sie bietet eine befestigte Altstadt, eine Burg sowie donnerstags einen Markt. Die Touristeninformation und das Büro von Garfagnano Ambiente e Sviluppo an der Piazza dell'Erbe versorgt Besucher mit allen nötigen Infos.

Von Castelnuovo führt eine Panoramastraße in die Alpe Tre Potenze. Zurück geht es über San Pellegrino in Alpe mit dem Naturpark **Parco dell'Orecchiella** und dessen sehenswertem Orto Botanico Pania di Corfino. Auf dem Gelände des botanischen Gartens gedeihen mehr als 400 Arten von Alpenpflanzen, darunter Rhododendren (Alpenrosen), Lilien und Orchideen, die vom Frühling bis zum Sommer schöne Blütenabfolgen bieten.

Parco dell'Orecchiella
Centro Visitatori, Orecchiella +39 0583 61 90 98 siehe Website orecchiella.com

Schon gewusst?

Viele Bewohner Bargas emigrierten nach Glasgow – daher die Freundschaft zu Schottland.

5

Barga

Q2 · 10 000 · FS · Bus · Di
barga.it

Barga ist der schönste Ort des von Lucca aus nach Norden abzweigenden Serchio-Tals. Die befestigte Stadt mit steilen Pflasterstraßen bildet die Kulisse für das Opernfestival im Juli und August.

Der Duomo von Barga steht an der höchsten Stelle der Stadt. Von hier aus hat man einen herrlichen Blick auf die weiß schimmernden Marmorbrüche der Umgebung und die Kalksteingipfel der Alpi Apuane.

Der Bau (11. Jh.) ist San Cristoforo geweiht. Ornamentale und figürliche Verzierungen (u. a. Ritter und Löwen) kennzeichnen die romanische Fassade. Der Türsturz über dem östlichen Flankenportal zeigt eine Gastmahlszene.

Das Innere birgt eine eindrucksvolle Holzstatue des Christophorus (12. Jh.) und einen vergoldeten Tabernakel mit zwei bezaubernden Terrakotta-Engeln von Luca della Robbia.

Am imposantesten ist die fünf Meter hohe Marmorkanzel (frühes 13. Jh.). Sie wird von Marmorsäulen gestützt, die ihrerseits von Löwen getragen werden – ein Werk von Guido Bigarelli da Como. Die Reliefs im oberen Teil zeigen die Evangelisten, die Heiligen Drei Könige, außerdem Mariä Verkündigung sowie die Geburt und die Taufe Christi.

↑ *Löwen bewachen das Hauptportal und die Kanzel des Duomo in Barga*

6

Torre del Lago Puccini

Q3 · 11 000 · FS · Bus
Viale Kennedy 2
+39 0584 35 98 93

Der Komponist Giacomo Puccini (1858–1924) lebte am Lago di Massaciuccoli, wo er seiner Leidenschaft, dem Schießen von Wasservögeln, nachging. Puccini und seine Frau sind im **Villa Museo Puccini** bestattet, im Mausoleum zwischen Klavier- und Waffenzimmer. Puccinis Opernwerke werden in den Sommermonaten auf der Freilichtbühne am See aufgeführt. Heute ist der von Schilf umgebene See ein Naturschutzgebiet.

Villa Museo Puccini
Viale Giacomo Puccini 266 · +39 0584 34 14 45 (Teatro Opera Puccini)
Zeiten der Website entnehmen
giacomopuccini.it

7

Versilia

Q3 · FS · **Viareggio**
Piazza Nieri e Paolini 1, Viareggio
visitversilia.net

Die Versilia, die man aufgrund der vielen Badeorte an der etwa 30 Kilometer langen Küste auch »toskanische Riviera« nennt, reicht von Marina di Carrara bis nach Marina di Torre del Lago Puccini. In den 1720er Jahren legten Städte im Hinterland wie Pietrasanta, Massa und Camaiore an den von ihnen kontrollierten Küstenabschnitten Häfen und Lidos an. Die Verbindungsstraßen sind von Gartenvillen und Hotels gesäumt, im Hintergrund bilden die Alpi Apuane eine eindrucksvolle Kulisse.

Mehrere private oder hoteleigene Badeanstalten teilen die Strände unter sich auf. Die Strandbenutzung ist überall gebührenpflichtig. Der wohl schönste Ort der Versilia, Forte dei Marmi, ist vor allem bei wohlhabenden Urlaubern aus Florenz und Mailand beliebt, er ist voller hochpreisiger Modeboutiquen.

Ähnlich populär ist Viareggio. Seine Jugendstil-Villen und -Hotels wurden in den 1920er Jahren errichtet, nachdem die ursprüngliche Promenade und die Holzchalets 1917 ein Raub der Flammen geworden waren. Ein schönes Beispiel dafür ist das Gran Caffè Margherita von Galileo Chini. Viareggios Karneval *(siehe S. 51)*, der von Februar bis zum Faschingsdienstag stattfindet, ist in ganz Italien bekannt.

← *Puccini-Denkmal in Torre del Lago Puccini*

8 Parco Naturale delle Alpi Apuane

Q2 · FS · Castelnuovo di Garfagnana · Piazza dell' Erbe 1, Castelnuovo di Garfagnana · +39 0583 64 10 07 · castelnuovogarfagnana.org

Der Park nordwestlich von Castelnuovo di Garfagnana ist seit 1985 Naturschutzgebiet. Ein Netz an Wanderwegen und Bergstraßen durchzieht das Areal. Der Monte Pisanino (mit 1945 m der höchste Berg der Region) thront über dem künstlich angelegten Lago di Vagli, auf dessen Grund das Dorf Fabbrica liegt. Von hier ist es nicht weit nach Vagli di Sotto und Vagli di Sopra mit verwitterten Steinhäusern.

> Expertentipp
> **Lardo di Colonnata**
> Der delikate Schweinespeck wird seit dem 10. Jahrhundert im Dorf Colonnata in den Alpi Apuane hergestellt. Er reift in einem Mix aus Salz, Knoblauch, Pfeffer und Rosmarin mindestens sechs Monate in Marmortrögen.

Im Süden führt eine Straße durch das Turrite-Tal und die Galleria del Cipollaio nach Seravezza. Bei Arni liegen die Marmitte dei Giganti (Kessel der Riesen), riesige Höhlen, die das Schmelzwasser am Ende der letzten Eiszeit in den Felsen auswusch.

Unweit von Calomini lebte im 12. Jahrhundert ein Kapuzinermönch in einer in den Felsen gehauenen Einsiedelei. In Fornovolasco befindet sich die Grotta del Vento (Höhle des Windes). An Barga vorbei kommt man nach Coreglia Antelminelli. Das **Museo della Figurina di Gesso** widmet sich den einst sehr beliebten Gipsstatuetten.

Museo della Figurina di Gesso
Via del Mangano 17, Coreglia Antelminelli · +39 0583 781 52 · Mo–Sa 9–13, So 10–13, 16–19 (Okt–Apr: Sa, So nur nach Voranmeldung)

9 Pietrasanta

Q2 · 24 000 · FS · Piazza Statuto · +39 0584 28 33 75

Die mittelalterliche Stadt war lange Zeit Anziehungspunkt für Bildhauer – dank des weißen Marmors aus den Alpi Apuane. In jüngster Zeit siedeln sich immer mehr Metallgießereien neben den Marmorwerkstätten an. Viele der Künstler arbeiten mit Marmor und Bronze.

Das **Museo dei Bozzetti** in einem früheren Kloster präsentiert eine faszinierende Sammlung an (maßstabsgetreuen) Modellen, die als Studien für Kunstwerke entstanden, darunter ein Modell für Césars berühmte Skulptur *Der Daumen*.

Die Piazza Duomo wird vom Duomo di San Martino (13. Jh.) mit seiner Fassade aus dem 14. Jahrhundert dominiert. Der angrenzende Campanile aus Ziegelsteinen sollte ursprünglich auch mit Marmor verkleidet werden. Berühmt ist seine spiralförmige Wendeltreppe von Donato Benti. Der Florentiner Bildhauer und Architekt soll Michelangelos Berater gewesen sein.

> **Schon gewusst?**
> Der erste Kunde der Marmorbrüche am Monte Altissimo in den Alpi Apuane war Michelangelo.

→ *Wanderer zwischen Gehöften und Berghütten in den Alpi Apuane*

← *Gipsmodelle in den Studi Nicoli, eine von Carraras vielen Marmorwerkstätten*

Ein Fuß- und Radweg führt von der Stadt zum Badeort Marina di Pietrasanta – und verläuft unter den Pinien des Parco della Versiliana weiter bis Forte dei Marmi.

Museo dei Bozzetti
Via Sant'Agostino 1
+39 0584 79 55 00 tägl.
museodeibozzetti.it

10

Carrara

P2 63 000
Palazzo Saffi, Via Solferino +39 0585 64 14 71

Carrara ist weltbekannt für seinen weißen Marmor. Die rund 300 Marmorbrüche des Umlands stammen noch aus der Römerzeit und machen Carrara zum ältesten Industriestandort der Welt. In Carrara selbst wird in Werkstätten demonstriert, wie aus Marmor Platten, Statuen und Ornamente entstehen. Im **Museo Civico del Marmo** erfährt man mehr über die Marmorverarbeitung.

Auch an der mit einer Fensterrose geschmückten romanisch-pisanischen Fassade des Duomo dominiert Marmor. Am Domplatz steht zudem ein Haus (mit Gedenktafel), dessen Fassade Nachbildungen von Michelangelos Werkzeugen zeigt. Hier weilte er, wenn er zum Marmorkauf nach Carrara kam.

Von Carrara gelangt man mit Tourbussen zu den Marmorbrüchen bei Colonnata und Fantiscritti, wo in einem Museum die Techniken des Marmorabbaus gezeigt werden. Autofahrer folgen den Schildern »Cave di Marmo«.

Museo Civico del Marmo
Viale XX Settembre 85
+39 0585 84 57 46
Zeiten siehe Website
museomarmocarrara.it

11

Lunigiana

P1 FS Aulla Piazza Antonio Gramsci 1, Aulla
+39 0187 40 94 74

Die Lunigiana (Land des Mondes) ist nach dem Hafen Luni benannt worden, wo in der Antike der wie fahles Mondlicht schimmernde Marmor verschifft wurde. Der Landstrich ist mit seinen hübschen Dörfern und Burgen, darunter Fosdinovo, Aulla und Verrucola (außerhalb von Fivizzano), ideal für Wanderungen.

Fivizzano war zur Zeit der Florentiner Herrschaft die Hauptstadt der Lunigiana. An der Piazza Medicea stehen Renaissance-Palazzi und ein Brunnen (1683). Das Museum erläutert die Geschichte des Buchdrucks, der bereits 1471 hier begann.

1944 kam es in Fivizzano zu Massakern der SS an Zivilisten, dabei wurden über 400 Einwohner ermordet.

Pietrasantas moderne Skulpturen

Über 70 zeitgenössische Skulpturen von internationalen Künstlern schmücken die Piazze, Gartenanlagen und weitere öffentliche Orte von Pietrasanta. Darunter finden sich Werke von Fernando Botero (1932–2023) und Igor Mitoraj (1944–2014), die beide Werkstätten in der Stadt hatten.

→ ***Eros alato con mano* von Igor Mitoraj**

Schon gewusst?

In den Hügeln von San Miniato wachsen weiße Trüffeln, im November gibt es ein Trüffel-Fest.

12

San Miniato

R3 · 28 000 · Bus
Piazza del Popolo
+39 0571 422 33

San Miniato liegt auf einem der höchsten Hügel der Region, weit genug entfernt vom Industriegebiet im Arnotal. Es besitzt eine Reihe historischer Bauten, sehenswert ist die im 13. Jahrhundert für Friedrich II. (1194–1250), den deutschen Kaiser des Heiligen Römischen Reichs, erbaute Rocca (Burg).

Die Stadt spielte eine wichtige Rolle bei Friedrichs Italienfeldzügen. Er wollte das antike römische Weltreich wieder aufleben lassen, das in einen päpstlichen und einen kaiserlichen Machtbereich zerfallen war. Deshalb versuchte er seinen Herrschaftsbereich in Italien zu festigen. Daraus gingen die Kämpfe zwischen den kaisertreuen Ghibellinen und den papsttreuen Guelfen hervor.

Noch heute ist der Ort bei vielen Italienern als San Miniato al Tedesco (tedesco = deutsch) bekannt.

Vom einstigen Dom (12. Jh.) ist nur die Backsteinfassade erhalten. Die Majoliken zeugen von Handelsbeziehungen zu Spanien und Nordafrika und stellen den nördlichen Polarstern und die Sternbilder des Kleinen und Großen Bären dar: wichtige Navigationspunkte der frühen Seefahrer. Der Campanile (Torre di Matilda) ist nach Markgräfin Mathilde benannt, die 1046 hier geboren wurde.

Expertentipp
Livorno per Boot

Bei einer Bootstour auf den Kanälen, die im 17. Jahrhundert entstanden, sieht man die attraktivsten historischen Teile von Livorno aus einem anderen Blickwinkel (www.livornoinbattello.it).

13

Livorno

Q4 · 158 000 · FS · Bus · Fähre
Piazza del Municipio, 8/10
+39 0586 89 42 36

Livorno ist heute der zweitgrößte Frachthafen Italiens. Das verdankt die Stadt Cosimo I. Als Pisas Hafen verlandete, bestimmte dieser 1571 das kleine Fischerdorf zum Standort des neuen Hafens. 1607–1621 baute der Ingenieur Sir Robert Dudley den Deich, der die Anlagen noch heute schützt. 1608 wurde Livorno zum Freihafen, der allen Händlern – unabhängig von Glaube oder Hautfarbe – offenstand. Juden, Protestanten, Griechen und andere, die auf der Flucht vor religiöser Verfolgung hierherkamen und blieben, trugen zum wirtschaftlichen Aufschwung der Stadt bei.

Als Buontalenti 1576 die Pläne für das neue Livorno entwarf, sah er die Piazza Grande im Herzen eines Netzwerks von breiten Straßen. Leider hat der Platz seine Grandezza verloren, was auch auf die umstrittenen Nachkriegsbauten zurückzuführen ist, die ihn in zwei Hälften teilen: die heutige Piazza Grande im Süden und den Largo Municipio im Norden. An Letzterem steht der Duomo, auch er ein Opfer der Bombardierung im Zweiten Weltkrieg. Die einstige Kathedrale (16. Jh.) von Pieroni und Cantagallina wurde 1959 wiederaufgebaut, original ist nur noch die Vorhalle. Der ursprüngliche Bau war ein Entwurf von Inigo Jones, der damals bei Buontalenti in die Lehre ging. Jones verwendete später fast genau

←

Die ersten Sonnenstrahlen treffen den Campanile von San Miniato

dieselben Entwürfe für die Arkaden in Covent Garden (London).

Auf der Piazza Micheli steht das bekannteste Denkmal der Stadt, das *Monumento dei Quattro Mori.* Bandinis Statue des Herzogs Ferdinando I. datiert von 1595, Pietro Taccas vier schwarze Sklaven kamen erst 1626 hinzu. Die nackten Bronzefiguren erinnern an den einst florierenden Sklavenmarkt.

Von der Piazza Micheli sieht man die Fortezza Nuovo. Die Wasserfestung (16. Jh.) in strategischer Position am Medici-Hafen wurde von Antonio da Sangallo d. Ä. erbaut und schloss einen mittelalterlichen Bau mit Turm (der älteste Teil) und den Mastio di Matilde (13. Jh.) mit ein. Hier finden häufig Konzerte und Events statt.

Die Fortezza liegt in einem Areal, das als Venezia Nuovo bekannt ist und im 17. Jahrhundert entlang einiger Kanäle entstand. Es umfasst nur ein paar Straßenzüge, gehört aber zu den malerischen Vierteln der Stadt. Südlich der Fortezza Nuova liegt die Piazza XX Settembre, die für ihren »Amerikanischen Markt« bekannt ist. Der Name leitet sich von den amerikanischen Armeebeständen her, die hier nach Ende des Zweiten Weltkriegs angeboten wurden. Nördlich von Livorno befindet sich nach wie vor der US-Armeestützpunkt Camp Darby.

Zum Abschluss einer Sightseeing-Tour durch die Stadt sollte man bei Sonnenuntergang über die Terrazza Mascagni schlendern. Die große elegante Terrasse am Meer stammt aus den 1920er Jahren. Ihre Balustraden, das Schachbrettmuster ihrer Fließen und der Pavillon machen sie attraktiv.

Via Francigena

Der alte Pilgerweg von Canterbury nach Rom führt durch San Miniato, man kann ihn zu Fuß, per Rad oder Pferd zurücklegen. Die 15 Stationen (insgesamt 380 km) sind gut ausgeschildert. Es gibt zum Weg eine App (www.viefrancigene.org) und auf dem Weg viele Übernachtungsmöglichkeiten (www.viafrancigenatoscana.org).

14 Certosa di Pisa

Q3 · Via Roma 79 (Località Calci) · von Pisa · +39 050 221 29 70 · Juni – Sep: tägl. 9 – 20, Okt – Mai Mo – Sa 9 – 19, So 9 – 20 · msn.unipi.it

Das Kartäuserkloster (1366) wurde im 18. Jahrhundert neu erbaut. Die Kirche ist prächtig ausgestattet. In einem Teil der Gebäude liegt das **Museo di Storia Naturale** der Universität von Pisa. Es präsentiert u. a. anatomische Wachsmodelle aus dem 16. Jahrhundert.

Der unvollendete Campanile steht bei der Kirche vor der Kulisse von Olivenhainen und dem Monte Serra. Mit 917 Metern ist er der höchste Gipfel der Monti Pisani, die den Hintergrund für das Dorf Calci bilden.

Museo di Storia Naturale

Certosa di Pisa · +39 050 221 29 70 · Juni – Sep: tägl. 9 – 20; Okt – Mai: Mo – Sa 9 – 19, So 9 – 20 · Feiertage · msn.unipi.it

←

Verwaschene Gebäude um die achteckige Santa Caterina in Venezia Nuovo, Livorno

15
Pistoia

R2 90 000 FS i Palazzo dei Vescovi, Piazza Duomo 1 +39 0573 216 22 Mi, Sa Giostra dell'Orso (25. Juli)

In den engen Gassen Pistoias waren Meuchelmorde – meist mit einem kleinen spitzen Dolch mit doppelter Klinge (neben Operationsbesteck eine Spezialität einheimischer Schmiede) – an der Tagesordnung.

Die Bürger Pistoias galten im 13. Jahrhundert als intrigante Schurken. Grund dafür war der Parteienstreit zwischen *Bianchi* und *Neri* (den Schwarzen und den Weißen), in den auch andere Städte hineingezogen wurden. In den engen Gassen waren Meuchelmorde – meist mit einem kleinen spitzen Dolch mit doppelter Klinge (neben Operationsbesteck eine Spezialität einheimischer Schmiede) – an der Tagesordnung. Noch heute lebt Pistoia von der Metallverarbeitung – von der Herstellung von Bussen bis zu Matratzenfedern.

Die Piazza Duomo, der Hauptplatz im historischen Zentrum, wird von der **Cattedrale di San Zeno** und ihrem wuchtigen Campanile beherrscht, der im 12. Jahrhundert als Wachturm errichtet wurde.

Von den zahlreichen Grabmälern im Inneren ist das des Dichters Cino da Pistoia das schönste. Das Relief auf seinem Sarkophag (1337) zeigt ihn als Lehrer vor einer Gruppe von Knaben.

Die Cappella di San Jacopo im rechten Seitenschiff enthält einen Silberaltar mit über 600 Statuen und Reliefs, die von 1287 bis 1456 hinzugefügt wurden. Nahezu alle bekannten Silberschmiede der Toskana trugen zur Verzierung bei, unter ihnen auch Brunelleschi.

Gegenüber steht der Palazzo del Comune (Rathaus) mit dem **Museo Civico** im Obergeschoss. Zu sehen ist Kunst von mittelalterlichen Altarbildern bis hin zu Werken zeitgenössischer Maler, Architekten und Bildhauer aus Pistoia. Auch am Platz befindet sich der **Palazzo dei**

Expertentipp
Pistoia Blues Festival

Auf dem Festival spielen nicht nur Blues-Musiker, sondern es treten auch Top-Interpreten von Rock, Soul und Jazz auf der Piazza Duomo auf (pistoiablues.com).

→

Pistoias Kathedrale San Zeno mit ihrem Campanile und dem achteckigen Baptisterium (1359)

→

Ort meditativer Ruhe: das Museo Civico

Vescovi mit dem Bischofspalais im Erdgeschoss. Hier sind Ausgrabungsfunde antiker römischer Bauwerke zu besichtigen. Im Obergeschoss präsentiert das Museo della Cattedrale exquisite Reliquien, Kruzifixe und Kelche, die einheimische Goldschmiede vom 13. bis zum 15. Jahrhundert anfertigten (nur Führungen).

Die Kirche **Sant'Andrea** erreicht man, wenn man den Markt auf der Piazza della Sala überquert. Im Inneren findet sich die von Giovanni Pisano geschaffene Kanzel (1301), die als sein Meisterwerk gilt – vollendeter als jene, die er später für den Dom von Pisa schuf. Das Relief zeigt Szenen aus dem Leben Christi.

An der Piazza Giovanni XXIII liegt das Ospedale del Ceppo (1277), einst Kranken- und Waisenhaus. Es heißt nach dem *ceppo*, dem ausgehöhlten Baumstumpf, in dem im Mittelalter Spenden für den Bau gesammelt wurden. Die imposante Fassade des Hauptgebäudes schmücken glasierte Terrakotta-Tafeln (1514–25) von Giovanni della Robbia. Der Portikus stammt von Michelozzo.

Südlich der Piazza Duomo war viele Jahre das Werk von Marino Marini (1901–1980), Pistoias bekanntestem Künstler des 20. Jahrhunderts, im Centro Marino Marini im Palazzo del Tau zu besichtigen. Ausgestellt waren Zeichnungen und Skizzen, die seinen Werdegang illustrieren. Marini schuf Bronze- und Tonskulpturen. Unter den wiederkehrenden Sujets befinden sich Pferd und Reiter *(siehe S. 83)* sowie *Pomona*, die römische Göttin der Fruchtbarkeit. In derselben Straße steht die **Cappella del Tau**. Sie wurde nach dem »T« bzw. dem griechischen »Tau« benannt, Symbol des Antoniusstabs auf den Kutten der Mönche – ihren Erbauern. Die Kapelle verfügt über Freskenzyklen zur Erschaffung der Welt und zum Leben des heiligen Antonius Abbas, Gründer des Antoniterordens.

Nördlich der Kapelle in der Via Cavour liegt die Kirche San Giovanni Fuorcivitas (»der heilige Johannes vor der Stadt«, das Gotteshaus befand sich nämlich einst außerhalb der Mauern) aus dem 12. Jahrhundert. Die Nordfassade weist ein Streifenmuster aus Marmor sowie ein romanisches Relief *(Letztes Abendmahl)* über dem Portal auf. Innen sind Giovanni Pisanos Weihwasserbecken mit personifizierten Darstellungen der Kardinaltugenden und eine Kanzel (1270) von Guglielmo da Pisa mit Szenen aus dem Neuen Testament sehenswert.

Cattedrale di San Zeno
Piazza Duomo tägl.

Museo Civico
Palazzo del Comune, Piazza Duomo 1 +39 0573 37 12 96 Juni–Sep: Di–Fr 15–19, Sa, So 11–19; Okt–Mai: Di–Fr 10–14, Sa, So 10–18 (25., 26. Dez, 1. Jan. 16–19) musei.comune.pistoia.it

Palazzo dei Vescovi
Piazza Duomo 7
+39 0573 97 42 67
Apr–Okt: Mi–So 10–19; Nov–März: Mi–So 10–18
pistoiamusei.it/antico-palazzo-dei-vescovi

Sant'Andrea
Via Sant'Andrea 21
+39 0573 219 12
tägl. 8–18

Cappella del Tau
Corso Silvano Fedi 28
+39 0573 242 12
Mo–Sa 8:30am–13:30

16 Collodi

Q3 3500 Piazza Carlo Collodi +39 0572 42 96 60

Zwei Sehenswürdigkeiten zeichnen Collodi aus: die **Villa Garzoni** mit terrassenartig angelegten Gärten und der **Pinocchio-Park** für Kinder.

Carlo Lorenzini, der Autor der *Abenteuer des Pinocchio* (1881), wurde in Florenz geboren, da aber sein Onkel Verwalter der Villa Garzoni war, hielt er sich als Kind oft hier auf. Schließlich wählte er Collodi als Künstlernamen. 1956 richtete die Stadt Lorenzini zu Ehren einen Themenpark ein.

Der Park besteht aus Gärten mit Mosaiken und Skulpturen, die die Abenteuer des »hölzernen Bengels« wiedergeben, zudem gibt es einen Irrgarten, einen Spielplatz und ein Kinderrestaurant.

Villa Garzoni
Piazza della Vittoria 1
+39 0572 42 73 14
Garten: tägl. (unterschiedl. Öffnungszeiten)

Pinocchio-Park
Via San Gennaro 5
tägl. 10 – Sonnenuntergang pinocchio.it

Kuren in der Toskana

Die Thermalbäder der Toskana haben eine lange Geschichte. Die Römer bauten als Erste Thermen, in denen sich die Veteranen, die sich in Florenz und Siena niedergelassen hatten, entspannen konnten. Die heilige Katharina von Siena (1347–1380), die an Skrofulose litt, und der arthritische Lorenzo de' Medici (1449–1492) suchten beide in den Schwefelquellen von Bagno Vignoni *(siehe S. 186)* Linderung. Die Blüte des toskanischen Kurbetriebs begann jedoch erst Anfang des 19. Jahrhunderts, als Bagni di Lucca bei Kaisern und Königen in Mode kam.

←
Interieur der neoklassizistischen Terme Tettuccio

17 Montecatini Terme

R3 20 000 Viale Verdi 46 +39 0572 91 82 98 Do

Von allen Kurorten der Toskana hat Montecatini Terme mit herrlichen Grünanlagen und Kurhäusern am meisten zu bieten. Der Kurbetrieb wurde schon im 18. Jahrhundert von Erzherzog Pietro Leopoldo I. gefördert. Nach ihm ist die im Stil eines antiken Äskulap-Tempels errichtete Terme Leopoldine (1926) benannt.

Am schönsten ist die neoklassizistische Terme Tettuccio (1925–28) mit Marmor-

becken, Brunnen und Jugendstil-Fliesen mit Darstellungen von Nymphen. Die Terme Torretta ist nach ihrem nachgebildeten mittelalterlichen Turm benannt. Hier finden Nachmittagskonzerte statt. Die Terme Tamerici hat attraktive Gärten.

In allen Kurhäusern sind Tageskarten für die Benutzung der Heilquellen sowie der Lese-, Schreib- und Musikzimmer erhältlich (Infos von Direzione delle Terme, Viale Verdi 41).

Ein beliebter Ausflug führt von Montecatini aus mit der Zahnradbahn zum befestigten Dorf Montecatini Alto. Der Hauptplatz ist von Antiquitätenläden und Restaurants mit Tischen im Freien gesäumt. Von der Rocca (Burg) überblickt man das Bergland.

Die Kirche San Michele in Ponte Buggianese birgt moderne Fresken des Florentiner Künstlers Pietro Annigoni (1910–1988).

↓ *Berühmtes Thermalbad: Terme Tettuccio in Montecatini Terme*

18

Monsummano Terme

R3 · 21 000 · · Piazza IV Novembre 75 · +39 0572 95 92 28

Der bei den Medici beliebte Ort entstand um das Santuario di Santa Maria della Fontenuova (1602–05), das für Ferdinando I. erbaut wurde. Die Kirche ist an drei Seiten von einem Portikus umgeben, der Lünetten (1630–33) von Giovanni da San Giovanni aufweist. Sie erzählen die Legende von der Schäferin, die ihr verlorenes Schaf dank einer Marienerscheinung wiederfand. Ferdinando I. ließ auch die Osteria dei Pellegrini für Pilger erbauen, in der sich nun das **Museo della Città e del Territorio** befindet. Gleich außerhalb der Stadt liegt die Villa Renatico Martini mit dem **Museo di Arte Contemporanea e del Novecento**. Es zeigt Kunst des 19. bis 21. Jahrhunderts. Monsummano ist für sein Thermalwasser bekannt. Im Resort **Grotta Giusti** gibt es eine Thermalhöhle.

Das Bergdorf Monsummano Alto bietet Burgruinen und eine schöne Aussicht. Fabelhafte Rundsicht hat man von Montevettolini, das die Medici im 16. Jahrhundert als Jagdrevier nutzten.

Museo della Città e del Territorio
Piazza Ferdinando Martini 1 · +39 0572 95 44 63 · Zeiten der Website entnehmen · museoterritorio.it

Museo di Arte Contemporanea e del Novecento
Via di Gragnano 349 · +39 0572 95 21 40 · Zeiten der Website entnehmen · macn.it

Grotta Giusti
Via della Grotta Giusti · +39 0578 57 23 33 · grottagiustispa.com

↑ *Teil des Spa-Resorts Grotta Giusti in Monsummano Terme*

19

Pescia

Q3 · 20 000 · · Piazza Giuseppe Mazzini 23 · +39 0572 49 22 57 · Sa

Pescias Blumenmarkt ist einer der größten in Italien. Die Stadt bietet einige Sehenswürdigkeiten. Die Kirche San Francesco besitzt Fresken mit Szenen aus dem Leben des heiligen Franziskus (1235). Sie stammen von Bonaventura Berlinghieri, der den Heiligen gekannt hatte. Die Darstellungen sollen authentisch sein. Zum 1693 von Antonio Maria Ferri im Barockstil umgestalteten Duomo gehört ein Campanile. Die Haube erhielt er 1771.

Das **Museo Civico** zeigt eine Sammlung sakraler Kunst und Handschriften, das **Museo Archeologico della Valdinievole** Funde aus dem nahen Valdinievole.

Museo Civico
Palazzo Galeotti, Piazza Santo Stefano 2 · +39 0572 49 22 57 · Di–Do 10–12.30, 15–17.30, Sa, So 15.30–18.30

Museo Archeologico della Valdinievole
Piazza Leonardo da Vinci 1 · +39 0572 47 75 33 · wegen Renovierung

Boote in Porto Santo Stefano (siehe S. 232f), *Monte Argentario*

Südwestliche Toskana

Dieser Teil der Toskana wurde zuerst von den Etruskern besiedelt, die sich für die Mineralien interessierten. Vor allem die Eisenerzvorkommen lockten die Etrusker im 8. Jahrhundert v. Chr. auch nach Elba. Populonia an der Costa degli Etruschi (heute eine archäologische Stätte) war eine wichtige Stadt der Dodecapoli (etruskischer Zwölfstädtebund). Sowohl die Etrusker als auch die Römer legten die Sümpfe der Maremma trocken und schufen so fruchtbares Ackerland – das allerdings nach dem Zusammenbruch des Römischen Reichs wieder verwilderte. Jahrhundertelang gab es in der Region wenig Entwicklung.

Im 19. Jahrhundert, als Napoléon 1814 / 15 im Exil auf Elba war, begann der abgesetzte Kaiser damit, die Insel militärisch, ökonomisch und sozial aufzubauen. In dieser Zeit wurde auch das Marschland der Maremma teilweise wieder trockengelegt. Monte Argentario – einst eine Insel – wurde 1824 durch einen Damm über die Lagune von Orbetello mit dem Festland verbunden.

Bolgheri ist für seine ausgezeichneten Weine berühmt. Das Weindorf, ein Ortsteil von Castagneto Carducci, kam in den 1970er Jahren wegen der Herstellung einiger Supertoskaner zu Ruhm.

Südwestliche Toskana
Casciana Terme
Santa Luce
Era
Nordwestliche Toskana
Seiten 192–219
Volterra
San Pietro in Palazzi
Cecina
Marina di Cecina
Pomarance
La California
Colline Metallifere
Forte di Bibbona
Bolgheri
Serrazzano
San Guido
Terme di Bagnolo
Marina di Castagneto Carducci
Donoratico
Monteverdi Marittimo
Cornia
Castagneto Carducci
Sassetta
San Vincenzo
Monte Calvo 648 m
Costa degli Etruschi
3
Campiglia Marittima
Suvereto
Massa Marittima
4
Golfo di Baratti
Venturina
Populonia
Valpiana
Marina di Salivoli
Prato Ranieri
Piombino
Follonica
Gavorrano
Canale di Piombino
Golfo di Follonica
Scarlino
Capo Vita
Isola Palmaiola
Elba
2
Rio Marina
Cavo
Marciana Marina
Portoferraio
Punta Ala
Poggio Ballone 630 m
Marciana
Procchio
San Martino
Riva del Sole
Pomonte
Lacona
Castiglione della Pescaia
Marina di Campo
Capoliveri
Punta di Fetovaia
Punta dei Ripalti
Pianosa
Toskanischer Archipel
1
0 Kilometer 10
N
Giglio Porto

Südwestliche Toskana

Highlights

1. Toskanischer Archipel
2. Elba

Sehenswürdigkeiten

3. Costa degli Etruschi
4. Massa Marittima
5. Maremma
6. Saturnia
7. Sovana
8. Pitigliano
9. Orbetello
10. Monte Argentario
11. Capalbio

Blick vom Hafen auf die Reste der Festung von Pianosa ↑

❶

Toskanischer Archipel

P5 Isola di Capraia +39 347 771 46 01 Via Provinciale 9, Isola del Giglio +39 0564 80 94 00 isleparkt.it

Sechs kleine Inseln bilden – zusammen mit dem größeren Elba ***(siehe S. 226f)*** **– das Naturidyll des Toskanischen Archipels. Der begrenzte Zugang zu einigen Eilanden trägt zu ihrem Ruf als unberührte Paradiese bei. Die Landschaften der Inseln variieren von flach bis bergig, doch alle bieten perfekte Möglichkeiten für Wanderungen und Wassersport.**

①

Gorgona

Gorgona, die nördlichste Insel des Toskanischen Archipels (Arcipelago Toscano), ist auch die kleinste. Sie misst gerade einmal zwei Quadratkilometer. Das Innere ist fast gänzlich mit dichtem Buschwerk bedeckt. Die Insel hat hübsche Buchten, an der zerklüfteten Küste nisten Seevögel. Es gibt zwei Festungen – eine wurde von den Medici errichtet, die andere von Pisa – und ein winziges Fischerdorf (18. Jh.). Seit 1869 befindet sich auf Gorgona ein Gefängnis. Es sind nur geführte Touren möglich (maximal 50 Besucher pro Tag).

②

Pianosa

Auf dem flachen Eiland Pianosa gab es früher Ackerbau. In Cala Giovanna finden sich Überbleibsel römischer Thermen, zwei Festungen sowie Katakomben unterhalb des Dorfs. Der Zugang zur Insel ist begrenzt, angeboten werden Bergwanderungen, Kajakfahrten und Tauchgänge.

③

Capraia

Das felsige Capraia (500 m ü. M.) ist 19 Quadratkilometer groß. Es ist die einzige Insel des Archipels vulkanischen Ursprungs, was man am rötlichen Gestein der Bucht Cala Rossa sehen kann. Die Häuser am Hafen sind durch die einzige Straße der Insel mit einem zweiten Dorf verbunden. Die Route führt vom Forte San Giorgio, einer von mehreren Festungen, die während der Genueser Herrschaft errichtet wurden, den Hang hinab. Es gibt einige Wanderwege, die vom 20-Minuten-Spaziergang bis zu Sieben-Stunden-Touren reichen, sowie Bootsausflüge. Die Insel bietet auch diverse Hotels und Restaurants.

④

Montecristo

Der massive Granitsockel der Insel inspirierte Alexandre Dumas zu seinem Roman *Der Graf von Monte*

Expertentipp
Insel-Spaß

Der Archipel ist ein Top-Tauchrevier – dank des klaren Wassers, der Schiffswracks und der Meerestiere. Auch Wanderer sind angesprochen, etwa während des Tuscany Walking Festival (www.tuscanywalkingfestival.it).

Highlight

↑ *Pastellfarbene Häuser am Hafen von Giglio*

Cristo (1844). Die Insel hieß einst Mons Christi, nach den Mönchen, die im 5. Jahrhundert hierher geflüchtet waren. Nach Piratenangriffen wurde das Kloster 1553 aufgegeben. Montecristo ist Naturschutzgebiet, der Zugang ist reglementiert und kostenpflichtig (mit langer Warteliste). Es gibt eine Wildziegenpopulation, die einzigen menschlichen Bewohner sind Wildhüter.

⑤

Giglio

Mit 21 Quadratkilometern Fläche ist Giglio die größte Insel des Archipels außer Elba. Sie bietet Pfade und einige schöne Tauchgründe entlang der Küste. Campese, das modernste der drei Inseldörfer, besitzt einen langen Sandstrand, der bei Familien und Surfern beliebt ist. Giglio hat einen Fährhafen. Am hübschen Porto mit seinem Wachturm (16. Jh.) liegen Läden, Hotels und Lokale. Bekannt ist das Bergdorf Giglio Castello. Hier steht eine pisanische Festung (12. Jh.). Der fruchtige Weißwein Ansonica, eine sizilianische Sorte, die auf der Insel wächst, wird am letzten Wochenende im September mit einem Weinfest gefeiert.

⑥

Giannutri

Die halbmondförmige Insel ist nur fünf Kilometer lang und 500 Meter breit. Hier stößt man auf die Ruinen einer Römervilla. Die Villa Domizia wurde im 2. Jahrhundert n. Chr. errichtet und besaß eine große Terrasse, deren Stufen direkt zum Meer führten. Um die Villa finden sich eine Zisterne, Thermen und ein Hafen.

Die Küste Giannutris ist zerklüftet und besitzt viele Höhlen sowie zwei Kiesstrände. Die Insel ist Naturschutzgebiet, Teile sind frei zugänglich, andere nur mit geführten Touren.

↑ *Der Hafen von Rio Marina mit seinem Leuchtturm am Ende der Bucht*

❷

Elba

P6 Aeroporto Marina di Campo 32 000 Piombino Marittima visitelba.info

Elbas berühmtester Bewohner war Napoléon, der nach dem Fall von Paris 1814 neun Monate hier verbrachte. Heute ist die Insel Ziel zahlloser Urlauber, die die Strände und Wassersportmöglichkeiten an der Westküste genießen – oder die wilde Szenerie der Ostküste.

①

Portoferraio

12 000 Via Vittorio Emanuele II 2 +39 0565 193 35 89

Die Fähre von Piombino auf dem Festland legt im Hafen von Portoferraio an. Napoléons zwei Häuser sind die Highlights. Die **Palazzina Napoleonica** (auch: Villa dei Mulini), ein bescheidener Bau bei zwei früheren Windmühlen, steht im Zentrum. Die **Villa San Martino**, der Landsitz, zeigt eine klassizistische Fassade, die ihr der aus Russland emigrierte Prinz Demidoff 1851 hinzufügte. Die Fresken im ägyptischen Stil (1814) erinnern an Napoléons Ägyptenfeldzug (1798–1801).

Palazzina Napoleonica

Villa Napoleonica dei Mulini +39 0565 91 58 46 Mo, Do 14–18:30, Mi, Fr–So 9–13:30

Villa San Martino

San Martino +39 0565 91 46 88 Di, Do, Sa, So 9–13:30, Mi, Fr 14–17:30 1. Jan, 25. Dez

②

Marciana

2000 Via Santa Croce 34 +39 0565 90 12 15 visitmarciana.it

Marciana Marina liegt an der Nordwestküste, weiter landeinwärts Marciana Alta. Das **Museo Civico Archeologico** präsentiert eine sehenswerte Sammlung, darunter sind auch einige Funde etruskischer Schiffswracks vor Elba. Auf den Monte Capanne (1019 m), Elbas höchste Erhebung, führt eine Seilbahn. Marciana ist ein sehr guter Ausgangspunkt für den Westteil der Insel.

Museo Civico Archeologico

Via del Pretorio 66, Marciana Alta +39 348 703 93 74 siehe Website visitmarciana.it

③

Rio Marina

2200 Lungomare G. Marconi 2 +39 0565 96 20 04

Das Dorf wuchs um einen Hafen, der für den Transport des Eisenerzes entstand, das in der Nähe von den Etruskern abgebaut wurde.

Schon gewusst?

Elba und einige Inseln sind Heimat der Korallenmöwe – der seltensten Möwenart weltweit.

Hier gibt es immer noch Tagebau. Das **Museo dei Minerali** erläutert die Geologie der Insel und die Geschichte des Bergbaus.

Museo dei Minerali
Via Magenta 2
+39 0565 96 20 88
Zeiten siehe Website
parcominelba.it/museo

④
Porto Azzurro

3700 Lungomare Paride Adami 19
prolocoportoazzurro.it

Das hübsche Fischerdorf, ein beliebter Badeort, wurde 1603 von Philipp III. von Spanien gegründet, der es zu einem strategischen Militärzentrum machen wollte. Der imposante Forte Longone (heute Gefängnis) dominiert den Ort. Die Piazza Matteotti an der Küste ist sozialer Treffpunkt, im Sommer finden hier häufig Konzerte statt.

Madonna di Monserrato (17. Jh.) außerhalb der Stadt wurde in Erinnerung an die spanische Kirche Montserrat errichtet. Es gibt einige schöne Strände, darunter auch den schwarzsandigen Terranera, der sich dem lokalen Pyrit (Katzengold) verdankt.

⑤
Capoliveri

4000 Viale Australia 1

Das attraktive Bergdorf bietet zu beiden Seiten des Ausläufers des Monte Calamita Aussicht aufs Meer. Die großen Vorkommen an Magnetit am Monte Calamita – ein Mineral, das Kompasse verrückt spielen lässt – hat zu zahlreichen Gerüchten über so verursachte Schiffsunglücke geführt.

Besucher können die örtlichen Minen besuchen, die einst wirtschaftlich eine Rolle spielten, oder an den zahlreichen Badebuchten entspannen. Auf dem Vorgebirge der Halbinsel liegt der Capoliveri Bike Park mit über 100 Kilometern an Trails unterschiedlicher Schwierigkeitsgrade.

Napoléon auf Elba

Napoléon suchte sich sein Exil, die Insel Elba, selbst aus. Nach dem Vertrag von Fontainebleau (1814) genoss er auf Elba Wohnrecht, den Kaisertitel durfte er behalten. Er erwies sich als beliebter und effizienter Herrscher. Sein Hauptsitz in Portoferraio, die Palazzina Napoleonica, bietet Aussicht auf die Küste. Heute präsentiert sie Multimedia-Exponate über ihren berühmten Besitzer.

SEHENSWÜRDIGKEITEN

3

Costa degli Etruschi

Q4–5 Livorno
Piazza Sant'Andrea 6, Cecina +39 0586 68 62 43
visitcostadeglietruschi.com

Die Küste zwischen Livorno und Piombino ist als Costa degli Etruschi (Etruskische Riviera) bekannt. Hier finden sich viele Spuren der Etrusker, vor allem im weitläufigen Parco Archeologico di Baratti e Populonia am Golf von Baratti, wo es auch Ruinen einer römischen Akropolis und ein Benediktinerkloster (11. Jh.) gibt.

Die ländliche Gegend besitzt eine großartige Vegetation, schöne Strände mit schwarzem oder hellem Sand und Felsbuchten. Hübsche Dörfer und Städtchen liegen entlang der Küste oder im bergigen Hinterland. Von vielen Stellen genießt man die Aussicht auf Elba, etwa vom kleinen Wehrdorf Populonia Alta. In der Dorfkirche Santa Croce (15. Jh.) befinden sich Fresken, die Il Sodoma zugeschrieben werden. Sehenswert sind zudem die mittelalterlichen Dörfer Suvereto und Montescudaio sowie der Badeort Castiglioncello, der mit seinen rötlichen Klippen und hübschen Buchten Maler und Schriftsteller inspirierte. Im charmanten Castagneto Carducci und im nahen Dorf Bolgheri stehen zwei mittelalterliche Festungen des Adelsgeschlechts della Gherardesca. Bekannt sind beide Orte wegen ihres Weins. Das Weinmuseum **MuSeM** befindet sich auf dem Gut Casone Ugolino mit einem alten Bauernhaus (15. Jh.).

MuSeM
Via del Casone Ugolino 24, Castagneto Carducci
+39 0565 77 51 10
Di–So 15–19
casoneugolino.com

4

Massa Marittima

R5 8300 Piazza Garibaldi 2 +39 0566 90 65 54 turismomassamarittima.it

Das Bergstädtchen ist ein Juwel mit reicher Geschichte. Dies verdankt es den nahen Minen der Colline Metallifere, wo schon seit der Zeit der Etrusker Erzvorkommen (Kupfer, Silber und Blei) abgebaut wurden. Die Città Vecchia konzentriert sich um die sternenförmige Piazza Garibaldi, an der die meisten Monumente stehen, u. a. der romanische Duomo San Cerbone (ein Heiliger aus dem 6. Jahrhundert, dessen Geschichte in den Stein über dem Eingang gemeißelt ist) und der Palazzo Podestà (13. Jh.) mit dem **Museo Archeologico**. Die 1228 entstandene **Torre del Candeliere** wurde in ihrer Höhe reduziert und mit der Fortezza Senese (14. Jh.) verbunden. 1413 erhielt der Turm eine

Schon gewusst?

Einst zogen Räuber durch die Maremma, der bekannteste war Domenico Tiburzi – »Robin Hood der Toskana«.

↑ *Riserva Naturale Diaccia Botrona bei Castiglione della Pescaia*

Glocke, die 1760 durch die jetzige ersetzt wurde. Interessant ist auch das **Museo della Miniera**, Teile befinden sich in einem ehemaligen Minenschacht. In der dreibogigen Fonte dell'Abbondanza in der Via Ximenes schöpften die Einwohner früher Wasser. Eines der originalen Fresken, *l'Albero della Fecondità*, zeigt zwei Frauen, die Früchte vom Baum pflücken und miteinander streiten.

Museo Archeologico
Palazzo del Podestà, Piazza Garibaldi siehe Website museidimaremma.it

Torre del Candeliere
Piazza Matteotti siehe Website museidimaremma.it

Museo della Miniera
Via Corridoni siehe Website museidimaremma.it

← *Der Duomo an der Piazza Guiseppe Garibaldi in Massa Marittima*

5

Maremma

R6 Livorno / Grosseto
FS

Als Erste besiedelten die Etrusker die Sümpfe der Maremma, ihnen folgten die Römer. Nach dem Niedergang des Römerreichs war die Gegend bis ins 18. Jahrhundert nahezu unbewohnt. Obwohl hier trockengelegtes Land bewirtschaftet wird, erscheint die Maremma noch immer wild. Dies verdankt sie auch dem **Parco Naturale della Maremma**, der sich 25 Kilometer entlang der Küste erstreckt. Das Besucherzentrum von Alberese ist der Hauptzugang zum Park, der ein Netz an Fuß- und Radwegen, einen Strand, diverse Aussichtspunkte und eine Zisterzienserabtei (12. Jh.) bietet.

Grosseto, die größte Stadt der Maremma, hat einen sehenswerten Duomo (13 Jh.) mit schwarz-weißer Fassade und eine noch gut erhaltene Stadtmauer (16 Jh.). Das Museo Archeologico e d'Arte della Maremma beherbergt etruskische und römische Artefakte, viele aus den antiken Stätten von Roselle und Vetulonia, die im Hinterland von Castiglione della Pescaia liegen. Das historische Fischerdorf ist heute ein Badeort. Das exklusivere Punta Ala ist bei Yachtbesitzern und Golfern beliebt.

Parco Naturale della Maremma
Via Bersagliere 7/9, Alberese tägl. parco-maremma.it

Supertoskaner

Als toskanische Winzer begannen, die strengen Regulierungen der Chianti-Kategorien zu umgehen, und mit verschiedenen Anteilen von Rebsorten experimentierten (etwa der Zugabe von Cabernet Sauvignon zum Sangiovese), konnten sie die Weine trotz der hohen Qualität nur als Tafelweine deklarieren. Um sie von anderen zu unterscheiden, werden Top-Weine wie Tignanello, Ornellaia und Sassicaia als Supertoskaner bezeichnet.

6 Saturnia

S6 300 Piazza Vittorio Veneto 19
+39 0564 60 12 80

Saturnia ist für seine heißen Quellen (37 °C) bekannt. Der Sage nach sollen sie das Ergebnis eines Blitzgewitters sein, das Saturn zur Befriedung der kriegerischen Menschheit schickte. In den Felsenbecken der Cascate del Mulino am Fluss Gorello gleich außerhalb von Saturnia kann man das warme Schwefelwasser jederzeit kostenlos genießen.

Nicht kostenlos ist das Kurhotel **Terme di Saturnia**. Es bietet exzellente Spa-Einrichtungen, Gesundheitsbehandlungen sowie einen Golfplatz.

Im alten Zentrum von Saturnia gibt es mehrere Überreste der Römerzeit, darunter die Porta Romana. Die mittelalterliche Festung (nicht zugänglich) ist zum größten Teil eine Rekonstruktion vom Anfang des 20. Jahrhunderts.

Saturnia ist ein Ortsteil des Verwaltungszentrums Manciano, das aufgrund seiner schönen Hügellage einen Panoramablick bietet. Es gibt einen Turm (15. Jh.) und das **Museo di Preistoria e Protostoria**, das die Geschichte der Gegend mit Funden und Multimedia-Exponaten von der Jungsteinzeit bis zur Bronzezeit erläutert. Die Stadt hat auch eine schöne, dem heiligen Georg gewidmete Kirche mit Fresken.

In der Nähe liegt das befestigte mittelalterliche Montemerano auf einem Hügel inmitten von Olivenbäumen. Die Stadtmauer ist fast gänzlich intakt, man gelangt durch drei Tore in den Ort. Die charmante Piazza del Castello im Zentrum ist von blumengeschmückten Steinhäusern umstanden.

Terme di Saturnia
termedisaturnia.it

Museo di Preistoria e Protostoria
Via Corsini 5, Manciano +39 0564 62 05 32
Fr–So 9–13

7 Sovana

S6 100

Sovana thront hoch über dem Lente-Tal. Die Hauptstraße ist von Läden, Cafés und Restaurants gesäumt. Die Ruinen der romanischen Rocca Aldobrandesca (13. Jh., nicht zugänglich) erinnern an die Familie, die hier bis 1608 herrschte.

Die Kirche **Santa Maria** (12. Jh.) ist mit Fresken der Sieneser Schule geschmückt, die unter dem Putz einer Wand entdeckt wurden. Der Hauptaltar wird von einem Baldachin aus dem 9. Jahrhundert gekrönt, der sich früher im romanischen **Duomo** (12. Jh.) befand. Er besitzt Skulpturen von den früheren Kirchenbauten an dieser Stelle.

Die Klippen am Fluss sind durchsetzt von etruskischen Grabstätten, die aus dem weichen Tuffstein herausgeschlagen wurden. Am besten erhalten sind die **Necropoli Etrusca** im Tal westlich von Sovana.

Santa Maria
Piazza del Pretorio
tägl.

Duomo
Piazza Duomo 3
tägl. 9–13, 15–18

Necropoli Etrusca
Poggio di Sopra Ripa
+39 0564 61 40 74
März–Okt: tägl. 10–18; Nov–Feb: tägl. 10–17

← *Spaß im Thermalwasser der natürlichen Felsenpools in Saturnia*

8

Pitigliano

S6 3800
Piazza Garibaldi 16
+39 0564 61 71 11

Majestätisch überragt die auf einem Hochplateau gelegene Stadt die vom Lente ausgewaschenen Tuffsteinfelsen. Die Höhlen im weichen Gestein dienten jahrhundertelang als Keller für Wein und Olivenöl.

Ein wahres Labyrinth von stimmungsvollen mittelalterlichen Gassen führt durch das jüdische Viertel von Pitigliano. Es entstand im 17. Jahrhundert, als Juden aus Rom hier Zuflucht vor der Verfolgung durch die Katholiken suchten. Damals war Pitigliano Grenzstadt zwischen dem Herzogtum Toskana und dem Kirchenstaat. Aufgrund des Schutzangebots wurde die Stadt »Klein-Jerusalem« genannt.

Der festungsartige Palazzo Orsini, dessen älteste Teile aus dem 13. Jahrhundert stammen, beherbergt das **Museo Palazzo Orsini**, das eine Holzstatue von Jacopo della Quercia besitzt, zusammen mit alten Manuskripten, sakralen Gemälden sowie Gold- und Silberarbeiten. Es gibt eine kleine Ausstellung zum Werk von Francesco Zuccarelli, der 1702 in Pitigliano zur Welt kam. Einer seiner ersten Aufträge nach der Ausbildung in Rom und Florenz waren zwei Altarbilder, die im mittelalterlichen **Duomo** zu sehen sind. Sein Glockenturm trägt eine drei Tonnen schwere Glocke. Das **Museo Civico Archeologico** zeigt Funde aus antiken Siedlungen.

Expertentipp
Auf den Spuren der Etrusker

Das historische Tuscia (im Süden der Toskana, Norden von Latium und Westen von Umbrien) ist reich an etruskischen Stätten. Die Vie Cave außerhalb von Pitigliano sind antike Hohlwege im Tuffstein. Wofür die Schluchten dienten, weiß man nicht.

Museo Palazzo Orsini
Piazza Fortezza Orsini 25 +39 338 913 49 79 tägl. 10–13, 15–19 (Winter: bis 17) palazzo-orsini-pitigliano.it

Duomo
Piazza San Gregorio tägl.

Museo Civico Archeologico
Piazza Fortezza Orsini 59 +39 0564 61 40 67 tägl. 10–18 (Winter: bis 16)

Schon gewusst?

Der Palazzo Orsini in Pitigliano erhält Wasser von einem Aquädukt, der 1545 errichtet wurde.

→ *Wie aus dem Bilderbuch: Gasse in der Altstadt von Pitigliano*

9

Orbetello

R7 15 000 FS
Piazza della Repubblica 1
+39 0564 86 04 47 Sa
orbetelloturismo.it

Orbetello liegt auf einem Dünenstreifen der Lagune, die über einen Straßendamm Monte Argentario mit dem Festland verbindet.

Sichtbar sind noch Teile der etruskischen Mauern, die jenen Kanal flankieren, der die beiden Hälften der Lagune verbindet. Die Stadtmauer wurde unter spanischer Herrschaft (15 / 16. Jh.) errichtet, ebenso die **Polveriera Guzman** (1692), ein früheres Waffenlager, nun Sitz des Museo Archeologico. Die Fassade des Duomo (13. Jh.) mit ihrer Rosette wurde über die Jahrhunderte immer wieder verändert. Die **Ex-Caserma Umberto I** (in der Touristinfo) präsentiert den Frontone di Talamone, ein fragmentarisches Terrakotta-Tempeldekor mit Skulpturen aus etruskischer Zeit.

Das vom WWF geschützte Naturreservat **Oasi di Orbetello** ist ein Paradies für Wasservögel. Es liegt an der Route von Zugvögeln. Eine Windmühle, die letzte von einst neun Mühlen aus dem 15. Jahrhundert, trägt zum Flair des Areals bei.

Die Römerkolonie von Cosa (173 v. Chr.) bei Orbetello bietet faszinierende Ruinen mit einem System von Wasserleitungen sowie grandiose Blicke aufs Meer. Das nahe **Museo di Cosa** stellt Funde der Stätte aus.

Schon gewusst?

Im Winter und bis zum Frühjahr versammeln sich Flamingos in der Lagune von Orbetello.

Das vom WWF geschützte Naturreservat Oasi di Orbetello ist ein Paradies für Wasservögel. Es liegt an der Route von Zugvögeln.

Polveriera Guzman
Viale Mura di Levante 3
Sa, So (siehe Website)
museidimaremma.it

Ex-Caserma Umberto I
Piazza Repubblica 1

Oasi di Orbetello
SS Aurelia, km 148, Località Ceriolo III, Albinia
Sep – Mai: Sa, So 9 –16 (letzter Einlass: 14)
wwf.it

Museo di Cosa
Via delle Ginestre, Ansedonia +39 0564 88 14 21 Di – So 10 –18:30 (Winter: Di – So 8:30 –16:30)

10

Monte Argentario

R7 Piazzale del Valle, Porto Santo Stefano
+39 0564 33 20 75
monteargentario.info

Monte Argentario war bis Anfang des 18. Jahrhunderts eine Insel. Dann versandete das flache Wasser zwischen Insel und Festland. Zwei Dünenstreifen, die *tomboli*, entstanden, die die Lagune von Orbetello umschlossen. Die zwei Häfen Porto Ercole und Porto Santo Stefano sind bei

Wassersport und Wandern

Monte Argentario ist ein Traum für Sportfans. Die Halbinsel ist von einem Wegenetz durchzogen, die Routen aller Schwierigkeitsgrade bieten. Wassersport ist ebenso populär. Es gibt exzellente Anlagen für Yachten. Boote aller Art kann man auch mieten. Tauchen ist das ganze Jahr über möglich, viele Tauchzentren bieten Kurse an.

Yachtbesitzern beliebt. Es gibt in beiden Orten gute Fischlokale. Von der Strada Panoramica hat man einen schönen Blick auf Felsenbuchten und Klippen.

Festungen, meist aus dem 16. Jahrhundert, sprenkeln die Landschaft. Eine der schönsten ist das **Forte Stella** bei Porto Ercole. Eine Bootsfahrt ist ideal, um die Halbinsel zu erkunden.

Forte Stella
Apr – Juni, Sep: tägl. 10:30 – 12:30, 16 – 18; Juli, Aug: tägl. 17 – 21

↑ *Tarotkarte* Der Kaiser *im Giardino dei Tarocchi bei Capalbio*

11 Capalbio

S7 4100 Via Collacchioni 2 +39 0564 89 66 11

Wie Porto Ercole ist Capalbio bei betuchten Italienern beliebt. Strände und Lokale sind im Sommer überlaufen.

Hinter dem Strand erhebt sich das Bergdorf, das von seiner Festung (12. Jh.) dominiert wird. Von den Mauern hat man einen exzellenten Blick auf Küste und Land. Die Kirche San Nicola besitzt schöne Fresken (14. / 15. Jh.).

In Pescia Fiorentina, südöstlich von Capalbio, liegt der Skulpturengarten, den die französische Künstlerin Niki de Saint Phalle 1978 bis 2002 schuf. Der **Giardino dei Tarocchi** wurde von Tarotkarten inspiriert. Die größeren Gebilde repräsentieren die 22 Figuren der Arkana. Unter den Skulpturen ist auch *Der Turm*, ein glitzerndes dreistöckiges Gebäude mit Spiegelscherben. Der Garten kann nur mit Führungen besucht werden.

Giardino dei Tarocchi
Garavicchio, Capalbio Grosseto Apr – Mitte Okt: 14:30 – 19:30
ilgiardinodeitarocchi.it

← *Das azurblaue Wasser von Porto Ercole, Monte Argentario*

REISE-INFOS

Landschaft im Val d'Orcia

FLORENZ UND TOSKANA REISEPLANUNG

Mit den folgenden Informationen zu Planung, Einreise und Aufenthalt sind Sie optimal auf Ihre Toskana-Reise vorbereitet.

Auf einen Blick

Währung
Euro

Ausgaben pro Tag

Sparsam	Preisbewusst	Luxus
50 €	100 €	200+ €

Mineralwasser	Kaffee	Bier	Menü (2 Pers.)
1,30 €	1,50 €	5 €	70 €

Italienische Ausdrücke

Guten Tag/Hallo	Buon giorno/ciao
Auf Wiedersehen	Arrivederci/ciao
Bitte	Per favore
Danke	Grazie
Sprechen Sie Deutsch?	Parla tedesco?
Ich verstehe nicht.	Non capisco.

Strom
In Italien gibt es Wechselstrom mit 230 Volt und 50 Hz. Zweipolige Euronorm-Stecker passen immer.

Einreise
Alle Staaten des Schengener Abkommens (auch Italien) verzichten auf Kontrollen an gemeinsamen Grenzen. Bei der Einreise werden stichprobenartig Kontrollen durchgeführt – jedoch wird wegen der Terrorgefahr bei der Einreise auf dem Luftweg verstärkt kontrolliert. Sie müssen sich mit Personalausweis oder Pass ausweisen können, auch Kinder jeden Alters brauchen einen eigenen Ausweis.

Wenn Sie mit einem Tier einreisen wollen, benötigen Sie einen EU-Heimtierausweis.

Sicherheitshinweise
Aufgrund unvorhersehbarer Entwicklungen kann es zu Änderungen und Einschränkungen kommen. Aktuelle Hinweise zur Einreise sowie Sicherheitshinweise bieten das deutsche Auswärtige Amt (www.auswaertiges-amt.de), das österreichische Bundesministerium für europäische und internationale Angelegenheiten (www.bmeia.gv.at) oder das Eidgenössische Departement für auswärtige Angelegenheiten der Schweiz (www.eda.admin.ch).

Zoll
Bürger der EU und der Schweiz dürfen Waren für den Eigenbedarf zollfrei ein- und ausführen. Passagiere aus EU-Staaten können Flughäfen durch einen »Blue Channel« ohne Zollkontrolle verlassen, sofern sie ausschließlich Waren aus EU-Staaten mit sich führen. Bei der Ein- und Ausreise nach und von Italien muss eine Bargeldmenge, die den Betrag von 10 000 Euro übersteigt, deklariert werden.

Versicherungen
In Krankheitsfällen genießen EU-Bürger und Bürger der Schweiz aufgrund des europäischen Sozialversicherungsabkommens Krankenversicherungsschutz, wenn sie gesetzlich versichert sind und die Europäische Krankenversicherungskarte (EHIC) mit sich führen. Nicht eingeschlossen ist etwa ein Krankenrücktransport. Eine zusätzliche Auslandsreise-Krankenversicherung ist empfehlenswert. Es gibt auch Kombi-Reiseversicherungen für Arztkosten, Diebstahl, Reiserücktritt etc.

Bezahlen

Mit **MasterCard, Visa, American Express** oder **Diners Club** können Sie in Italien fast alles bezahlen sowie Geld abheben. Auch mit einer Debitkarte wie der **girocard** (sowohl mit V-Pay- als auch Maestro-Logo) können Sie bezahlen bzw. Geld abheben (allg. Notrufnummer bei Kartenverlust +49 116 116). Geldautomaten sind in fast allen Banken und an fast jeder Ecke zu finden.

Die Obergrenze für Barzahlungen in Italien beträgt 3000 Euro. Daher wird von der Zahlung hoher Geldbeträge in bar bei der Abwicklung von An- und Verkäufen von wertvollen Objekten (z. B. Grundstücken, Yachten) ausdrücklich abgeraten.

Hotels

Florenz und die Toskana bieten eine breite Auswahl an Hotels für jeden Geschmack und jedes Budget – ob in Stadtzentren, in Badeorten oder im Bergland. In der Hochsaison kann allerdings vieles ausgebucht sein, reservieren Sie daher frühzeitig.

Für Unterkünfte fällt eine Tourismussteuer an. Sie variiert von 1,50 bis zu sechs Euro pro Person und Nacht (maximal sieben Nächte), Kinder unter zwölf Jahren sind ausgenommen. Überprüfen Sie, ob die Steuer bei Ihrer Übernachtung inklusive ist.

Hotels müssen ihre Gäste polizeilich melden und ihnen einen Bezahlbeleg *(ricevuta fiscale)* aushändigen.

Reisende mit besonderen Bedürfnissen

Viele alte toskanische Städte haben (steile) Kopfsteinpflasterstraßen, Treppenstufen und enge Gehwege. Auch historische Bauten haben oft weder Lift noch Rampe. Größere Hotels, Restaurants und Bars sind allerdings verpflichtet, behindertengerechte Zimmer und Toiletten einzurichten.

Die Flughäfen von Florenz und Pisa *(siehe S. 238)* bieten Unterstützung an, die jedoch 48 Stunden vorab gebucht werden muss. **RFI** vermittelt Hilfe an Bahnhöfen (Informationen erhalten Sie auf der Website und bei Sala Blu am Bahnhof Santa Maria Novella in Florenz).

Moveris organisiert Touren und Dienstleistungen für Reisende mit besonderen Bedürfnissen in Florenz und der Toskana. Einige Museen in Florenz, darunter auch die berühmten Uffizien, bieten für Menschen mit Handicap spezielle Führungen an.

Moveris
W moveris.it
RFI
W rfi.it

Sprache

Die meisten Hotels haben mehrsprachiges Personal, dennoch wird der Versuch, sich auf Italienisch zu verständigen, honoriert, selbst wenn es nur ein paar Worte und Floskeln sind. Junge Italiener und im Tourismus Beschäftigte sprechen meist Englisch.

Öffnungszeiten

Mittagszeit Kirchen und kleine Läden schließen oft zwischen 12:30 und 15:30 Uhr.
Montags Viele Museen sind geschlossen.
Sonntags Während der Messe ist Urlaubern der Zutritt zu Kirchen verwehrt, wer am Gottesdienst teilnehmen will, ist natürlich willkommen. Der öffentliche Nahverkehr fährt eingeschränkt, die meisten Läden haben kürzere Öffnungszeiten.
Feiertage Läden schließen früh oder den ganzen Tag. Museen und öffentliche Verkehrsmittel wenden meist die Sonntagszeiten an.
Lokale Viele Lokale haben einen Tag pro Woche geschlossen (meist Mo, Di oder Mi).

Feiertage

1. Jan	Neujahr *(Capodanno)*
6. Jan	Dreikönig *(Epifania)*
März / Apr	Ostermontag *(Lunedì di Pasqua)*
25. Apr	Tag der Befreiung *(Anniversario della Liberazione)*
1. Mai	Tag der Arbeit *(Festa del Lavoro)*
2. Juni	Tag der Republik *(Festa della Repubblica)*
15. Aug	Mariä Himmelfahrt *(Ferragosto)*
1. Nov	Allerheiligen *(Ognissanti)*
8. Dez	Unbefleckte Empfängnis *(Immacolata Concezione)*
25. Dez	Weihnachten *(Natale)*
26. Dez	Stefanstag *(Santo Stefano)*

IN DER TOSKANA UNTERWEGS

Ob Sie per Flugzeug, Zug, Bus oder Auto in die Toskana kommen – in Florenz und anderen Städten kommt man am besten mit den öffentlichen Verkehrsmitteln oder zu Fuß voran.

Auf einen Blick

Öffentlicher Nahverkehr

Größere Städte
1,70 €
90 Minuten gültig für Busse und Trams

Kleinere Orte
1,30 €
70 Minuten gültig für Busse und Trams

Ticketkauf im Bus
3 €
90 Minuten gültig für Busse und Trams

Tipp
Entwerten Sie Ihr Ticket vor Fahrtantritt – die Bußgelder sind hoch.

Tempolimits

Autobahn	Schnellstraße	Sonstige Straße	Innerhalb von Ortschaften
130 km/h	110 km/h	90 km/h	50 km/h

Anreise mit dem Flugzeug

In Pisa und Florenz landen internationale und Inlandsflüge. Pisas Flughafen Galileo Galilei ist der größte internationale Flughafen der Toskana und bietet viele Verbindungen zu den meisten europäischen Staaten. Galileo Galilei liegt etwa einen Kilometer außerhalb des Zentrums von Pisa. Die MiniMetro **Pisa-Mover** (betrieben von Trenitalia) braucht nur fünf Minuten vom Flughafen bis zum Hauptbahnhof. Von dort gelangt man mit dem Zug in gut einer Stunde nach Florenz, in 30 Minuten nach Lucca oder in zwei Stunden nach Siena.

Der Flughafen von Florenz, Amerigo Vespucci, ist kleiner und bietet nur zu den großen europäischen Städten Direktflüge. Er liegt vier Kilometer vom Stadtzentrum entfernt. Vom Flughafen in die Stadt kommt man mit **Volainbus** (20 Minuten Fahrtzeit), der jede halbe Stunde zum Busbahnhof von Florenz fährt.

PisaMover
W pisa-mover.com
Volainbus
W fsbusitalia.it

Anreise mit dem Zug – international

Florenz und Pisa sind die wichtigsten Zielbahnhöfe für Züge aus München, Wien und Zürich. Auch alle aus Norden kommenden Züge nach Rom halten hier. Tickets und Pässe für den grenzüberschreitenden Verkehr gibt es via **Eurail** oder **Interrail**. Für italieniesche Hochgeschwindigkeitszüge ist eine zusätzliche Sitzplatzreservierung erforderlich.

Eurail
W eurail.com
Interrail
W interrail.eu

Anreise mit dem Zug – regional

Trenitalia (ein Unternehmen der Ferrovie dello Stato Italiane) ist Italiens Hauptanbieter. Tickets kann man online kaufen, es gibt auch E-Tickets. Fahrkarten für Regionalzüge *(regionale)* innerhalb der Toskana erhält man auch bei *tabacchi* und Lotterie-Filialen.

Vom Flughafen in die Stadt

Flughafen	Verkehrsmittel	Preis	Fahrtdauer
Pisa	MiniMetro (PisaMover)	6,50 € (Hin- und Rückfahrt 13 €)	5 Min.
	Taxi	ca. 15 €	10 Min.
Florenz	Bus (Volainbus)	6 € (Hin- und Rückfahrt 10 €)	20 Min.
	Taxi	ab 28 €	20 Min.

Routenplaner

Die auf der Karte eingetragenen Verbindungen zeigen Ihnen, wie Sie mit Zügen zwischen den Orten der Toskana reisen können. Zudem sind die Fahrtzeiten aufgelistet.

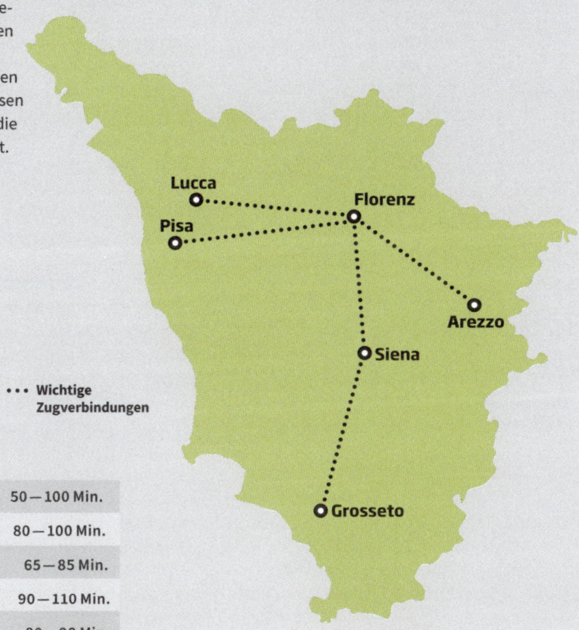

Florenz–Arezzo	50–100 Min.
Florenz–Lucca	80–100 Min.
Florenz–Pisa	65–85 Min.
Florenz–Siena	90–110 Min.
Siena–Grosseto	80–90 Min.

Von Florenz und Pisa aus gibt es Hochgeschwindigkeitsstrecken (*alta velocità* oder AV) von **Trenitalia** zu Städten außerhalb der Toskana. Die private **Italo Treno** (Nuovo Trasporto Viaggiatori S.p.A.) bietet Verbindungen ab Florenz. Für die Züge ist eine Platzreservierung obligatorisch. Für die günstigsten Tickets muss man 90 bzw. 120 Tage im Voraus buchen. Von den zehn Bahnhöfen in Florenz ist Santa Maria Novella der wichtigste.

Tickets müssen vor Fahrtantritt in Maschinen am Bahnsteig entwertet werden. Zuwiderhandlungen ziehen hohe Bußgelder nach sich. Falls Sie – aus welchen Gründen auch immer – das Ticket nicht entwerten konnten, sollten Sie sofort den Schaffner aufsuchen.

Trenitalia
W **trenitalia.com**
Italo Treno
W **italotreno.it**

Anreise mit dem Auto

Einmal in Italien, erreicht man Florenz und die Toskana über die Hauptautobahn A1 *(autostrada)*, die auch als Autostrada del Sole bekannt ist. Sie verläuft in Nord-Süd-Richtung von Mailand nach Neapel und passiert Florenz. Die A12 verbindet Genua mit Rom entlang der Westküste. Sie endet derzeit südlich von Livorno, bevor sie im Latium den ausgebauten Abschnitt nach Rom erreicht. Die A11 führt von Florenz aus über Prato, Pistoia und Lucca nach Pisa.

Für die meisten Autobahnen wird eine Maut erhoben. Man zieht ein Ticket, wenn man auf die Autobahn fährt, und zahlt, wenn man sie wieder verlässt. Um Warteschlangen zu vermeiden, kann man mit Kreditkarte bezahlen und eine der dafür ausgeschilderten Spuren nutzen. Man kann auch eine Prepaid-Karte, die Viacard, kaufen. Sie ist in den Stationen von Punto Blu nahe den Ausfahrten erhältlich. Fahren Sie nicht auf die Telepass-Spuren, sie sind für Fahrer mit dem entsprechenden Lesegerät.

Wer keine Maut bezahlen will, kann auf alternative Straßen ausweichen. Schilder für Autobahnen sind grün, für mautfreie Straßen blau. Der **ACI** (Automobile Club d'Italia) ist der **ADAC**-Partnerclub in Italien.

ADAC
W adac.de
+49 89 22 22 22
ACI
W aci.it

Öffentliche Verkehrsmittel

Viele toskanische Orte bieten ein effektives Busnetz (Florenz auch ein Tramnetz), doch in ländlichen Gegenden ist der Service ausgedünnter, vor allem sonntags und feiertags.

Busse und Trams

Tickets sollte man vorab kaufen. Man erhält sie bei autorisierten Kiosken, Zeitungsständen, Tabakhändlern und in einigen Bars. Zehn Einzelfahrscheine gibt es zum reduzierten Preis (15,50 €). Fahrkarten müssen vor Fahrtantritt entwertet werden, die Entwerter finden sich in den Bussen und Trams. Man kann auch beim Fahrer ein Einzelticket kaufen, es kostet dann mehr (3 €).

2018 wurden die Preise in der Toskana angeglichen. Es gibt nun einen Einheitspreis für zehn Städte (1,70 €) und einen für kleinere Orte (1,30 €). Die Fahrkarten eines Orts sind allerdings nicht in einem anderen Ort gültig.

Reisebusse

Mit Reisebussen gelangt man zu fast allen Orten der Toskana. Dies gilt vor allem für die bergigen Gebiete der Region, die keinen Eisenbahnanschluss haben, oder Orte, deren Bahnhöfe weiter entfernt vom historischen Zentrum liegen.

Autolinee Toscane verbindet Mugello und die nordöstliche Toskana mit Florenz und Arezzo. Der Norden und ein Großteil des Westens (mit Elba) wird von **CTT Nord** angefahren. **Tiemme** bedient den Süden der Toskana.

Zu Zielen in der Toskana und in Italien fahren die Busse von **Autolinee Baltour**. **Flixbus** bietet günstige Verbindungen zwischen vielen europäischen Städten und Italien.

Autolinee Toscane
W at-bus.it
CTT Nord
W cttnord.it
Tiemme
W tiemmespa.it
Autolinee Baltour
W baltourbus.it
Flixbus
W flixbus.de

Sightseeing-Bustouren

City Sightseeing bietet Hop-on-hop-off-Touren in Florenz und Livorno. Es gibt dazu Audioguides in mehreren Sprachen.

City Sightseeing
W city-sightseeing.it

Taxis

Offizielle Taxis in Italien sind weiß. Man findet sie an offiziellen Standplätzen. In der Regel kann man ein Taxi nicht auf der Straße anhalten, sondern muss es buchen. Achtung: Illegale Fahrer bieten oft in Bahnhöfen und Flughäfen von sich aus ihre Dienste an. In offiziellen Taxis hängen die Tarife im Wagen aus. Der Taxameter sollte sichtbar und angeschaltet sein – außer Sie haben einen Pauschalpreis vereinbart, etwa von den Flughäfen in Florenz und Pisa ins Stadtzentrum. Zuschläge werden für Gepäck und Nachtfahren erhoben. Wenn Sie eine längere Taxifahrt vor sich haben, sollten sie zuerst nach dem ungefähren Preis fragen. Die Taxi-Website **Cotapi** listet Preise für außerhalb von Pisa liegende Destinationen auf.

Viele Taxis akzeptieren keine Kreditkarten. Wer damit zahlen will, sollte dies bei der Bestellung erwähnen bzw. vorab den Taxifahrer fragen. Auch Gruppen von mehr als drei Personen, eine Behinderung oder viel Gepäck sollten beim Buchen erwähnt werden, damit ein entsprechendes Taxi kommt.

Italienische Taxis sind nicht gerade preisgünstig, doch der Transport bis zur Haustür und die Zufahrt zu verkehrsberuhigten Zonen machen sie attraktiv.

Cotapi, Pisa
W cotapi.it

Autofahren

Bestimmte Ecken der Toskana, etwa Bergdörfer oder auch Agriturismo-Standorte, erreicht man am besten per Auto. Allerdings kann die Fahrt zum haarsträubenden Erlebnis werden. Italiener genießen den Ruf, unberechenbar zu fahren.

Der deutsche Führerschein ist in Italien ausreichend. Eine grüne Versicherungskarte wird empfohlen, ebenso das Europäische Unfallprotokoll.

Autovermietung

Um einen Wagen in Italien zu mieten, muss man mindestens 21 Jahre alt sein (Alter je nach Fahrzeugkategorie unterschiedlich) und den Führerschein ein Jahr besitzen. Bei Fahrern unter 25 Jahren kann eine Jungfahrergebühr verlangt werden. In der Regel benötigen Sie eine Kreditkarte.

Autofahren in Florenz und in der Toskana

Viele toskanische Städte und Dörfer haben gut erhaltene historische Zentren, die nur von Einheimischen angefahren werden dürfen. Andere Autos, die in eine verkehrsberuhigte Zone *(zona a traffico limitato, ZTL)* einfahren, werden mit Geldbußen belegt. Wer in einem Hotel im Zentrum übernachtet, sollte sich vorab über die Zufahrtsmöglichkeiten erkundigen. Normalerweise darf man zum Hotel fahren, zumindest, um Gepäck aus- bzw. einzuladen. Dann muss man den Wagen gegebenenfalls außerhalb der Stadtmauern parken.

Es ist generell eine gute Idee, das Auto außerhalb zu parken und das Stadtzentrum zu Fuß zu erkunden (auch wenn es keine ZTL gibt). Die engen und steilen Straßen sind meist eine Herausforderung für Fahrer.

Parkplätze (blaue Linien) sind kostenpflichtig, die Parkscheinautomaten findet man meist in der Nähe. Parkplätze mit gelben Linien sind für Anwohner und Behinderte reserviert. Man darf allerdings für kurze Zeit Gepäck abladen (Schilder erklären, ob es sich um ein begrenztes oder generelles Parkverbot handelt). An weißen Linien kann man kostenlos parken.

Straßenverkehrsregeln

Sicherheitsgurte vorn und hinten sind Pflicht. Telefonieren mit Handy ohne Freisprecheinrichtung ist verboten. Im Fall einer Panne sind ein Warndreieck und eine orangefarbene Sicherheitsweste erforderlich.

Sofern nichts anderes ausdrücklich durch Verkehrszeichen geregelt ist, gilt beim Kreisverkehr, dass die in den Kreis einfahrenden Autos Vorfahrt vor den sich bereits im Kreisverkehr befindlichen Fahrzeugen haben (Rechts-vor-links-Regel). Tagsüber müssen auf Autobahnen und außerhalb geschlossener Ortschaften entweder das Abblendlicht oder Tagfahrleuchten eingeschaltet sein.

Im Winter sind auf einigen Straßen Winterreifen oder sogar Schneeketten erforderlich.

Bei einer Panne oder einem Unfall wählen Sie den ACI-Notruf (803-116 aus Italien, 800-116800 von einem ausländischen Handy) und/ oder den Notruf (112 oder 113).

Die Promillegrenze beträgt 0,5, für Fahrer mit weniger als drei Jahren Praxis und für Fahrer unter 21 Jahren 0,0 *(siehe S. 243)*. Wer alkoholisiert ist, sollte auf den öffentlichen Nahverkehr umsteigen oder ein Taxi nehmen.

Autostopp

Trampen auf Autobahnen ist verboten. Beihilfe zu illegaler Einreise ist in Italien mit Haftstrafen sowie Bußgeld belegt. Bei Mitnahme von Anhaltern wird daher zu besonderer Vorsicht geraten.

Rad- und Motorrollervermietung

In der Toskana gibt es mehr *strade bianche* – Kieselschotterwege – als in anderen italienischen Regionen. Sie sind ideal, um die Region per Rad zu erkunden. **Florence by Bike** und andere Verleiher vermieten Stadträder, Rennräder, Mountainbikes und E-Bikes. Die meisten Hotels organisieren Räder, oft zu rabattierten Preisen. In den großen Städten gibt es Fahrradverleihsysteme. Auf der Website von **Piste Ciclabili** findet man eine interaktive Karte zu Radwegen in Italien.

Auch mit Motorrollern kann man die Region erkunden. Sie sind an vielen Plätzen zu mieten, vor allem im Chianti-Gebiet und in Florenz. Für Vehikel über 125 ccm Hubraum ist ein Führerschein erforderlich, Helme sind obligatorisch.

Florence by Bike
W florencebybike.it
Piste Ciclabili
W piste-ciclabili.com

Fähren

Toremar, das größte Fährunternehmen für Elba und die Inseln des Toskanischen Archipels, verkehrt von den Häfen in Livorno (nach Gorgona und Capraia), Piombino (nach Portoferraio, Cavo und Rio Marina auf Elba und nach Pianosa) und Porto Santo Stefano (nach Giglio und Giannutri). Tragflügelboote fahren nach Cavo und Portoferraio (Elba). Buchen Sie frühzeitig, vor allem im Sommer und wenn Sie mit dem Auto unterwegs sind. Mit Auto sollten Sie eine Stunde vor Abfahrt im Hafen sein.

Toremar
W toremar.it

PRAKTISCHE HINWEISE

Ein paar wenige Kenntnisse der lokalen Gegebenheiten genügen – hier finden Sie die wichtigsten Hinweise und Tipps für Ihren Toskana-Aufenthalt.

Auf einen Blick

Notrufnummern

Euro-Notruf	Krankenwagen
112	**118**

Feuerwehr	Polizei
115	**113**

Zeit
Es gilt die Mitteleuropäische Zeit (MEZ). Sommerzeit: letzter So im März bis letzter So im Oktober.

Leitungswasser
Wasser aus dem Hahn kann man in Florenz und in der Toskana bedenkenlos trinken – außer Sie finden einen anderen Hinweis.

Trinkgeld

Bedienung	10 %
Gepäckträger	1 € pro Gepäckstück
Zimmermädchen	1 € pro Tag
Portier	1–2 €
Taxifahrer	10 %

Information
Firenze Turismo hat mehrere Büros in der Stadt. Die Mitarbeiter informieren Besucher in verschiedenen Sprachen. Nützliche Infos finden Sie auch auf den Websites von ENIT und Visit Tuscany *(siehe Kasten rechts)*.

Firenze Turismo
F5 Via Cavour 1R +39 055 29 08 32

Persönliche Sicherheit
Wie in zahlreichen Touristenorten sind auch in der Toskana Taschendiebe unterwegs, vor allem bei Sehenswürdigkeiten und in überfüllten Bussen. Treffen Sie also ein paar Vorsichtsmaßnahmen. Verwahren Sie Wertgegenstände im Safe. Lassen Sie nichts im Auto oder an Stränden liegen.

Um auf Versicherungsleistungen Anspruch zu haben, müssen Sie einen Diebstahl innerhalb von 24 Stunden im nächsten Polizeirevier (*polizia* oder *carabinieri*) melden und sich den Bericht *(denuncia)* aushändigen lassen.

Falls Ihr Ausweis gestohlen wurde oder Sie in ein ernsthaftes Verbrechen oder einen schweren Unfall verwickelt wurden, sollten Sie sich bei Ihrem **Konsulat** melden.

Deutsches Konsulat
G8 Corso dei Tintori 3, 50122 Firenze +39 055 234 35 43 italien.diplo.de

Österreichisches Konsulat
westl. von A6 Lungarno Amerigo Vespucci 58, 50123 Firenze +39 055 265 42 22 bmeia.gv.at

Schweizer Konsulat
südl. von D12 Piazzale Galileo 5, 50125 Firenze +39 055 22 24 34 eda.admin.ch

Gesundheit
Bei kleineren Beschwerden sind Sie in der Apotheke *(farmacia)* richtig. Adressen von Apotheken mit Nacht- oder Wochenenddienst stehen an der Tür jeder Apotheke.

Medizinische Versorgung erhalten gesetzlich Versicherte mit der EHIC-Karte *(siehe S. 236)*. Die anfallenden Kosten werden von der Krankenkasse des Patienten erstattet.

Rauchen, Drogen, Alkohol
In Italien gilt seit 2005 in allen öffentlichen Gebäuden und Lokalen ein Rauchverbot. In Raucherzonen und im Freien ist es erlaubt. Besitz von und Handel mit Drogen sind verboten. Es drohen hohe Geldbußen und Freiheitsstrafen. Die Promillegrenze beträgt 0,5, für Fahranfänger liegt sie bei 0,0 *(siehe S. 241)*.

Ausweispflicht
Tragen Sie eine Kopie Ihres Passes bei sich. Falls Sie von der Polizei kontrolliert werden, müssen Sie eventuell das Original innerhalb von zwölf Stunden vorlegen.

Etikette
Wer Abfall wegwirft, auf Stufen vor Sehenswürdigkeiten sitzt oder gar in einen Brunnen klettert, muss mit einem Bußgeld rechnen. Auch wer Waren von illegalen Straßenhändlern kauft, kann bestraft werden. Es ist verboten, Sand, Muscheln oder Steine von einem Strand mitzunehmen (außer bei offiziellen Führungen auf Elba).

Etikette in Kirchen
Beim Kirchenbesuch sollten Knie und Schultern bedeckt sein. Einige Kirchen verlangen Eintritt, meist für den besonders sehenswerten Teil ihrer Kunstschätze.

Vorwahlen und Nummern
Die Vorwahl nach Italien lautet +39. Die Null der jeweiligen Ortsvorwahl muss immer mitgewählt werden. Auch bei Ortsgesprächen wird die Vorwahl stets mitgewählt. Mobilfunknummern beginnen mit 3 und haben keine führende Null.

Mobiltelefone und WLAN
WLAN ist in der Toskana weitverbreitet. In Cafés, Restaurants und Kultureinrichtungen darf man WLAN bei Verzehr kostenlos benutzen. Viele Orte haben kostenlose WLAN-Hotspots. Die App WiFi°Italia°It *(siehe Kasten)* verschafft Ihnen kostenlosen Internet-Zugang.

Alle in Europa üblichen Smartphones und auch alte GSM-Handys funktionieren problemlos. Seit 2017 sind die Roaming-Gebühren in der EU entfallen. Sie zahlen für den normalen Handy-Gebrauch in Italien also nur so viel wie sonst auch (Fair-Use-Regel).

Post
Briefmarken *(francobolli)* werden in Tabakläden *(tabacchi)* und in Postfilialen verkauft. Standardbriefe und Postkarten ins europäische Ausland kosten 1,30 Euro.

Achtung: Einige (Tabak-)Läden und Kioske verkaufen teurere GPS-Briefmarken (von der italienischen Post nicht anerkannt). Man muss die Post dann in spezielle Briefkästen werfen, die Zustellung dauert länger.

Mehrwertsteuer
Die Mehrwertsteuer in Italien (IVA) liegt für die meisten Waren bei 22 Prozent. Der ermäßigte Steuersatz (10 %) gilt u. a. für Arzneimittel, Hotel- und Restaurantrechnungen. Ein ermäßigter Satz von vier Prozent wird für Grundnahrungsmittel und Bücher aufgeschlagen. Nur Besucher aus Ländern außerhalb der EU können sich die Mehrwertsteuer rückerstatten lassen.

Besucherpässe
In Florenz gestattet die 72 Stunden lang gültige **Firenzecard** (85 €) kostenlosen und bevorzugten Zugang zu den meisten Attraktionen (für die Uffizien und Galleria dell'Accademia ist eine kostenlose Reservierung erforderlich). Mit der Firenzecard Restart ist eine Verlängerung der abgelaufenen Firenzecard um weitere 48 Stunden möglich.

In anderen Orten gibt es bisweilen Kombitickets für Sehenswürdigkeiten.

Firenzecard
W firenzecard.it

Websites und App

ENIT
Die Website von Italiens nationaler Tourismusinformation ist: www.enit.it

Feel Florence
Touristeninformation der Stadt Florenz: www.feelflorence.it

Visit Tuscany
Die Website für Tourismus in der Toskana lautet: www.visittuscany.com

WiFi°Italia°It
Über diese App gelangen Sie zu kostenlosen WLAN-Hotspots in Italien.

REGISTER

Fett gedruckte Seitenzahlen beziehen sich auf Haupteinträge

D

E

F

G

L

M

R

S

T

U

V

W

Y

Z

SPRACHFÜHRER

Notfälle

Hilfe!	**Aiuto!**	[ai'u:to]
Halt!	**Alt!**	[alt]
Rufen Sie einen Arzt!	**Chiami un medico!**	['kia:mi un 'mɛ:diko]
Rufen Sie einen Krankenwagen!	**Chiami un ambulanza!**	['kia:mi un ambu'lantsa]
Rufen Sie die Polizei!	**Chiami la polizia!**	['kia:mi la poli'tsi:a]
Rufen Sie die Feuerwehr!	**Chiami i pompieri!**	['kia:mi i pompi'ɛ:ri]
Wo ist das Telefon?	**Dov'è il telefono?**	['do:vɛ il te'lɛ:fono]
Wo ist das Krankenhaus?	**Dov'è l'ospedale?**	['do:vɛ lospe'da:le]

Grundwortschatz

Ja/Nein	**Sì/No**	[si/nɔ]
Bitte	**Per favore**	[per fa'vo:re]
Danke	**Grazie**	['gra:tsie]
Entschuldigung!	**Mi scusi!**	[mi 'sku:zi]
Guten Tag	**Buon giorno**	[bu'ɔn 'dʒorno]
Auf Wiedersehen	**Arrivederci**	[arrive'dertʃi]
Guten Abend	**Buona sera**	['buɔ:na 'se:ra]
Morgen	**la mattina**	[mat'ti:na]
Nachmittag	**il pomeriggio**	[pome'riddʒo]
Abend	**la sera**	['se:ra]
gestern	**ieri**	[i'ɛ:ri]
heute	**oggi**	['ɔddʒi]
morgen	**domani**	[do'ma:ni]
hier	**qui**	[ku'i]
dort	**là**	[la]
Welche ...?	**Quale ...?**	[ku'a:le]
Wann?	**Quando?**	[ku'ando]
Warum?	**Perché?**	[per'ke]
Wo?	**Dove?**	['do:ve]

Nützliche Redewendungen

Wie geht es Ihnen?	**Come sta?**	['ko:me sta]
Sehr gut, danke.	**Molto bene, grazie.**	['molto 'bɛ:ne, 'gra:tsie]
Freut mich, Sie kennenzulernen.	**Piacere di conoscerla.**	[pia'tʃɛ:re di ko'noʃʃerla]
Bis bald.	**A più tardi.**	[a pi'u 'tardi]
In Ordnung.	**Va bene.**	[va 'bɛ:ne]
Wo ist/Wo sind ...?	**Dov'è/ Dove sono ...?**	['do:vɛ/ 'do:ve 'so:no]
Sprechen Sie Deutsch?	**Parla tedesco?**	['parla te'desko]
Ich verstehe nicht.	**Non capisco.**	[non ka'pisko]
Tut mir leid!	**Mi dispiace!**	[mi dis'piatʃe]

Nützliche Wörter

groß	**grande**	['grande]
klein	**piccolo**	['pikkolo]
heiß/warm	**caldo**	['kaldo]
kalt	**freddo**	['freddo]
gut (Adjektiv)	**buono**	['buɔ:no]
schlecht	**cattivo**	[kat'ti:vo]
genug	**basta**	['basta]
gut (Adverb)	**bene**	['bɛ:ne]
offen	**aperto**	[a'pɛrto]
geschlossen	**chiuso**	[ki'u:so]
links	**a sinistra**	[a si'nistra]
rechts	**a destra**	[a 'dɛstra]
geradeaus	**sempre diritto**	['sɛmpre di'ritto]
nah	**vicino**	[vi'tʃi:no]
fern	**lontano**	[lon'ta:no]
auf	**su**	[su]
über	**giù**	[dʒu]
früh	**presto**	['prɛsto]
spät	**tardi**	['tardi]
Eingang	**l'entrata**	[en'trata]
Ausgang	**l'uscita**	[u'ʃi:ta]
Toilette	**il gabinetto**	[gabi'netto]
frei	**libero**	['li:bero]
gratis	**gratuito**	[gra'tu:ito]

Shopping

Wie viel kostet das?	**Quanto costa?**	[ku'anto 'kɔsta]
Ich hätte gern ...	**Vorrei ...**	[vor'rɛi]
Haben Sie ...?	**Avete ...?**	[a've:te]
Ich möchte mich nur umsehen.	**Voglio solo dare un'occhiata.**	['vɔ:ʎo 'so:lo 'da:re unokki'a:ta]
Akzeptieren Sie Kreditkarten?	**Accetate carte di credito?**	[attʃet'ta:te 'karte di 'kre:dito]
Wann öffnen/ schließen Sie?	**A che ora apre/chiude?**	[a ke 'o:ra 'apre/ki'u:de]
das hier	**questo**	[ku'esto]
das da	**quello**	[ku'ello]
preiswert	**a buon prezzo**	[a bu'ɔn 'prɛttso]
teuer	**caro**	['ka:ro]
Kleidergröße	**la taglia**	['ta:ʎa]
Schuhgröße	**il numero**	['nu:mero]
weiß	**bianco**	[bi'aŋko]
schwarz	**nero**	['ne:ro]
rot	**rosso**	['rosso]
gelb	**giallo**	['dʒallo]
grün	**verde**	['verde]
blau	**blu**	[blu]

Läden

Antiquitätenladen	**l'antiquariato**	[antikuari'a:to]
Apotheke	**la farmacia**	[farma'tʃi:a]
Bäckerei	**la panetteria**	[panette'ri:a]
Bank	**la banca**	['baŋka]
Blumenhändler	**il fioraio**	[fio'ra:io]
Buchhandlung	**la libreria**	[libre'ri:a]
Delikatessen	**la salumeria**	[salume'ri:a]
Eisdiele	**la gelateria**	[dʒelate'ri:a]
Fischgeschäft	**la pescheria**	[peske'ri:a]
Friseur	**il parrucchiere**	[parrukki'ɛ:re]
Kaufhaus	**il grande magazzino**	['grande magad'dzi:no]
Konditorei	**la pasticceria**	[pastittʃe'ri:a]
Lebensmittelladen	**il negozio di alimentari**	[ne'gɔ:tsio di alimen'ta:ri]
Markt	**il mercato**	[mer'ka:to]
Metzgerei	**la macelleria**	[maʃelle'ri:a]
Obst-/ Gemüsehändler	**il fruttivendolo**	[frutti'vendolo]
Postamt	**l'ufficio postale**	[uf'fi:tʃo pos'ta:le]
Reisebüro	**l'agenzia di viaggi**	[adʒen'tsi:a di vi'addʒi]
Schuhgeschäft	**il negozio di calzature**	[ne'gɔ:tsio di kaltsa'tu:re]
Supermarkt	**il supermercato**	[supermer'ka:to]
Tabakladen	**la tabaccheria**	[tabakke'ri:a]
Zeitungsstand	**l'edicola**	[e'di:kola]

Sightseeing

Informationsbüro	**l'ufficio turistico**	[uf'fi:tʃo tu'ristico]
Bahnhof	**la stazione**	[statsi'o:ne]
Bibliothek	**la biblioteca**	[biblio'tɛ:ka]
Bushaltestelle	**la fermata dell'autobus**	[fer'ma:ta delauto'bus]
Garten	**il giardino**	[dʒar'di:no]
Kirche	**la chiesa, la basilica**	[ki'ɛ:za, ba'zi:lika]
Kunstgalerie	**la pinacoteca**	[pinako'tɛ:ka]
Museum	**il museo**	[mu'zɛ:o]
Wegen Feiertag geschlossen.	**Chiuso per la festa.**	[ki'u:so per la 'fɛsta]

Im Hotel

Haben Sie Zimmer frei?	**Avete camere libere?**	[a've:te 'ka:mere 'li:bere]
Einzelzimmer	**una camera singola**	['ka:mera 'siŋgola]
Bad/Dusche	**il bagno/la doccia**	['ba:ɲo/'dottʃa]
Gepäckträger	**il facchino**	[fak'ki:no]
Schlüssel	**la chiave**	[ki'a:ve]
Reservierung	**la prenotazione**	[prenotatsi'o:ne]

Im Restaurant

Haben Sie einen Tisch für ...?	**Avete un tavolo per ...?**	[a've:te un 'ta:volo per]
Ich möchte einen Tisch reservieren.	**Vorrei riservare un tavolo.**	[vor'rɛi riser'va:re un 'ta:volo]
Frühstück	**la colazione**	[kolatsi'o:ne]
Mittagessen	**il pranzo**	['prandzo]
Abendessen	**la cena**	['tʃe:na]
Rechnung	**il conto**	['konto]
Vegetarier	**il vegetariano**	[vedʒetari'a:no]
Kellner	**il cameriere**	[kameri'ɛ:re]
Tagesmenü	**il menù a prezzo fisso**	[me'nu a 'prɛttso 'fisso]
Tagesgericht	**il piatto del giorno**	[pi'atto del 'dʒorno]
Vorspeise	**l'antipasto**	[anti'pasto]
Erster Gang	**il primo**	['pri:mo]
Hauptgang	**il secondo**	[se'kondo]
Beilagen	**il contorno**	[kon'torno]
Dessert	**il dolce**	['doltʃe]
Gedeck	**il coperto**	[ko'pɛrto]
Weinkarte	**la lista dei vini**	['lista dei 'vi:ni]
blutig	**al sangue**	[al 'saŋgue]
halb durch(gebraten)	**a puntino**	[a pun'ti:no]
durch(gebraten)	**ben cotto**	[bɛn 'kɔtto]
Glas	**il bicchiere**	[bikki'ɛ:re]
Flasche	**la bottiglia**	[bot'ti:ʎa]
Teller	**il piatto**	[pi'atto]
Serviette	**la tovaglia**	[to'va:ʎa]
Löffel	**il cucchiaio**	[kukki'a:io]
Messer	**il coltello**	[kol'tɛllo]
Gabel	**la forchetta**	[for'ketta]

Speisekarte

l'aceto	[a'tʃe:to]	Essig
l'acqua minerale gassata/naturale	['akkua mine'ra:le gas'sa:ta/natu'ra:le]	Mineralwasser mit/ohne Kohlensäure
l'aglio	['a:ʎo]	Knoblauch
l'agnello	[a'ɲɛllo]	Lamm
al forno	[al 'forno]	gebacken
alla griglia	['alla 'gri:ʎa]	gegrillt
l'anatra	['a:natra]	Ente
l'aragosta	[ara'gosta]	Languste
l'arancia	[a'rantʃa]	Orange
arrosto	[ar'rɔsto]	gebraten
la birra	['birra]	Bier
la bistecca	[bis'tekka]	Steak
il burro	['burro]	Butter
il caffè	[kaf'fɛ]	Kaffee, Espresso
il carciofo	[kar'tʃɔ:fo]	Artischocke
la carne	['karne]	Fleisch
carne di maiale	['karne di ma'ia:le]	Schwein
il cinghiale	[tʃiŋgi'a:le]	Wildschwein
la cipolla	[tʃi'polla]	Zwiebel
il coniglio	[ko'ni:ʎo]	Kaninchen
la cozza	['kɔttsa]	Miesmuschel
i fagioli	[fa'dʒɔ:li]	Bohnen
il formaggio	[for'maddʒo]	Käse
le fragole	['fra:gole]	Erdbeeren
la frutta fresca	['frutta 'freska]	frisches Obst
i frutti di mare	['frutti di 'ma:re]	Meeresfrüchte
i funghi	['fuŋgi]	Pilze
i gamberi	['gamberi]	Krebse
il gelato	[dʒe'la:to]	Eiscreme
l'insalata	[insa'la:ta]	Salat
il latte	['latte]	Milch
il manzo	['mandzo]	Rind
la mela	['me:la]	Apfel
la melanzana	[melan'dza:na]	Aubergine
la minestra	[mi'nɛstra]	Suppe
l'olio	['ɔ:lio]	Öl
l'oliva	[o'li:va]	Olive
il pane	['pa:ne]	Brot
il panino	[pa'ni:no]	Brötchen
le patate	[pa'ta:te]	Kartoffeln
patatine fritte	[pata'ti:ne 'fritte]	Pommes frites
il pepe	['pe:pe]	Pfeffer
la pesca	['pɛ:ska]	Pfirsich
il pesce	['peʃʃe]	Fisch
i piselli	[pi'sɛlli]	Erbsen
il pollo	['pollo]	Huhn
il pomodoro	[pomo'dɔ:ro]	Tomate
il prosciutto	[proʃ'ʃutto]	Schinken
il riso	['ri:zo]	Reis
il sale	['sa:le]	Salz
la salsiccia	[sal'sittʃa]	Wurst
il succo	['sukko]	Saft
il tè	[tɛ]	Tee
il tonno	['tonno]	Thunfisch
la torta	['tɔrta]	Torte, Kuchen
l'uovo	[u'ɔ:vo]	Ei
l'uva	['u:va]	Traube
la verdura	[ver'du:ra]	Gemüse
il vino	['vi:no]	Wein
il vitello	[vi'tɛllo]	Kalb
la vongola	['voŋgola]	Venusmuschel
lo zucchero	['tsukkero]	Zucker
gli zucchini	[tsuk'ki:ni]	Zucchini
la zuppa	['tsuppa]	Suppe

Zahlen

1	**uno**	['u:no]
2	**due**	['du:e]
3	**tre**	[tre]
4	**quattro**	[ku'attro]
5	**cinque**	['tʃiŋkue]
6	**sei**	[s'ɛ:i]
7	**sette**	['sɛtte]
8	**otto**	['ɔtto]
9	**nove**	['nɔ:ve]
10	**dieci**	[di'ɛ:tʃi]
11	**undici**	['unditʃi]
12	**dodici**	['do:ditʃi]
13	**tredici**	['tre:ditʃi]
14	**quattordici**	[kuat'torditʃi]
15	**quindici**	[ku'inditʃi]
16	**sedici**	['se:ditʃi]
17	**diciassette**	[ditʃas'sɛtte]
18	**diciotto**	[di'tʃɔtto]
19	**diciannove**	[ditʃan'nɔ:ve]
20	**venti**	['venti]
30	**trenta**	['trenta]
40	**quaranta**	[kua'ranta]
50	**cinquanta**	[tʃiŋku'anta]
60	**sessanta**	[ses'santa]
70	**settanta**	[set'tanta]
80	**ottanta**	[ot'tanta]
90	**novanta**	[no'vanta]
100	**cento**	['tʃɛnto]
1000	**mille**	['mille]

Zeit

Minute	**un minuto**	[mi'nu:to]
Stunde	**un'ora**	['o:ra]
Tag	**un giorno**	['dʒorno]
Woche	**una settimana**	[setti'ma:na]
Monat	**un mese**	['me:ze]
Jahr	**un anno**	['anno]
Montag	**il lunedì**	[lune'di]
Dienstag	**il martedì**	[marte'di]
Mittwoch	**il mercoledì**	[merkole'di]
Donnerstag	**il giovedì**	[dʒove'di]
Freitag	**il venerdì**	[vener'di]
Samstag	**il sabato**	['sa:bato]
Sonntag	**la domenica**	[do'me:nika]

DANKSAGUNG

Dorling Kindersley möchte sich bei folgenden Personen für ihre Mitarbeit an vorausgehenden Auflagen bedanken: Sarah Lane, Christopher Catling, Anthony Brierley, Kerry Fisher, Tim Jepson, Carolyn Pyrah.

BILDNACHWEIS

l = links; r = rechts; o = oben; u = unten; m = Mitte; d = Detail; g = ganz (oben, unten etc.).

Dorling Kindersley hat sich bemüht, alle Copyright-Inhaber zu ermitteln. Sollte das in einigen Fällen nicht gelungen sein, bitten wir, dies zu entschuldigen. In der nächsten Auflage werden wir Versäumtes gern nachholen.

Dorling Kindersley dankt folgenden Personen, Institutionen, Unternehmen und Bildarchiven für die Erlaubnis, ihre Fotos zu reproduzieren:

123RF.com: Alkanc 75ol; Michele Bighignoli 95mu; Stefan Ember 75or; gonewiththewind 207ol; jakobradlgruber 8ml, 234 – 235; Brian Kinney 95ul; Malgorzata Kistryn 54mr; Erik Lattwein 11o; Christian Mueller 16ml; Anna Pakutina 104mr; Tosca Weijers 157or, 158ur; Wojciech Wyszkowski 231ur.

4Corners: Pietro Canali 68 – 69u; Roland Gerth 156ml; Maurizio Rellini 47u, 143mru; Luca Da Ros 137, 220.

akg-images: Mondadori Portfolio / Remo Bardazzi 209ur.

Alamy Stock Photo: AB Forces News Collection 28 – 29u; Eduardo José Accorinti 120mr; age fotostock 131ur; ahc 198 –199u; Archivart 142ur; Arco Images GmbH © ADAGP, Paris und DACS, London 41ur; 225or; Vito Arcomano 191or; Mario Llorca / Awakening 50mru; Azoor Photo 91mr; Frank Bienewald 37o; David Burton 44ul; Josse Christophel 55mu; Classic Image 91or; Clearview 95mru; colaimages 55um; David Collingwood 13o, 71mlu; 115ur; Cultura Creative (RF) 30ul; Ian Dagnall 102ul; DanitaDelimont.com / Gilles Delisle / Jaynes Gallery 24 – 25o; Adam Eastland 72ul, 92 – 93u, 110mlu, 123um; Elbardamu 25u; escapetheofficejob 209or; Peter Forsberg 20ul; freeartist 186 –187u, 210o; Eddy Galeotti 90 – 91; Manfred Glueck 22mlo; GoneWithTheWind 145o; Rik Hamilton 121, 122u; Brian Harris 48ul, 150ol; Hemis 33mru, 41ml, 123mro, 211om; Rolf Hicker Photography 160o; Ted Horowitz 12mlu; IanDagnall Computing 54 – 55o; imageBROKER 35ml, 148ul, 199mro, 230 – 231o; Independent Photo Agency Srl 43ml; 93or; INTERFOTO 53ol; isogood 126 –127; Paul Mayall Italy 46ur; Jam World Images 167ol; John Kellerman 67om, 80u, 85ol, 108ur; Gunter Kirsch 174u; KODAKovic Fashion 146o; Joana Kruse 215ul; Brian Lawrence 25mlo; LianeM 157mro; Melvyn Longhurst 54ol, 115ol; LOOK Die Bildagentur der Fotografen GmbH 22 – 23mo, 40 – 41o, 213ol; David Lyons 20o; Dennis MacDonald 70 –71o; MARKA 16mro, 47mro; Francisco Martinez 214o; mauritius images GmbH 39m; Emanuele Mazzoni 39ur; Byron Motley 175or; Peter Moulton 112ol; MuseoPics - Paul Williams 66mr; Novarc Images 8 – 9u; Odyssey-Images 54ur; PAINTING 72 –73u; Gianni Pasquini 51ol; Peter Adams Photography Ltd 191u; PhotoBliss 178o; PhotosIndia.com LLC 53mlo; Mauro Piccardi 227or; PjrTravel 147ur; Gillian Price 212u; Alex Ramsay 111ul; Realy Easy Star / Roberto Carnevali 144u / Claudio Pagliarani 178ur; © Niki de Saint Phalle Charitable Art Foundation / ADAGP, Paris und DACS, London 2018 233or / Lara Pessina 167ur / Toni Spagone 151or; REDA &CO srl 51mr, 161or, 219or; robertharding 30 – 31o, 145ur; Hani Santosa 82 – 83u; Wolfgang Schauf © ADAGP, Paris und DACS, London 2018 213ur; SFM ITALY A 40ur; StevanZZ 12o; Stockimo /uyennguyen 19or; Wojciech Stróżyk 23or, 181; SuperStock 113ol; Andriana Syvanych 33ul; The Picture Art Collection 97ul; The Picture Pantry 29ml; Domenico Tondini 31ul; TravelCollection 163or; Paolo Trovò 198o; Universal Images Group North America LLC 52um; kavalenkava volha 129o; Westend61 GmbH 28ol; Philip Wolmuth 55mro.

AWL Images: Clickalps 19ol; Hemis 157om; Jason Langley 10mo; Tim Mannakee 32–33o; Mark Sykes 16ur, 202ul.

Bridgeman Images: Basilica San Francesco, Arezzo, Toskana, Italien 180um.

Canyon Park: 36–37u.

Depositphotos Inc: CAHKT 202o; Scrisman 52mu; Vrabelpeter1 93om; wjarek 163ur.

Dreamstime.com: Abxyz 104ul; Annamavritta 48–49o; Mila Atkovska 84ul; Frank Bach 183mlo; Gordon Bell 70ul; Boggy 110–111o; Botond 12–13u; Marco Ciannarella 182o; Wessel Cirkel 50mlu; Maciej Czekajewski 190ul; Danciaba 143ul; Danflcreativo 61mu, 116–117; Donyanedomam 22–23o; Eddygaleotti 53mlu; Efired 75mr; Elbardamux 51or; Emicristea 26–27o; Ermess 4; Georgiakari 50ml; Giuseppemasci 122–123o; Wieslaw Jarek 201or; Jborzicchi 50mro; Dragan Jovanovic 211ur; Kguzel 18ol; Laszlo Konya 162ul; Horst Lieber 206u; Igiancarlo Liguori 68mro; Lianem 143mlu; Madrabothair 18or, 96o; Marcovarro 107ur; Alberto Masnovo 136, 192–193; Aliaksandr Mazurkevich 218mlu; Mineria6 24ur, 72–73o; Minnystock 18–19mo, 37ml, 74–75u; Minoandriani 69om; Martin Molcan 172–173o; Luciano Mortula 20mru, 27o; Roberto Nencini 38ul, 184ur, 215mro, 224–225o; Nicknickko 125ol, 125or; Corina Daniela Obertas 180mr; Małgorzata Paulina Pakuła 34ur; Anna Pakutina 90ml, 93mlo, 105, 112–113um, 126mr, 176mro; Gianni Pasquini 50mr; Photofires 53mru; Photogolfer 90mlu, 107or; Photopips 185ur; Rigmanyi 204o; Romanotino 13mr; Scaliger 8mlu; Shaiith 2–3, 201ol; Cellai Stefano 56–57, 217or; Aleksandr Stepanov 10mlu; Stevanzz 49mo, 148–149o, 177, 226u; Timedreamer 104mru; Raluca Tudor 11mru; 202mlu; Tupungato 77ul, 109o; Denisa Vlaicu 166u; Vvoevale 76–77o; Wallaceweeks 120u; Michael Warwick 37ur; Wave Break Media Ltd 13ur; Xbrchx 54mu; Alessandro Zappalorto 42ur; Zatletic 201mro; ZumMolo2014 50mlo, 124.

Enoteca Pinchiorri: Gianni Ugolini 31mr.

Getty Images: AFP / Joseph Barrak 43ur; Alinari-Archiv, Florenz / Fratelli Alinari 55or; Ayhan Altun 69or, 131ol; Atlantide Phototravel 102um, 158–159o; Corbis / Stefano Bianchetti 53or / Leemage 160ur, 92ul / Summerfield Press 73um; Corbis Documentary / Atlantide Phototravel 60ur, 86–87; De Agostini Picture Library – DEA 53um / G. Dagli Orti 52mru, 52o / G. Nimatallah 35ur / S. Vannini 107mro; Sofie Delauw 11ur; Danita Delimont 135ul, 168; EyeEm / Andrea Vittorio Castelli 132–133; Heritage Images 123ml; Jon Hicks 51ur; Jean-Pierre Lescourret 8mlo; Laura Lezza 20mr; Maremagnum 102mu, 128ul, 197mru, 228u; Roberto Moiola 227ml; Numbersix 216–217u; Sabino Parente 60ml, 62–63; Mondadori Portfolio 73mro, 126mlu, 126mru, 126ul; by Andrea Pucci 29ur; Francesco Prandoni / Redferns 42–43o; Ernesto S. Ruscio 45u; I just try to tell my emotions and take you around the world 134m, 138.

Gucci (mit freundl. Genehmigung): 69mro.

iStockphoto.com: Eileen_10 71mru; Adisa 47mr; altmodern 207ur; Borchee 66o; dp1974 44mo; E+ / Imgorthand 29o; faber1893 188–189; frankix 187or, 205or; georgeclerk 32ul; Hibiscus81 218–219u; JordiRamisa 38–39o; NickNick_ko 36ol; ledmark31 107ol; maroznc 94–95o; Ominojarre 49ur; Ossiridian 185o; ROMAOSLO 150–151u; ronnybas 10–11u; SerrNovik 16o; starmaro 120mro; StevanZZ 22ol, 232–233u; TerryJ 46–47o, 82ol; tichr 203; thehague 51mlu; tichr 203; Daniel Tomlinson 135o, 152; TT 6–7; tupungato 204mro; Matteo Viviani 44–45o; VladZymovin 196o; Zummolo 209m.

© **Keith Haring Foundation:** 198o.

Museo Galileo, Florenz: 81ur.

Museo Marino Marini Firenze: Studio Lorenzo Michelini 83om.

Palazzo Strozzi: 81ol.

Photo Scala, Florenz: 180ml, 180mlu, 180mu, 180ul; mit freundlicher Genehmigung des Ministero dei beni e delle attività culturali e del turismo 92or; 104mu.

Rex by Shutterstock: AGF / Stefano Dalle Luche 51ml; EPA-EFE / Maurizio Degl Innocenti 71ul.

Robert Harding Picture Library: Markus Lange 164–165o; John Woodworth © ADAGP, Paris und DACS, London 2018 125mro.

Shutterstock: Evgeni Fabisuk 142–143o; LucaOnAdventure 27ur; ROBERT67 228; Pedro Rufo 61ol, 98–99; Stefano Termanini 156–57u.

SuperStock: age fotostock / Clickalps SRLs 34–35o / Jose Peral 209m; agf photo 75mlo; Silvio Fiore 91mu; fototeca gilardi 91ur.

Umschlag Extrakarte
iStockphoto.com: FilippoBacci.

Umschlag
Vorderseite und Buchrücken: **iStockphoto.com:** FilippoBacci.
Rückseite: **Alamy Stock Photo:** The Picture Pantry m; **Dreamstime.com:** Stevanzz or; **Getty Images:** Danita Delimont mlo.

Alle anderen Bilder © Dorling Kindersley

MIX
Papier | Fördert gute Waldnutzung
FSC www.fsc.org FSC® C018179

Dieser Reiseführer wird regelmäßig aktualisiert. Angaben wie Telefonnummern, Öffnungszeiten, Adressen, Preise und Fahrpläne können sich jedoch ändern. Der Verlag kann für fehlerhafte oder veraltete Angaben nicht haftbar gemacht werden. Für Hinweise, Verbesserungsvorschläge und Korrekturen ist der Verlag dankbar. Bitte richten Sie Ihr Schreiben an:

Dorling Kindersley Verlag GmbH
Redaktion Reiseführer
Arnulfstraße 124 • 80636 München
reise@dk.com

DK Penguin Random House
www.dk-verlag.de

DK London (aktualisierte Neuauflage)

Mitwirkender Toni DeBella

Lektorat Georgina Dee, Shikha Kulkarni, Hollie Teague, Beverly Smart, Alison McGill, Dipika Dasgupta, Lucy Sara-Kelly, Anuroop, Ilina Choudhary, Sanwalia, Halima Mohammed

Gestaltung und Bildredaktion Maxine Pedliham, Priyanka Thakur, Sarah Snelling, Vinita Venugopal, Rohit Rojal, Tanveer Zaidi, Taiyaba Khatoon, Vagisha Pushp

Herstellung Jason Little, Samantha Cross

Kartografie Suresh Kumar, Ashif

Illustrationen Stephen Conlin, Donati Giudici Associati Srl, Richard Draper, Robbie Polley, Gillie Newman, Chris Dorr, Sue Sharples, Ann Winterbottom, John Woodcock, Martin Woodward

Zuerst erschienen 1994 in Großbritannien bei Dorling Kindersley Ltd., London

Aktualisierte Neuauflage 2024 / 2025

Verlagsleitung Monika Schlitzer
Programmleitung Heike Faßbender
Redaktionsleitung Stefanie Franz
Herstellungskoordination Antonia Wiesmeier

Übersetzung Barbara Rusch, München; Dr. Elfi Ledig, München
Redaktion Robert Kutschera, Meppen/Rühle
Schlussredaktion Monika Hensley, Köln
Umschlaggestaltung Ute Berretz, München
Satz und Produktion DK Verlag, München
Druck Leo Paper Products Ltd, China

ISBN 978-3-7342-0797-6

23 24 25 26 25 24

Toskana
Legende
Sehenswürdigkeit
Internationaler Flugh
Fährhafen
Fährlinie
Eisenbahn
P
Q
R
1
2
3
4
5
6
7
Montelungo
Zeri
Pontremoli
Villafranca in Lunigiana
Bagnone
Lunigiana
Tavernelle
Collagna
Felina
Baiso
Villa Minozzo
Fivizzano
Sillano
Civago
Sestola
Levanto
Aulla
Foce Carpinelli
La Spezia
Fosdinovo
Abetone
Lerici
Carrara
Garfagnana
Parco Naturale delle Alpi Apuane
Cutigliano
Massa
Barga
Montemarcello
San Marcello Pistoiese
Bagni di Lucca
Vernio
Forte dei Marmi
Pietrasanta
Prunetta
Pontepetri
Marina di Pietrasanta
Camaiore
Borgo a Mozzano
Pistoia
Barberino d Mugello
Lido di Camaiore
Massarosa
Pescia
Montecatini Terme
Agliana
Viareggio
Collodi
Prato
Versilia
Lucca
Monsummano Terme
Aeroporto di Firenze-Peretola
Torre del Lago Puccini
San Giuliano Terme
Quarrata
Migliarino
Vinci
Gombo
Pisa
Certosa di Pisa
Fucecchio
Empoli
Marina di Pisa
Pontedera
Tirrenia
San Miniato
Cerbaia
Calambrone
Ponsacco
San Casciano
Vicarello
Castelfiorentino
Livorno
Certaldo
Greve in Chi
Isola di Gorgona
Montenero
Panza
Calafuria
Santa Luce
San Gimignano
Poggibonsi
Quercianella
Castellina Marittima
Volterra
Colle di Val d'Elsa
Rosignano Marittimo
Riparbella
San Pietro in Palazzi
Saline di Volterra
Casole d'Elsa
Cecina
TOSCANA
Pomarance
San Guido
Monteverdi Marittimo
Castelnuovo di Val di Cecina
Rosia
Castagneto Carducci
Isola di Capraia
San Galgano
Monterotondo Marittimo
Monticia
San Vincenzo
Suvereto
Campiglia Marittima
Massa Marittima
Bagni di Petriolo
Venturina
Populonia
Roccatederighi
Toskanischer Archipel
Roccastrada
Piombino
Follonica
Gavorrano
Golfo di Follonica
Scarlino
Portoferraio
Rio Marina
Montepescali
Cinigia
Marciana
Punta Ala
Elba
Porto Azzurro
Roselle
Pomonte
Marina di Campo
Capoliveri
Castiglione della Pescaia
Grosseto
Arcille
Maremma
Scansano
Isola Pianosa
Pianosa
Korsika, Sardinien, Sizilien
Marina di Alberese
Magliano in Toscana
Talamone
Albinia
Mar Ligure (Ligurisches Meer)
Porto Santo Stefano
Orbetello
Isola del Giglio
Monte Argentario
Giglio Porto
Porto Ercole
A12
A15
A11
A1
S1
S445
S12
S325
S62
S439
S429
S68
S73
S223
RA3